일터, 하나님의 디자인

송동호

BAM
BASIC

일터
하나님의
디자인

송동호

추천의 글

목회자에게 교회 부흥과 갱신의 중요성만큼이나 성도들이 일터에서 하나님과 함께 일하도록 돕는 일은 중요하다. 교회는 성도에게 좋은 그리스도인이 되라고 하지만 세상에서 자신을 녹여내는 소금 성도가 되어야 한다고 강조하지는 않아 보인다. 이 책에서 저자는 세상에서 성도가 하는 일(직업)이 얼마나 중요한 지를 성경을 통해 알게 한다. 저자는 "일터는 선교의 현장이며, 하나님께서 우리를 보내신 곳"이라고 말한다. 직업을 거룩과 세속으로 나누지 않고 우리가 보냄 받은 일터에서 빛을 발해야 한다고 강조한다. 특히 일하는 사람은 '하나님의 형상(Imago Dei)'을 가졌음을 증명하는 과정도 배울만 하다. 전통적 선교개념을 새롭게 해석하는 신선한 내용들로 가득 차 있으며, 그동안 타문화권에 가야만 선교를 한다는 전통적 인식의 변화를 선교학적으로 업그레이드 해준다. 이해가 쉬워서 읽다 보면 그 내용에 빠지게 되어 손에서 놓을 수 없게 한다. 변화하는 삶의 현장에서 선교적 삶을 가르치기 원하는 목회자들과 일터에서 고민하는 성도들, 특히 가나안 성도들에게 진심으로 일독을 권한다. 분명 깨달음이 체득되면서 교회와 일터를 다시 새롭게 이해하게 될 것을 확신한다.

강대흥 _GMS 순회선교사, KWMA 사무총장

평생을 통해서 준비하여 우리의 가장 많은 시간과 노력을 드리는 우리의 일(Work), 과연 일의 목적과 의미는 무엇이며 나는 어떻게 일하며 살아야 하나? 이는 모든 사람에게, 특별히 그리스도인들에게 본질적인 질문이다. 동시에 복잡하고 빠르게 변화되어 가는 세상 속에서 점점 더 어려운 질문이 되어가고 있다. 이에 반해 우리가 접할 수 있는 이해와 대답은 너무나 미약하거나 모호하고, 때로는 혼란스럽게 왜곡되어 있다. 이 책은 저자의 깊은 신학적 통찰을 기초로 우리의 일을 향한 하나님의 그 풍성하고 넓고 깊은 부르심과 가슴 뛰는 선교적 비전을 총체적으로, 동시에 쉽고도 명료하게 그리고 균형 있게 담아내 준다. 또한 이 책은 지난 15년을 일터와 선교의 현장에서 예수 그리스도의 제자들을 세우기 위해 함께 고민하고 뛰어온 저자의 땀과 노력 속에서 발견한 교훈과 사례를 중심으로 현대의 일터에서 우리가 살아야 할 삶의 실천적 원리와 방안을 구체적이고 현실적으로 제시해 준다. 오늘도 자신의 일터에 선교적인 그리스도의 제자들을 세워 땅끝까지 복음을 증거 하고자 하는 모든 교회 공동체에 이 책을 강력히 추천한다.

서명구 _메릴랜드 주립대 경영학과 교수, Center For BAM 대표

한인 디아스포라 교회를 섬기는 목회자로서 BAM을 만나게 된 것은 내게 큰 축복이 아닐 수 없었다. 목회자로서 제자&사역훈련을 비롯하여 말씀의 양육을 통해 하나님 나라의 성숙한 백성으로 살아가도록 성도들을 세워가기를 원했다. 특히 우리의 선교적 사명을 위해 어떻게 세상 속에서 예수의 증인으로 살아가도록 성도들을 파송해야 할지 고민할 때 BAM은 내게 오아시스와도 같았다.

그런데 벌써 16년이 되었다. 나름대로 하나님 나라 세미나와 더불어 성도들을 자신의 일터에서 선교적 삶(Missional Life)을 살도록 가르치고 도전하며 목회해 왔다. 그동안 이것을 도와줄 BAM과 일터에 관한 아티클과 책들은 있었다. 그러나 이런 내용을 총체적으로 망라해 다루어줄 수 있는 책이 없어 아쉬움이 컸다. 그런데 이 책은 우리의 삶의 현장에서 선교적 삶을 살며 BAMer로 살아가려는 모든 사람들을 위한 총체적 내용을 정리한 아주 좋은 책이다.

저자 송목사와는 신학교 시절부터 동행하며, 특히 지난 15년 BAM 운동을 함께 해 온 동지이다. 그동안 함께하며 경험한 그의 신학적·선교학적 이해와 깊이, 선교적 열심, 한국교회를 향한 사랑을 기억한다. 이 책 곳곳에는 그런 저자의 마음이 담겨있다. 교회론에 기반을 둔 선교적 이해, 삶의 현장에서의 제자도의 실천, 일상

과 일터에 적용하는 선교적 삶 등은 그의 오랜 지향과 신학이었다.

특별히 COVID-19 이후에 위기를 직면한 한국교회의 목회현장, 변화하는 선교현장에 시의적절한 솔루션이 될 것을 확신한다. 저자의 헌신과 수고에 고마운 마음 담아 큰 박수를 보내며, 이 책이 모든 교회에서 선교적 삶을 훈련하는 필독서가 되고, 모든 그리스도인들의 손에 들려지고 읽혀, 삶의 현장에서 그리스도의 제자로서 하나님 나라를 세워가는 일에 요긴한 책이 되리라 확신한다.

엄기영 _상하이한인연합교회 담임목사, IBA상임대표, 샘터성경사역원 이사장

일터 선교에 눈을 뜨라! Business As Mission이 한국교회에 소개될 때는 선교의 새로운 이 패러다임이 생소하였고 오해도 논란도 많았다. 그 어려웠던 시절, 송동호 목사는 개척자의 역할을 감당하였다. 성도들은 잠자는 시간을 빼고는 하루 중 직장에서 보내는 시간이 가장 많다. 그럼에도 교회는 성도들이 일터에 만연된 부조리에 맞서 하나님 나라 백성답게 일하고 그렇게 살 수 있도록 돕지 못했다.

일터 사역자 한 분이 "많은 유명한 기독 실업인을 만났지만 진정으로 킹덤컴퍼니 (Kingdom Company)가 아닌 경우가 많습니다"라는 말을 했다. 일터는 기독교적 가치가 실현되어야 할 곳이라는 도전적인 믿음이 필요했고, 일터에서 하나님 나라를 이루는 것은 가능하다는 인식 전환이 있어야 했다. 직장 여건이 어떠하든지, 사업이 크던지 작던지 중요하지 않다. 신앙은 일상과 일터와 삶의 현장에서 드러나야 한다.

이제 한국교회의 선교에 있어 '일터와 사역', '비즈니스와 선교'는 중요한 선교 전략이 되었다. 또한 비즈니스 현장에서 예수님의 증인으로 멋지게 일하는 그리스도인들이 너무나 많이 일어나고 있다. 송동호 목사는 이런 변화를 이끌어 왔던 중요한 사역자였다. 오랜 기간 선교단체와 BAM 운동의 장에서 탁월하였던 송목사의 강의가 잘 정리되어 책으로 출간되니 더없이 감사하고 기쁜 일이 아닐 수 없다.

이 책은 일터 선교와 BAM에 대한 거의 모든 영역에 대하여 탁월하게 정리하고 있다. 그러므로 BAM에 대하여 이해하기 원하는 이들은 이 책 한 권으로 기본적인 개념을 온전히 이해할 수 있을 것이다. 특히 Post COVID 19 시대에 '교회-사역자 중심' 사역 패러다임에서 '일터-평신도 중심' 사역 패러다임으로의 전환의 때 한국교

회의 목회자들과 평신도 리더들, 일터에서 그리스도의 제자로 선교적 삶을 살아가길 원하는 모든 성도들에게 힘껏 추천한다.

유기성 _선한목자교회 원로목사

이 책의 출간을 축하하며 저자의 수고에 힘껏 박수를 보낸다. 함께 나우미션을 섬기는 나로서 이 책의 출간이 더없이 반가운 일이 아닐 수 없다. 이 책은 마치 오랜 가뭄에 단비와 같다. 지난 25년 선교현장 사역에서 어떻게 제자들의 삶을 가르쳐 가정의 신실한 사역자로, 성실한 일터의 일꾼들로 또 일상의 선교사들로 살게 할 것인가, 어떻게 성도들이 자신들의 교회를 스스로 세우며 자립하게 할 것인가, 늘 고민하며 사역해 왔다. 이는 결코 쉬운 일이 아니었다. 선교현장에서 경험하는 성속이원론은 큰 장애물이었다.

이 책을 읽어가며 10개의 주제 하나 하나를 읽을 때마다 이 모든 문제를 풀어내는 저자의 혜안을 발견하며 무릎을 쳤다. 그토록 기다리던 바로 이 책이라는 확신 때문이었다. 저자의 신학적 선교학적 사역적 균형잡힌 이해와 누구든 쉽게 개념을 이해하도록 돕는 일목요연한 정리들이 선교현장에서 늘 어떻게 체계적으로 예수의 제자로서 일상과 일터의 삶을 가르칠까 고민하던 내게는 오래 기다리던 단비였다. 우리 한국교회를 섬기는 목회자들과 선교현장에 선 사역자들이 먼저 이 책을 숙독하도록 권한다. 그리고 일터에서 선교적 삶을 살기 원하는 모든 성도들의 일독을 강추한다.

David Lee _라오스-캄보디아 선교사, INTRACO, JAM 회장, 나우미션 이사장

Business As Mission은 복잡하고 정교한 선교론이다. 겉만 보면 '해외 타문화권에 가서 기업 활동을 통해 복음을 전하는 것' 정도인 듯하지만, 실제로 그 안을 들여다보면 영성, 소명과 비전, 문화, 돈, 리더십, 공동체 등 일터에 관한 다양한 담론들이 존재한다. 그런 면에서 이 책은 목차부터 단정하고 또 묵직하다.

세계관으로부터 시작하여 선교적 삶, 총체적 선교를 거쳐 BAM에 이르기까지. BAM 운동가로서 볼 때, 책 한 권 안에 BAM으로 가는 길을 차분하면서도 정교하게 잘 정리해 놓았다. 저자는 IBA 사무총장으로 오랜 시간을 헌신하였다. 그 오랜 시

간을 통해 BAM 장(場)의 많은 동지들은 저자의 인생과 사역 안에 담긴 성경, 일터, 선교에 관한 진심과 열정을 확인하였다. 저자의 삶을 보면서 '하나님의 선교'를 발견하였다. 그런 면에서 이 책의 한 줄 또 한 줄이 매우 뜻깊고 힘있게 느껴진다. 송동호라는 한 사역자의 영성, 삶, 진심이 담긴 책, '집대성'이라는 표현이 잘 어울리겠다.

이 책은 일터에 몸담은 크리스천, 지역교회 목회자, 현장 선교사를 넘어 더 많은 이들이 읽어야 할 책이다. 젊은 세대를 양성하고 있는 학부모들은 물론 교회 주일학교 및 기독대안학교 교사들이 함께 읽으며, "과연 우리는 다음 세대들을 어떤 관점을 가지고 양육할 것인가?"에 대해 학습하면 좋겠다. 지금 이 시대 많은 크리스천 젊은이들이 존재와 일터에 대한 본연적 관점을 모르고 그저 시장의 논리와 자본의 압력에 익숙한 채 그들의 일상이 사방으로 표류하고 있기 때문이다. 그런 면에서 이 책은 비즈니스의 시대, 크리스천으로서의 묵직한 존재감을 갖춰 줄 것이라 확신한다.

이 다니엘 _IBA 사무총장

BAM이 교회의 문을 두드리기 시작한 이래로 이를 이해하고 실행할 수 있는 자원들(Resources)이 결여된 것 같아서 늘 불편하던 차에 지난 15년 동안 BAM을 선교 현장에서 실현 가능할 수 있도록 30여 차례 훈련 프로그램을 몸소 운영하고 터득한 그 경험으로 나우미션의 송동호 목사가 『일터, 하나님의 디자인』을 내놓게 된 것, 시의 적절한 하나님이 한국교회에 주시는 선물이 아닌가 싶다. 그동안 국내에 BAM에 관한 외국 서적들이 몇 권 소개되기는 했지만, 송 목사의 저서는 몇 가지 특이한 점, 다른 점들이 있다는 것에 주목할 필요가 있다.

첫째, BAM은 '일터와 하나님의 세계관(Work and Biblical Worldview)'으로 부터 시작해야 한다는 저자의 용기있는 선언이다. 즉 비즈니스는 세속적인 행위이고 성경 읽고 기도하고 전도하는 것은 성스러운 것으로 이해하는 한국 기독교의 고질병인 성과 속의 '이분법'으로 부터의 해방을 촉구하는 것은 전통적 선교관으로 정체되어 있는 한국 선교계에 내놓은 일침이고 쾌거라고 가히 평가한다.

둘째, BAM은 설교가 영적인 것이듯 비즈니스 또한 하나님의 거룩한 '부르심-소명'이라고 '비즈니스와 소명'의 관계를 명쾌하게 정리한 저자의 노고가 돋보인다.

이는 근래에 보기 드문 한국을 넘어서 세계선교계-BAM계에 던진 가뭄의 날에 냉수 한 그릇과 같은 시원함을 더해준다.

셋째, 이 책의 가장 특이한 것은 한국에 소개된 BAM에 관한 자료 중에서 한국 교계와 선교계에 "왜 BAM인가?"에 대한 확실한 방향과 해답을 움켜쥐게 하는 아주 재미있고 흥분케하고 더 나아가서 한 번 도전하고픈 동기부여를 제공하며, 기묘한 것에 끌리게 하는 먹을 것이 풍성한 머티리얼(Material)이라는 점이다. 모든 이들에게 기꺼이 추천한다.

임종표 _PCK 순회선교사, 네오모라비안하우스 원장

세계 선교의 흐름은 모든 이들이 삶의 현장에서 복음을 증거하는 '미셔널 Missional'로 가고 있고, 좋은 책들도 나오고 있다. 그럼에도, "그러면 무엇을 어떻게 해야 할까?"라는 일반 성도들의 질문에 시원한 답을 내놓는 책이 적다는 느낌이었다. 그 이유는 신학적 지식의 부족이라기보다는 한국이라는 '상황화(Contextualization)'의 약함이지 않았을까? 이 책은 '한국 사회의 일터'라는 구체적인 현장 얘기를 가져 옴으로써 우리들의 질문에 실제적인 해답이 된다. 게다가 성서신학에서 가져온 풍성한 해석들은 성경을 소중히 여겨온 한국교회 전통과 닿아 있어서, 우리나라 성도들과 교회들의 상황에 적합하다. 크게 추천한다.

조샘 _인터서브 코리아 대표

일과 영성에 관한 유명인사들의 수많은 저서들이 있지만 이 책이 그 모든 것의 요약본이라고 해도 과언이 아니다. 핵심적인 주제들을 아주 잘 정리해 놓았다. 특히 일에 대한 성경적 개념과 이해를 창조와 구속사적 프리즘을 통해 조명함으로써 우리의 일상적인 삶뿐만 아니라 총체적 하나님 선교를 볼 수 있는 큰 그림을 보여준다. 저자는 오랜 기간 동안 강의를 실체화하기 위한 인큐베이터의 역할을 하였다. 지난 삶을 통해 얻어진 지혜와 영성이 책에 녹여져 큰 울림이 되어 돌아온다. 책장에 꽂힌 한 권의 책이 아니라 삶의 지침서가 되는 핸드북이 되기를 바란다.

채종욱 _빈손채움 이사장

코로나 팬데믹의 격변기를 통과하면서 세상이 깨달은 것 중 하나는 본질의 중요성이다. 천박한 세계화의 야망이 인간을 스스로 속이고 있다는 것을 깨달은 것이다. 그저 겉으로 보이는 것이 전부인 양 더 많은 생산과 더 많은 소비가 인간이 성취해야 할 최고의 가치인 줄 알고 브레이크 없이 달려가던 세상이 눈에도 보이지 않은 바이러스의 공격 한방에 주저앉고 만 것이다. 늦었지만 이제라도 정신을 차리고 인간과 노동의 본질 그리고 그 안에서 우리에게 주어진 삶의 가치와 목표를 발견하고 그것을 추구하는 회심이 일어나길 기대하는 것이다. 이런 점에서 우리 삶의 본질을 구성하는 노동 그리고 그 노동이 실현되는 일터가 가지는 성경적 원리를 다시 살펴보고 묵상하며 실천적 걸음을 논의하는 일은 꼭 필요한 일이다.

본 책은 노동과 일상의 영성 그리고 직업을 통한 선교의 실현 등에 대해 이론에서 실전까지 총체적으로 기술한 글이다. 한국에서 본격적인 BAM 운동이 일어나고 발전하는 과정에서 중심에 있던 저자이기에 이론과 실천을 아우르는 글을 탁월하게 쓸 수 있었을 것이다. 저자는 웬만한 그리스도인이라도 한 번쯤을 들어봤을 뻔한 일과 소명 그리고 그 안에 포함된 영성, 돈, 리더십, 공동체 그리고 선교 등에 대해 촘촘히 설명함으로써 읽는 이들에게 깨달음과 실천할 수 있는 대안을 동시에 제시하고 있다.

본 저서는 노동을 하나의 독립 항목으로 보지 않고 노동 안에서 인간에 대한 총체적인 이해와 인식 그리고 존재의 목적을 아울러 설명해 낸다. 그리고 세상 속에 보내심을 받은 선교적 존재로서 인간의 존재 목적을 확인하고, 노동하는 인간의 본질과 가치 그리고 그 삶의 내용을 잘 들여다볼 수 있게 해주고 있다. 우리에게 있어서 일터는 단지 직장인에게만 해당하는 개념이 아니다. 모든 인간은 어떤 형태로든지 일에 참여하고 따라서 일터를 가지고 있다. 그 일터가 선교적 삶의 실천 공간이 되고 그 안에서 삶의 진정한 가치를 드러내야 한다는 측면에서 본 책은 모든 그리스도인이 고민해야 할 주제를 담고 있다. 모든 그리스도인이 이 책을 손에 쥐고 사색의 날개를 펼치고 실천의 걸음을 내디딜 수 있으면 참 좋겠다.

한철호 _미션파트너스 대표

송동호 목사가 누구인지 아는 사람이라면 주저하지 않고 이 책을 읽을 것이다. 송동호 목사가 누구인지 모르고 이 책을 읽었다면, 분명히 송동호 목사가 도대체 누구인지 궁금해질 것이 분명하다. 일터에 관하여 성경적으로 그리고 선교적으로 이렇게나 깊고 풍성한 이야기들이 있다니! 책을 읽는 내내 성속이원론의 정체를 밝혀내고 성경적 대안을 제시하는 송동호 목사의 외과수술적 문장들에 감탄하다 보면 어느덧 일터를 선교와 예배의 현장으로 채워가자는 그의 탄탄한 주장에 고개를 끄덕이게 된다. 하나님의 통치가 일터에도 임할 것을 꿈꾸는 사람들에게 이 책이 오랫동안 유익한 도구가 될 것을 기대한다.

황성수 _목동 한사랑교회 담임목사

이 책을 읽으면 거장의 필치가 느껴진다. 저자는 오랜 기간동안 비즈니스 선교 운동의 연합체인 IBA 사무총장과 공동대표를 역임했다. 이렇게 본인이 직접 BAM 운동을 섬기면서 축적된 보석같은 지혜와 다양한 경험들을 토대로 쓰여진 일터 사역의 교과서와 같은 책이다. 놀라운 것은 선교적 측면만 강조한 것이 아니라, 현장에서 일터를 중심으로 모든 성도들이 적용할 수 있도록 BAM(Business As Mission) 혹은 JAM(Job As Mission), LAM(Life As Mission)의 차원에서 접근한 것이 이 책의 특징이다. 생활 선교와 삶의 예배를 입체적이고 포괄적으로 담아내며 일터의 소명과 문화와 영성과 리더십과 선교적 삶 등 방대한 주제들을 다루고 있다. 특별히 세계관의 변혁을 통해서 모든 성도들이 선교 운동에 동참할 수 있는 길을 열어준 놀라운 책이다.

황성주 _변혁한국 의장, KWMA 부이사장, (주)이롬 회장, 사랑의 병원 원장

차례

이 책을 시작하며

BAM(Business As Mission)이란 개념이 비로소 지역교회들의 사역에 스며들고 있다. '일터와 사역', '비즈니스와 선교' 등의 단어들이 조합되어 지역교회에 사역적인 개념으로 자리를 잡기까지 꽤 오랜 시간이 걸렸다. 과거에 교회에서는 일터, 노동, 직업, 비즈니스를 세속적인 것으로 구분하기도 했고, 돈을 터부시하는 한국 문화도 한몫했다. 성경의 통전적 이해와 총체적 선교를 수용하는데 있어서 전통적인 선교와 사역에 대한 고정관념들이 걸림돌이 되기도 했다. 한국교회의 토양에 깊이 뿌리내린 성속이원론에서 그 근본적인 원인을 찾을 수 있을 것이다.

성도들의 신앙생활에 있어 가정이 중요하다는 인식과 사역적 적용은 일찍이 교회 안에 수용되어 자리를 잡았지만, 성도들의 신앙적 가치가 고스란히 적용되어야 하는 삶의 현장인 일터는 교회의 사역으로 고려되지 못한 채 방치 혹은 간과되어 왔다. 인생의 1/3에 해당하는 시간을 보내는 곳이 일터이다. 치열하게 생존을 위해 분투하는 일터에서 성도들은 신앙적 가치에 대한 심각한 충돌과 위협을 경험해야 했다. 때로 투쟁했고 때로 타협했다. 성도들의 고뇌와 갈등이 깊어갔지만 교회가 충분히 함께 고민해주지 못한 것이 사실이다.

성경은 일상과 일터에서 만나는 이들에게 이웃사랑을 실천하는 것이 또한 하나님 사랑의 방법이라고 가르친다. 일상과 일터, 삶의 현장에서 신앙이 드러나야 한다. 우리의 신앙생활은 결코 주일 하루만의 것이 아니다. 주중 6일의 삶에서 신앙이 구현될 때 그곳에 하나님 나라와 복음이 선포된다. 선교는 우리 삶의 현장을 떠나서는 이루어질 수 없는데도 우리는 이것을 충분히 적용하지 못했다. 선교는 모든 성도의 소명임에도 'Go or Send'라는 모토로 타문화사역 중심의 선교만 강조하였다. 그 결과, 성도들의 선교적 참여가 소극적으로 제한되었다.

Missional Life & Missional Discipleship
선교적 삶과 선교적 제자도

이 책에서는 성도의 마땅한 부르심인 '선교적 삶과 선교적 제자도'를 총체적 선교와 BAM의 관점에서 다루었다. 비즈니스 세계 한복판에 서서 하나님의 나라를 위해 치열하게 살아가는 삶과 아마존 정글에서 선교사로 치열하게 살아가는 삶을 나란히 놓고 무엇이 더 귀중하다고 말할 수 있을까? 그동안 우리가 가졌던 일방적이고 단편적인 생각의 전환이 필요하다. 이제 모든 성도들은 각자 자신의 부르심의 자리로 나아가야 한다. 자신의 삶을 담보로 그 자리에서 복음이 되어야 한다.

2007년 나우미션을 설립하고, 지난 15년 동안 한국에서 일터 퍼스펙티브스 훈련을 진행해 왔다. 코로나로 인한 팬데믹 기간에도 온라인 훈련으로 이어졌고, 최근 국내는 물론, 해외에서도 관심과 문의가 이어지고 있다. 이것은 교회마다 Post COVID 19 사역에 대한 고민이 깊어지고 있기 때문이다.

이제는 건물 중심으로 사람을 모으던 '교회-사역자' 중심의 사역 패러다임은 어려워졌다. 교회들은 성도들을 현장 중심으로 훈련하고 삶터와 일터로 파송하는 '일터-성도' 중심의 사역 패러다임으로 전환해야 할 시기를 맞이하였다. 이 책은 목회와 선교에 있어서 기존의 틀을 벗어나서 새로운 관점과 방향을 찾는 이들과 나누고 싶은 이야기다. 새로운 변화를 모색하는 한국교회의 리더들, 일터에서 그리스도의 제자로 선교적 삶을 살아가길 원하는 성도들에게 이 책이 작은 도움이 되기를 기대한다.

이 공간을 빌어 감사의 뜻을 표할 분들이 많다. 특별히 일터 퍼스펙티브스 30기 특별과정을 함께한 분들께 감사를 전한다. 강의와 집필을 병행해야 했던 시간 동안 훈련에 동참한 분들의 격려가 없었다면 이 책을 끝마치기 어려웠을 것이다. 또 IBA와 BAM 운동의 장에서 오랜 시간 다양한 관점들을 치열하게 토론하고, 깊은 성찰을 나누었던 동지들에게 감사를 전한다. 같은 마음 같은 뜻과 비전을 품고 한 공동체가 되어 함께 달려온 나우미션 가족들에게도 감사한다. 그리고 이 책이 나오기까지 꼼꼼히 읽고 가까이에서 조언과 응원을 아끼지 않은 소영섭 부대표, 집필에 집중하도록 세심하게 배려하며 지원해준 윤지원 총무, 지칠세라 기쁨의 에너지가 되었던 우기쁨 간사, 교정을 도와준 김병억 목사 내외에게도 고마움을 전한다. 이 책의 준비부터 부족한 사람을 위해 기도로 함께해준 다하나 국제 교회와 한결같은 나의 최고의 후원자이자 드림팀인 우리 가족들에게도 깊은 감사의 뜻을 표한다.

이 책의 제목처럼 '하나님의 디자인'이었을까? 최종 원고를 넘기는 지금, 독일 헤른후트의 모라비안 형제단은 300년 전 공동체의 첫 출발을 기념하는 행진을 하고 있다. 말씀과 성령의 인도하심을 따라 자비량 선교 운동과 기도 운동의 역사를 쓴 그들은 300년 전에 참으로 작고 작은 홀씨처럼 헤른후트에 심겨졌고, 전 세계로 흩어져 지난 300년 동안 선교 역사에 거대한 숲을 이뤄냈다. 주님의 은혜로 이 책도 작은 홀씨 하나가 될 수 있을까? 선교의 주인이신 하나님의 손 안에서 새로운 선교의 시대에 교회와 선교의 밑거름이 되어 성도들의 삶을 복되게, 세상을 온전하게 하는 일에 이 책이 쓰이길 기도한다.

그 나라와 복음을 위하여
송동호

세계관　소명　문화　영성　돈　리더십　공동체　비전　선교적삶　BAM

01

———
|
———

일터와
세계관

———
|
———

B A M
BASIC

우리의 노동은

거룩한 목적을 가진 행위이며

자신의 신앙의 구현이며 예배이고

신에 대한 즐거운 헌신이다

일터에서 이런 관점의

다름이 가져다 주는 삶의 질은

형언하기 어려울 정도로

큰 차이를 만든다

바른 가치관과 세계관이

필요한 이유다

일터와
세계관

한 사람이 채석장 옆을 지나다가 한 무리의 석공들을 만났다. "무얼 하십니까?" 무거운 해머를 들어 바위를 내리치던 석공 하나가 굳은 표정으로 퉁명스럽게 반응한다. "보시다시피, 돌 깨고 있지요." 그 옆에서 작업하던 다른 사람이 답한다. "자식들을 위해 열심히 돈 벌고 있습니다." 그가 보내는 고단한 눈빛에 잠시 정적이 흘렀다. 그 옆자리에 있던 석공 하나가 작업을 멈추고 고개를 들고 미소 지으며 말을 건넨다. "성전을 짓고 있습니다. 건물이 완공되면 아주 근사할 거예요."

그들의 대답은 자신들의 인생이었다. 이 세 사람은 같은 직업을 가지고 채석장에서 동일하게 돌을 깨고, 가족을 부양하기 위해 돈을 벌고, 동일하게 성전을 건축하고 있으면서 어떻게 이렇게 각각 다른 대답을 했을까? 그것은 다름 아닌, 그들의 노동관 때문이다. 일에 대한 관점은 다만 관점이 아니라 그들의 인생을 결정한다. 세 사람은 자신이 하는 일에 대한 관점만 다른 것이 아니라 자신들의 인생도 완전히 다르다.

다양한 노동관

일터에는 자신이 하는 일에 대한 다양한 관점을 가진 사람들이 있다. 첫 번째 사람은 저주설의 노동을 하는 사람이다. 평생 그 무거운 해머를 들고 돌을 깨며 노동을 하늘이 내린 천형처럼, 저주처럼 여긴다. 두 번째 사람의 노동은 방편설의 노동이다. 그의 노동은 생존의 방편이다. 자신이 하는 일은 다만 돈벌이, 밥벌이의 수단일 뿐이다. 마지막 사람의 노동은 소명설의 노동이다. 그의 노동은 신을 향한 뜻을 품은 소명이다. 거룩한 목적을 가진 행위이며 자신의 신앙의 구현이고 그의 예배요, 신에 대한 즐거운 헌신이다. 일터에서 이런 관점의 다름이 가져다 주는 삶의 질은 형언하기 어려울 정도로 큰 차이가 있다.

오늘도 우리의 일터에는 바쁘다, 힘들다, 피곤하다, 쉬고 싶다는 소리로 가득하다. 우리의 일상 그리고 각자의 일터에서 할 수 있는 말이 다만 이것 뿐이란 말인가? 우리는 인생의 1/3을 일터에서 보낸다. 내 삶의 결정적인 현장이다. 어느 날 죽음이 찾아와 나를 천형으로부터 자유롭게 하는 날까지 노동을 고통으로 여기고 처절한 삶을 살아가는 것만이 전부일 수는 없다. 또한 생계의 수단으로 여기는 삶도 별반 다를 바 없다. 열심히 일한 결과로 생계를 영위하는 것을 넘어 부와 지위와 힘과 명예를 가질 수 있다고 할지라도 어느 날 늙고 병들고 그 모든 것들이 떠나가는 순간, 그의 삶에는 회한과 수고와 슬픔만 남을 것이다. 그러나 우리의 일과 직업은 고통 그 이상이며, 수단 그 이상이다.

바른 노동관이 필요하다. 우리는 무엇을 하든지 평생 일하며 살고, 일을 통해 자신의 존재를 실현한다. 믿음의 사람들은 그가 하는 일에 그의 신앙을 구현하며, 자신의 일터에서 뜻을 가진 선택과 의미있는 결정을 통해 더 아름다운 세상을 만들어 간다. 그러나 자신의 일을 저주와 고통으로 여기는 사람은 성실하고 정직하게 일할 이유도 없고, 창조적이고 효율적으로 일할 이유도 없다. 자신의 일터가 변하여 더 나은 세상이 되는 일에 자신을 헌신할 마음은 더욱 없다. 방편설에 입각해 자신의 일을 돈벌이, 밥벌이나 자아실현의 방편으로 여기는 사람의 형편도 마찬가지다. 만약 일터에서 자신에게 지위와 힘을 얻을 달콤한 기회가 찾아온다면 불의와 타협하기 쉽다. 혹여 자신에게 불이익이 될 수 있다 판단될 때 손해 볼 각오로 불의 앞에 직면해 서기란 더욱 쉽지 않을 것이다. 그러나 자신의 일을 신의 소명이라 여기는 사람은 다르다. 하나님이 보내신 자리에서 하나님이 명하신 일을 하는 사람은 자신의 일을 통해 의로운 세상을 열망하는 것은 마땅한 선택이며, 의무요, 사명일 것이다. 고난과 역경을 직면한다면 그것을 극복할 힘을 하늘로부터 구할 것이며, 힘들고 거친 일일수록 하늘의 상급이 크다 여기며 기뻐할 것이다. 예수께서는 "그 눈이 밝아야 온 몸이 밝을 것이라"고 하셨다(눅11:34). 바른 가치관과 세계관이 필요한 이유다.

성경적 세계관 Biblical World View

세계관의 정의

제임스 사이어는 "세계관이란 우리의 세계를 구성하는 기본적인 틀에 관하여 우리가 의식적으로 혹은 무의식적으로 가지고 있는 일련의 전제나 가정이다"라고 했다. 티모시 워너는 "우리가 세상을 보는 렌즈이며, 우리가 진실로 믿는 것"이라고 했다. 세계관은 신학적인 교리와 진술도 아니며 학자들의 연구와 토론과 가르침도 아니며 일반 신자들의 실천적인 삶의 내용이다. 그것은 '종교의 대중적인 수준'이라고 부를 수도 있다고 했다.[2] 세계관이란, 세상을 보는 관점이며 인식과 판단의 기본이 되는 틀이다. 한마디로 세계관은 세상과 만물을 보는 눈이다.

성경적 세계관

성경적 세계관은 유신론적이다. 우리의 세계관은 하나님이 살아계심을 믿는다. 이는 무신론적인 세계관과 다르며 범신론적이고, 다신론적인 세계관과도 다르다. 우리는 한 분이신 하나님을 믿는다. 유일신관은 유대교와 이슬람과 공유하고 있으나, 성경은 삼위일체 신관을 계시한다. 그러므로 우리의 세계관은 삼위일체이신 하나님을 믿는다. 유일하신 하나님은 성부와 성자와 성령으로 존재하신다. 하나님은 창조주이시며, 온 우주의 운행자이시며 그리고 심판자이시다. 피조세계와는 초월하여 계시는 초월자이시며, 피조세계 안에 내재하시는 내재자이시다. 영원하시며 무소부재하시고 전지전능하신 신이시다. 그는 자비하시며 정의로우시며 선하시며 거룩하시며 완전하시다. 완전한 의와 사랑과 거룩함을 가지고 계신다. 불의와 죄악, 거룩하지 않은 모든 것을 미워하신다. 성경적 세계관은 살아계신 하나님의 실존을 인정한다.

성경적 세계관은 계시적이다. 하나님의 계시에 기초한다. 우리 그리스도인들은 하나님을 믿으며, 하나님의 말씀인 성경을 믿는다. 성경은 하나님의 말씀이며, 인간의 전통과 지식과 이성적 사유의 결과라고 믿지 않는다. 하나님께서 주신 것임을 우리가 믿는다(히1:1, 딤후3:14~17). 성경적 세계관은 성경을 우리의 절대적 기준으로 삼는 세계관이다. 그러므로 그리스도인들은 성경의 진리를 따라 산다. 성경에 의하여 삶의 모든 가치 기준이 달라진다. 성경에 의하여 '나는 누구인가'라는 인간의 존재에 대한 질문과 '왜 사는가'와 같은 삶의 목적에 대한 질문 등, 인생의 모든 질문들이 해결된다. 모든 삶에 대한 판단의 기준이 결정된다. 참된 가치 구별이 이루어지면, 우리가 질서 있는 삶을 살게 된다. 돈(Money), 성(Sex), 힘(Power) 등 모든 삶에 대한 관점이 달라지고, 성패의 기준이 바뀐다. 관계와 소유에 대한 기준이 달라지고, 삶의 모든 동기와 방법이 바뀐다. 그 결과 삶의 우선순위가 선명해진다. 상대적인 것과 절대적인 것들을 구별하고, 버릴 것과 붙들 것을 구별하고, 일시적인 것과 영원한 것을 구별한다. 비록 우리의 선택과 삶이 이 땅에서 인정받지 못하더라도 돌아보지 않고 묵묵히 그 길을 간다. 이것이 성경적인 가치관을 가진 자의 삶이다. 이런 성경적 가치관을 가지고 세계를 보는 눈을 우리는 성경적인 세계관이라고 한다.

성경적 세계관은 구속적이다. 성경은 하나님의 창조와 창조된 세계의 타락과 온 세상의 구속을 선언한다. 하나님은 온 세상의 구속 곧 회복을 위하여 구속자를 보내시겠다고 약속하셨다(창3:15). 이 세상 끝날에 인간과 모든 피조세계를 위한 하나님의 구속은 완성될 것이다. 성경은 '창조(Form)-타락(Deform)-구속(Reform)'이란 세 핵심어로 요약된다. 이것은 성경적 세계관의 렌즈이며, 세상을 인지하는 틀(Frame)이다. 우리는 '창조-타락-구속'의 렌즈로 세계를 이해하고 설명할 수 있다. 이 렌즈는 우리에게 하나님의 관점으로 세상을 볼 수 있게 할 뿐만 아니라 지금 세상 속에서 하나님께서 하시는 일을 알게한다.

'창조-타락-구속'의 틀에 의하면 세상의 역사는 구속사(Salvation History)이다. 하나님의 구속사는 가장 역동적으로 창조의 알파 포인트에서 구속의 완성인 오메가 포인트를 향해 가고 있다.

성경적 세계관의 틀: 창조-타락-구속

창조: 인간창조와 언약

하나님은 전능하신 창조주이시다. 아무것도 없는 무에서 온 세상을 창조하셨다. 하나님은 당신이 만드신 만물을 보시고 흡족해하시며 "보시기에 심히 좋았더라"(창1:31) 하셨다. 우리는 당신의 최고 걸작품인 인간에 대한 말할 수 없는 하나님의 기쁨을 발견한다. 창조주 하나님은 인간에게 언약을 주시고 복과 사명을 더하셨다.

"하나님이 이르시되 우리의 형상을 따라 우리의 모양대로 우리가 사람을 만들고 그들로 바다의 물고기와 하늘의 새와 가축과 온 땅과 땅에 기는 모든 것을 다스리게 하자 하시고 하나님이 그들에게 복을 주시며 하나님이 그들에게 이르시되 생육하고 번성하여 땅에 충만하라, 땅을 정복하라, 바다의 물고기와 하늘의 새와 땅에 움직이는 모든 생물을 다스리라 하시니라"(창1:26-28).

인간창조의 목적 창1:26

하나님은 만물을 만드신 후에 그 만물을 다스릴 존재로서 일하는 인간을 지으셨다. 인간창조 이전에 인간을 '땅을 갈 사람'(창2:5), 즉 '일하는 존재'라고 하셨다. 하나님의 소유인 만물을 맡아서 관리하며 다스리는 것이 인간의 일이다. 여기에 인간의 청지기적 삶(Stewardship)이 있다. 하나님은 사람을 당신의 형상으로 지으심으로 하나님과 사귈 수 있는 존재로 지으셨다. 창조주께서 피조물인 사람 사이에 사귐을 두신 것은 청지기인 사람을 향한 창조주의 은총이며, 신비였다(사43:21). 인간은 하나님과의 사귐을 통해 새 힘과 넘치는 생명 에너지를 얻게 되고, 그 사귐을 통해 그의 책무인 만물을 온전히 다스리며, 궁극적으로 하나님께 기쁨과 영광을 돌리게 하셨다.

인간창조의 방법 창1:27, 2:4~25

인간창조는 두 번 반복하여 언급되고 있는데, 첫 번째 언급(창1:27)은 인간창조 계획의 요약이며, 두 번째 언급(창2:4~25)은 그 창조 과정의 설명이다. 하나님은 손으로 인간을 빚으시고 그 코에 당신의 생명을 불어 넣으심으로 창조주의 형상을 가진 생명, 인간을 창조하신 것이다. 하나님께서 인간에게 주신 당신의 생명과 형상은 하나님과 교제하기 위해서임은 물론이요, 무엇보다 하나님의 목적을 수행할 수 있는 존재로서 지으신 것이다. 인간은 하나님의 형상(Imago Dei)이다. 일하시는 하나님은 당신의 형상을 따라, 일하는 존재인 사람을 창조하셨다.

창조언약: 축복과 명령 창1:28~2:3

창조언약은 이렇게 시작한다. "하나님이 그들에게 복을 주시며 하나님이 그들에게 이르시되..."(창1:28). 창조언약은 하나님께서 인간과 맺으신 첫 언약이며 그 내용은 결혼, 노동, 안식에 대한 축복과 명령이다.

● 결혼 "생육하고 번성하여 땅에 충만하라"(창1:28, 2:18~25). 이것은 결혼명령이다. 결혼은 한 남자와 한 여자의 만남을 통해 하나님의 창조명령 수행을 지속하는 방법이다. 하나님은 아담에게 부여된 사명을 돕기 위해 돕는 배필 하와를 주셨다. 우리는 하나님이 제정하신 결혼을 통해 하나님의 창조언약 가운데 주신 축복을 누리며, 창조 명령을 성취할 수 있다.

● 노동 "땅을 정복하라, 모든 생물을 다스리라"(창 1:28, 2:15). 이것은 노동명령이다. 노동은 하나님의 인간창조 목적을 실현하는 방법이다. 우리는 우리의 노동, 즉 땅을 정복하고 모든 생물을 다스리는 일을 통해 하나님의 계획과 목적을 실현한다. 하나님의 대리 통치자로서 모든 피조세계를 정복하고 다스리는 것이다. 그러므로 우리의 '정복'과 '통치'는 하나님의 성품과 주권을 투영하고 반영하는 인간의 '거룩한 사명(Holy Mission)'이다. 우리의 노동은 창조주의 축복이며, 준엄한 하나님의 '창조명령'이다. 그러므로 일은 인간의 존재적 사명(Work as Mission)이다.

노동명령은 아담이 에덴 동산에서 행해야 하는 일이다. "여호와 하나님이 그 사람을 이끌어 에덴 동산에 두어 그것을 경작하며 지키게 하시고"(창2:15). 그의 일은 하나님이 주신 동산을 지키고 경작하는 것이었다. 여기 '경작하다(Cultivate)'는 말은 후에 '문화(Culture)'라는 말의 어원이 된다. 노동명령은 바로 이 땅을 만드신 하나님의 거룩한 문화명령(Cultural Mandate)이었다.

● 안식 "안식하라"(창2:2~3, 출20:8~11). 이것은 안식명령이다. 하나님께서 일곱째 날에 이르러 창조를 완성하시고, 그날을 복되고 거룩하게 하신 후 안식하셨다. 우리에게 안식명령을 주신 하나님께서 안식하심으로 우리의 모범이 되신 것이다. 아브라함 죠슈아 허셀은 그의 책 『안식』에서 "안식일은 삶의 막

간이 아니라 삶의 절정이다"라고 하나님의 안식을 설명한다.[3] 창조주 하나님께서 6일의 시간을 지나 7일(שבת 샤밧)에 이르러 안식하신 것은 당신의 창조 사역의 진정한 마침에 이른 것이다. 7일은 다른 날들을 위한 단순한 막간의 시간이 아니라, 창조의 절정이었다. 하나님의 안식은 결혼과 노동으로 하나님의 창조언약과 명령을 성취해 가는 우리 삶의 모델(Model)이다. 결혼과 노동의 과정에서 우리는 하나님께서 주신 안식의 법을 잊지 말아야 한다. 그가 복 주신 안식의 신비 가운데로 들어가는 법을 배워야 한다. 우리가 쉬는 것은 죄가 아니다. 하나님께서 주신 창조언약이며, 창조명령이며, 인간을 위한 최고의 축복이다.

타락: 창조언약의 파괴 창3:1~24

우리는 창세기 3장에서 성경의 가장 슬픈 사건을 읽는다. 창조주 하나님이 인간에게 주신 언약과 완전한 보장과 영광스런 지위에도 불구하고 인간은 헛된 유혹에 빠져 하나님의 계획을 깨뜨렸다. 그의 사역의 부족이나 무능 때문이 아니라 하나님과의 관계와 교제의 삶이 깨어지면서 그의 다스리는 능력도 상실을 가져왔다. 여기서 인류의 죽음의 원인을 발견한다. 인간은 하나님의 언약을 파괴하고 하나님의 통치를 떠남으로 죽은 자가 된 것이다. 타락의 결과로 우리의 노동도, 결혼도, 안식도 온전함을 잃고 다 깨어졌다. 인간은 가장 중요한 하나님과의 사귐을 잃었고 그리고 정복과 통치라는 하나님의 창조명령의 실현도 불가능하게 되었다. 현재 인간은 사망 가운데서 온전함을 잃어버린 상태로, 타락한 세계관과 가치 기준으로 만물을 다스리고 있다. 피조세계는 이러한 인간의 타락과 함께 끊임없는 파괴의 악순환 속에서 고통하며 신음하며 구속의 날을 기다리고 있다(롬8:19~22). 그러므로 무엇보다 타락한 인류는 먼저 하나님과 깨어진 관계가 회복되어야 한다. 그때 모든 피조세계들이 다시 하나님의 의로운 통치와 질서 속에서 새롭게 회복될 것이다.

● 결혼 우리는 이 세상 가운데서 인간타락으로 말미암아 파괴된 결혼명령의 결과를 본다. 성의 가치전도로 인한 동성애, 수음, 혼외 불륜과 혼전 성교, 급격하게 높아진 이혼율, 파괴된 가정과 자녀들의 탈선과 범죄 등 수많은 파괴된 현상을 이 세상에서 목격한다. 오늘날 인류를 파괴하고 있는 성의 상품화, 동물적인 성적 쾌락 추구를 보라. 왜곡된 성의 목적은 인간의 모든 문화와 예술과 패션을 통해 선명히 드러난다. 깨어진 결혼, 파괴된 가정은 속히 회복되어야 한다. 깨어진 '결혼영역'에도 선교적 동기는 강조된다.

● 노동 노동의 영역도 동일하다. 인간의 범죄로 인하여 남자에게 주어진 노동에 따른 고통과 수고는 하나님께서 내린 죄의 형벌이었다. 인간은 노동을 고통과 저주라고 생각하게 되었다. 인간의 고통은 자연과 노동 환경의 파괴로 인하여 더욱 심화되었다. 인간의 노동은 지나친 탐욕에 의한 환경파괴, 무분별한 난개발로 이어지고 이로 인해 피조세계는 더욱 신음하고 있으며 나아가 결국 인류의 생존마저 위협받고 있다. 고대로부터 권력과 부를 가진 이들은 사람을 노동의 도구로 삼아 자신에게 임한 노동의 형벌을 회피하여 왔다. 이것이 노예제도다. 그리고 현대에도 자신의 부를 위해 인간을 노동의 도구로 전락 시키려는 악한 고용주들을 볼 수 있다. 노동력 착취, 부당한 임금제도, 구조적인 고용의 모순, 과중한 업무로 인한 스트레스, 일 중독 등은 노동의 타락을 여실히 보여 준다. 오늘날 나라마다 점점 심해지는 빈부

의 격차는 이 악한 경제와 노동의 타락에서 왔다. 여전히 '노동'의 회복은 필연적으로 요청된다.

● 안식 안식의 영역도 마찬가지다. 인류는 고대로부터 쉼 없는 노동을 강요당하고 있다. 그뿐만 아니라 인간은 미친 듯이 부의 소유를 위해 휴식을 거절하며 노동에 집착해 왔다. 인간은 참된 쉼을 잃은 지 참으로 오래다. 인류에게 있는 쉼의 문화를 살펴보라. 고대와 마찬가지로 오늘날의 쉼의 문화는 노동으로부터의 쉼이란 명분과 함께 어떤 쾌락 추구와 방종도 묵인된 채, 오로지 서로의 욕구를 해소하고, 서로의 만족을 위해 존재하고 있음을 본다. 인간의 오락과 유흥은 참된 가치를 잃었다. 참된 도를 잃은 타락한 춤, 노래, 술, 마약과 성의 문화가 지배하고 있다. 하나님은 안식을 거룩하게 하셨지만 거룩한 쉼은 사라진 지가 오래다. 기독교인들마저도 참된 안식을 알지 못하고, 맛보지 못한 이들이 많다. 기독교적 가치를 담은 놀이문화 하나가 없다 할 정도로, 기독교적 쉼의 문화가 요구된다. 이미 충분히 드러난 일임에도 모두의 삶의 문제로 의식하지 않고 있다. 참된 안식이 없어 개인이 무너지고, 가정이 깨어지고, 사회가 고통하고 있다. 그동안 사회의식의 발전과 함께 많은 변화들이 생겨났다고 하지만, 여전히 회복이 필요한 영역이다. '안식'도 반드시 구속 되어야만 한다.

인간의 타락으로 말미암은 창조명령의 파괴와 가치전도는 오늘 이 세상의 모습이다. 필연적으로 복음이 필요한 깨어진 세상과 구원 얻기에 전적으로 무능한 인류를 본다. 이 땅은 그리스도의 복음이 필요한 세상임을 깨닫는다. 인간의 타락과 창조 언약의 파괴는 온 우주의 구속과 회복을 요청한다. 이는 하나님의 선교의 동기다.

구속: 창조언약의 회복 창3:15

회복자 예수, 여자의 후손

창세기 3장에서 우리는 그 진노 가운데서도 잊지 않으시는 하나님의 긍휼과 인간에 대한 사랑의 마음을 읽는다. 창세기 3장은 '인간타락'의 장 (Chapter)이며 하나님의 '구속시작'의 장이다. 창조주는 당신의 소유를 잃어버리는 그 순간 즉시 회복을 계획하시며, 선교를 시작하신 것이다. 온 세상의 구속을 위한 메시아, 구속자인 '여인의 후손'은 계시되고 약속되었다. 처녀의 몸에서 나신 예수께서 바로 인류와 온 피조세계의 구속자시다. 스텐리 엘리슨(Stanley A. Ellisen)이 말한 '원시복음(Proto-Gospel)'⁴은 실로 하나님의 선교 (Missio Dei)의 '마스터 플랜(Master Plan)'이며, 완전한 계획이다(창3:15).

언약의 하나님은 약속하신 예수 그리스도를 보내심으로 인류에게 구원의 길을 열어 주셨다. 이 세상에 회복의 길은 오직 예수 그리스도를 통해서 가능하다. 하나님께서는 예수 그리스도 외에는 우리에게 구원을 얻을 만한 다른 이름을 주시지 않았다(요14:6, 행4:12). 만약 하나님의 독생자 예수 외에 구원 얻을 만한 다른 길이 있었다면 하나님께서 아들의 피로 값비싼 대가를 치루며 우리를 구원하시지 않았을 것이다.

구속, 하나님의 관심과 명령 마28:19~20

구속은 하나님의 관심이며 하나님께서 하시는 일이다. 성경은 하나님의 피조세계의 완전한 회복의 의지와 더불어 온 세상 모든 민족을 향한 하나님의 관심을 우리에게 선명하게 보여 주고 있다. 하나님의 궁극적 목적은 인류의 회복과 더불어 하나님께서 창조하신 모든 피조세계의 회복이다. 하나님은 피조세계의 청지기인 인간의 구속과 회복을 위해 일하시고 계신다. 하나님은 창조하신 피조세계를 향한 당신의 관심과 사랑을 포기할 수가 없으시다. 하나님의 회복된 백성, 교회로 하여금 하나님의 관심과 목적에 동참하라고 명령하신다.

결혼명령은 회복되었다. 우리는 그리스도 안에서 거룩한 가정과 새로운 가족을 발견한다. 우리는 거룩한 세대를 계승하며, 그리스도께서 다시 오시는 날까지 생육·번성하고, 온 세상에 편만하고, 충만해야 할 이유를 깨닫는다. 그리스도 안에서 회복된 노동과 안식의 축복을 발견한다. 노동의 새로운 가치와 의미를 되찾는다. 우리에게 복 주시며 맡기시고 명하신 하나님의 성품을 투영하고 반영하며 온 세상을 정복하고 다스리는 법을 배운다. 타락한 이후 노동은 우리에게 고통이 되었지만(창3:17~19), 노동은 이제 당신의 역사로 초대하시는 모든 인간을 향한 하나님의 소명이고 축복이며 영광이다. 온 땅을 다스리고 정복하라는 창조명령은 문화명령(Cultural Mandate, 창2:15)과 대위임령(the Great Mandate, 마28:19~20)과 함께 새롭게 갱신된다.

성경적 노동관
바울의 세계관

로마서에 나타난 바울의 세계관과 그에 따른 노동관을 살펴보자. 로마서는 모두 16장으로 이루어져 있고, 크게 두 부분으로 구분된다. 하나는 교리

(1~11장)이며 또 하나는 적용(12~16장)이다. 교리의 결론부인 로마서 11장의 마지막 부분에는 바울의 신관과 세계관이 나타난다. "이는 만물이 주에게서 나오고 주로 말미암고 주에게로 돌아감이라 그에게 영광이 세세에 있을지어다 아멘"(롬11:36).

바울은 세 가지 차원에서 하나님과 세상을 이해한다. '이는 만물이 주에게서 나오고(From God)'- 온 세상을 창조하신 창조주 하나님, '주로 말미암고 (By God)'- 온 세상과 역사를 운행하고 계신 세상의 주인이시며 역사의 주관자이신 하나님 그리고 '주에게로 돌아감이라(To God)'- 온 세상의 마침이 되시는 심판자이신 하나님을 고백한다. 이것이 바울이 가진 하나님과 세상에 대한 이해와 관점이다. 그의 세계관과 신관이라고 할 수 있다. 마지막은 그의 신관과 세계관에 따른 고백이다. "그에게 영광이 세세에 있을지어다"(For God). 바울은 우리 모든 믿는 자들의 궁극적 목적으로써 '하나님의 영광을 위한 삶'을 고백한다. 이와 같은 그의 세계관과 신관의 전제에 따른 적용부가 시작된다. '그러므로'로 이어지는 로마서 12장 1절에서 바울은 모든 성도들의 참된 삶의 예배인 '영적 예배(True and Proper Worship)'를 권한다. 이는 적용부의 핵심 선언이며 권면이다. "그러므로 형제들아 내가 하나님의 모든 자비하심으로 너희를 권하노니 너희 몸을 하나님이 기뻐하시는 거룩한 산 제물로 드리라 이는 너희가 드릴 영적 예배니라"(롬 12:1).

바울의 세계관의 틀 안에서 우리는 이 세상을 창조하신 하나님과 세상을 운행하시는 그의 주권과 우리를 향한 사랑과 목적을 발견한다. 그리고 이 땅을 사는 우리들의 바른 삶의 목표와 참된 가치도 알게 된다. 결과적으로, 우리가 무엇을 위해 살며, 무엇을 꿈꿔야 하는지 그리고 어떻게 살아야 하는

지를 발견할 수 있다. "우리 중에 누구든지 자기를 위하여 사는 자가 없고 자기를 위하여 죽는 자도 없도다 우리가 살아도 주를 위하여 살고 죽어도 주를 위하여 죽나니 그러므로 사나 죽으나 우리가 주의 것이로다"(롬14:7~8). 바울은 우리가 살아도 죽어도 주를 위한 삶이라고 가르친다. 예수 그리스도 안에서 변화 받은 우리는 새로운 피조물(New Creation)로서 존재하고(존재론), 하나님의 영광을 위하여 새로운 피조물로서의 삶의 의미와 목적을 갖는다 (목적론).[5]

특별히 바울은 성도들의 노동에 대해서 아주 단호하였다. 데살로니가에 있을 때 교인들에게 늘 "너희 손으로 일하기를 힘쓰라"(살전4:11)고 가르쳤으며, "누구든지 일하기 싫어하거든 먹지도 말게 하라"(살후3:10)고 강하게 질타했다. 데살로니가 교회를 향한 편지에서는 그리스도인의 성실한 삶을 거듭 강조하면서 누구든지 결코 게으르지 말 것이며, 자기 먹을 것을 위하여 자기 일을 하라고 강조한다(살후3:12). 고린도 교회를 향한 편지에서는 먹든지 마시든지 무엇을 하든지 주를 위하여, 다 하나님의 영광을 위하여 살아야 한다고 가르친다(고전10:31). 바울은 우리의 모든 삶, 결혼, 노동, 안식도 창조주와 주권자와 심판자 앞에서의 삶이며, 오직 그의 영광을 위하여 존재하는 것임을 고백한다.

우리의 일상과 일터의 모든 삶은 하나님의 영광을 위한 삶이다. 세상과 이웃을 향한 섬김과 사랑이며, 하나님을 향한 예배이다. 그러므로 우리들의 일터와 삶터에서의 모든 일상은 온 세상의 창조주와 주권자와 심판자이신 하나님을 드러내는 세상을 향한 메시지가 된다. 선교는 우리의 일상에서 드리는 예배의 삶으로부터 시작한다.

회복된 노동관

노동은 창조주의 인간창조 목적인 피조세계에 대한 정복과 통치의 구체적 실천이며, 인간의 존재적 사명이다. 그러나 인간은 하나님께 불순종하고 대적함으로 타락했고, 그 결과 하나님의 형상을 잃어버리고, 그 사명을 온전히 수행할 수 없는 존재가 되었다. 인간의 범죄로 노동현장과 일터인 땅에 대한 저주는 창세기 3장에 다음과 같이 기록되어 있다. "땅은 너로 말미암아 저주를 받고(17절)... 땅이 네게 가시덤불과 엉겅퀴를 낼 것이라"(18절). 노동에 대한 저주라기 보다 땅, 즉 노동 환경과 일터에 대한 저주다. 이로 인하여 일터에서의 인간의 노동은 수고를 더하며 고통을 수반한다. 그것이 하나님께서 범죄한 인간에게 내린 형벌이었다. "너는 네 평생에 수고하여야 그 소산을 먹으리라... 네가 흙으로 돌아갈 때까지 얼굴에 땀을 흘려야 먹을 것을 먹으리니"(17,19절).

그러나 성경은 이제 그리스도 안에서 우리의 일의 의미와 가치와 목적이 회복되었다고 가르친다. 성경은 인간의 존재적 소명을 새롭게 하며, 우리의 일에 대한 새로운 생각을 깨우친다(고후5:17). 그리스도 안에서 우리의 노동은 회복되고, 하나님의 영광과 이웃사랑을 위한 축복의 명령임을 재발견한다.[6]

교회사에서 중세 기독교는 노동관이 왜곡된 시대였다. 성직자들의 거룩한 노동이 있고, 일반 신자들의 세속된 노동이 있다고 여겼다. 그러나 종교개혁자들은 이분법을 거절했다. 만인제사장주의를 주장하며, 모든 신자가 사역자임을 강조하고 모든 이들의 직업소명을 회복시켰다. 노동은 거룩한 하나님의 창조명령이며 인간에게 부여된 일생의 의미와 가치라는 사실을 분명히 했다. 또한 노동을 예배의 한 부분으로 강조하며, "노동은 기도요, 기도는 노동이다"라고 가르쳤다. 칼빈은 "노동은 이웃사랑의 표현이며, 경제행위의 목적은 하나님과 이웃사랑이다"라고 말했다. 종교개혁시대에 이르러 성경적인 바른 노동관이 재확인된 것이다.

성경은 우리 일상의 게으름과 나태를 꾸짖으며, 작은 개미와 같은 미물에게서라도 노동을 배우라 한다. "게으른 자여 개미에게 가서 그가 하는 것을 보고 지혜를 얻으라"(잠6:6). 성경은 노동의 의미와 가치와 보람을 가르친다. 우리의 노동에는 땀을 흘리는 수고가 따르지만, 하나님은 그 수고에 정직한 보상과 열매를 약속하신다. "눈물을 흘리며 씨를 뿌리는 자는 기쁨으로 거두리로다. 울며 씨를 뿌리러 나가는 자는 반드시 기쁨으로 그 곡식 단을 가지고 돌아오리로다"(시126:5~6). 그렇다. 우리의 노동은 거룩한 것이다. 우리는 무슨 일을 하든지 그 일을 통해 하나님의 영광을 목적해야 한다.[7]

성속이원론의 수정

성속이원론(聖俗二元論)은 비성경적이다. 기독교 안에 자리잡은 세상을 거룩한 것과 속된 것을 구분하는 이원론은 '육은 속되고 영은 고상한 것'으로 여기는 헬라의 플라톤 철학에서 왔다. 한국교회의 이원론은 서구의 플라톤 철학의 영향은 물론이고, 특별히 동양적 사상에 뿌리를 두고 있다고 볼 수 있다. 동양의 불교, 힌두교, 유교, 노장사상 등에서 노동은 정신적인 일보다 고상한 것이 될 수 없다고 가르쳐 왔다. 동서양은 고대사회로부터 이원론적 사상에 의하여 계급과 신분과 반상의 차별이 생겨났고, 사람들은 육체노동을 기피하게 되었다.

이원론적 세계관은 하나님이 창조하신 세계를 거룩과 세속의 영역으로 나누고 분리해서 이해한다. 이와 같은 비성경적인 이원론적 구분으로 신앙생활은 통전적이지 못하고, 분리적인 것이 되었다. 그 결과 우리의 신앙은 일상의 삶이 없는 종교적인 것이 되었다. 이원론의 영향으로 하나님의 창조의 전우주적 영광과 그의 통치를 온전하게 인정하지 못하고, 교회와 세상을 비롯해 모든 문제들을 분리적이고 대립적으로 생각하는 이분법적 오류에 빠지게 되었다. 그 결과로 그동안 창조주의 명령으로서의 노동명령을 마치 존재하지 않는 것처럼 가벼이 여겼으며, 교회 안에서 온전하게 이해하고 가르치지 못하였고, 일터와 일상에서 온전히 순종할 수 없게 된 것이다.

세상에 존재하는 그 무엇이든지 하나님께서 창조하지 않은 것이 없으니, 그러므로 하나님께 속하지 않는 것이 없다. 성경은 "하나님이 지으신 그 모든 것을 보시니 보시기에 심히 좋았더라"(창1:31), "하나님께서 지으신 모든 것이 선하매 감사함으로 받으면 버릴 것이 없나니"(딤전4:4), "하나님께서 '깨끗하다(聖)' 하신 것을 네가 '속(俗)되다' 하지 말라"(행10:15) 했다. 네덜란드의 신학자 아브라함 카이퍼는 자유대학 총장 취임사에서 "인간존재의 모든 영역에서 만물의 창조주께서 '내 것이다' 외치지 않는 것은 단 하나도 없다"고 말했다. 온 땅과 바다와 그 가운데 있는 만물은 하나님의 것이다.[8] 온 세상은 그분의 것이며, 그분이 통치하신다.

참된 신앙은 세상을 성속으로 구분하지 않는 일원론이며, 그것은 영적이며 또한 실제다. 신앙은 실제적인 우리의 일상의 삶과 결코 분리될 수 없다. 대천덕 신부는 "물질적인 것과 영적인 것은 분리될 수 없다. 물질적인 문제는 기도와 영적전쟁 없이는 해결될 수 없으며, 영적인 문제는 현실의 삶 즉 실제적인 문제를 직면하지 않고는 해결될 수 없다"고 했다. 세계는 성속으로 분리될 수 없는 하나의 세상이다.

그러나 우리가 일원론을 말할 때 세속적 혼합주의는 경계해야 한다. 모든 일에 죄와 불의에 대한 경계와 바른 분별이 필요하다. 그렇지 않고는 거룩한 하나님 나라의 일을 이룰 수 없다. 교회, 사역, 선교라는 미명 하에 시도되는 어떤 불의도 묵인하거나 용납해서는 안된다. 비윤리적, 반사회적인 일들을 경계해야 한다. 반드시 거룩한 일은 거룩한 방식을 통해 이루어져야 하며, 거룩한 일을 세속적 방식으로 이루려는 모든 시도들을 경계하고 단호하게 거절해야 한다.

늘 상기해야 할 것은 우리가 이 세상과의 분리와 구별로서의 모습만으로는 결코 세상의 복음과 메시지가 될 수 없다. 우리는 그리스도께서 우리 가운데 오신 것처럼, 성육신적 삶으로 그리스도께서 보내신 세상 속으로 들어가서 그분의 메시지가 되어야 한다.

성경적 노동관과 일터사명

일은 모든 믿는 자들의 사명이다. 성경적 노동관을 가진 모든 이들은 일과 일터에 존재하는 우리의 사명을 깨닫게 된다. 하나님께서 그의 백성들을 어둠에서 빛으로 부르시고(벧전2:9) 구원하여, 일터와 일상에서 그분의 나라와 의를 구하며 사는 하나님의 목적의 도구들이 되게 하신다(마6:31~33). 주님은 우리를 세상의 빛과 소금이 되도록 일터현장으로 보내신다(마5:13~16).

일터는 그 사명을 수행하는 자리다. 그리스도인이 갖는 직업에는 죄를 범하는 것이 아니라면 세속적인 직업이 있을 수 없다. 모든 직업은 하나님의 소명이며, 주신 은사를 통해 이루어 가는 일생의 사명이기 때문이다. 모든 그리스도인은 언제든지, 무엇을 하든지, 어디에 있든지 그리스도를 섬기는 일로 보내심을 받은 것이다. 우리는 주 그리스도를 섬기는 자들이다(골3:22~24). 그러므로 진정한 우리 인생의 성공이란, 내가 선 일터에서 하나님이 나를 보내신 뜻을 이루며, 당신의 나라와 그 의를 구하며 영광스러운 사명을 성취하는 삶이다.

윌리엄 틴데일(William Tyndale)은 "접시를 닦는 일과 설교를 하는 일은 하나님을 기쁘시게 한다는 점에서 동일하다"고 하였고, 패트릭 모레이(Patrick Morley)는 "일은 사역이다"라고 하였다. 그러므로 각자 자신을 보내신 곳에서 주님을 섬긴다는 의미에서는 교회 관련 전임사역과 일반직업의 차이와 구분은 불가능하다. 우리 하나님은 거룩하시고, 우리를 세상과 일터로 보내신 목적이 거룩하다. 그러므로 우리가 보내심을 받은 자리(聖所)에서 그분의 뜻을 수종들며 섬기는 모든 일은 거룩한 일(聖役)이며, 주를 섬기는 우리의 모든 직업은 성직(聖職)이다. 성직이라 부르는 목사직도 세속적인 목적과 방법으로 일할 수 있고, 세속직업이라 여기는 일반 직업도 거룩한 태도와 방법으로 일할 수 있다. 그러므로 직업은 그 자체로 거룩하거나 세속적이지 않다. 그 직업과 일을 수행하는 자의 목적과 태도와 방법에 의해서 거룩하거나 세속적인 것으로 구분해야 할 것이다.

하나님은 우리를 세상 모든 곳, 모든 영역으로 보내셨다. 그러므로 우리의 일과 직업은 하나님의 부르심과 보내심에 사람이 응답하는 거룩한 수단이다. 그러므로 우리가 선 곳에서 아버지의 뜻이 하늘에서 이루어진 것처럼 땅에서도 이루어지도록 일하며 기도해야 한다(마6:10). 또한 모든 신자들은 자신의 일터에서 그리스도의 증인으로서 소명을 다해야 할 것이다. 모든 신자들은 자신의 일과 직업에 대해 자긍심과 사명의식을 가져야 한다. 일과 일터를 통해 삶의 보람과 성취를 맛보며, 존재가치와 의미를 재발견해야 한다. 그때, 우리의 일과 직업은 하나님의 나라를 세우는 사역이 된다. 모든 민족과 모든 영역에서 그분의 이름이 높임을 받으시도록, 하늘 뜻이 땅에서 이루어지도록, 우리는 일생 그 일을 목숨을 다하여 이루며 살아야 한다. 그것이 바로 일터사명이다. 그러므로 우리의 직업과 일터와 노동(Business)은 거룩하고 영원한 하나님 나라의 일로써 우리의 사명(Mission)이다.

일터에서 사명자로 살기

성경적 세계관을 통해 지금도 온 세상 모든 일터에서 하나님께서 하시는 일을 발견하고, 우리가 가진 사명을 발견한다. 일터 사명자는 일터의 구속과 회복을 구해야 한다.

비전의 현장

일터는 비전의 현장이다. 자신이 일하는 일터를 오늘보다 내일이 더 복된 일터로 만들려고 하는 뚜렷한 비전과 소명이 있어야 한다. 나의 일터는 하나님께서 다만 우리로 먹고 살라고 보내신 현장이 아니라, 그 일터의 변화를 위해 나를 보내신 곳이다. 만약 자신이 일하는 일터에 대한 꿈이 없고, 내일에 대한 기대와 소망이 없다면 슬픈 일이다. 자신의 일터에서 성실할 이유도, 정직할 이유도, 최선을 다할 이유도 없다는 말이다. 우리 모두는 자신의 일터에서 일터의 변화와 함께 자신의 내일을 꿈꾸며 살아야 한다.

재창조의 현장

일터는 재창조의 현장이다. 우리는 일터에서 하나님께서 내게 주신 지식과 지혜와 경험을 다하고, 내 모든 수고와 노력을 다하여 일해야 한다. 하나님께서 아담에게 에덴을 경작하라 하셨던 것과 같다. 아담의 경작은 하나님께서 주신 모든 재능을 다해야 하는 재창조의 과정이다. 창조주 하나님은 우리를 당신의 형상으로 지으시며 우리에게 당신을 닮은 창의성을 주셨다. 사명자는 자신의 일터에서 하나님이 주신 지식과 지혜와 창의성을 사용하여 일하며, 일터를 더 복되고 풍요로운 것들로 가득하게 하는 자가 되어야 한다.

순명의 현장

일터는 순명의 현장이다. 우리는 일터에서 우리를 부르신 이의 뜻을 이루기 위한 순종과 충성을 다해야 한다. 순명이란 하나님이 주신 소명에 대한 우리의 순종을 드리는 삶을 말한다. 우리의 인생에서 '얼마나 오래(How Long)'보다 더 중요한 것은 '얼마나 가치있게(How Valuable)'일 것이다. 하루를 살아도 가치있는 하루여야 한다. 가장 성공적인 삶은 부르심을 이루는 순명이다. 순명의 사람만 후회 없는 인생을 살 수 있을 것이다.

섬김의 현장

일터는 섬김의 현장이다. 예수님은 우리들 가운데 섬기는 자로 계신다고 하셨다. "내가 너희에게 행한 것 같이 너희도 행하게 하려 하여 본을 보였노라"(요13:15). 예수님은 우리가 섬기는 자로 일터에 서기를 기대하신다. 바울은 "내가 그리스도를 본받는 자가 된 것 같이 너희는 나를 본받는 자가 되라"(고전11:1)했다. 우리는 일터에서 섬김을 받으려 함이 아니라 섬기려 하는 태도를 가져야 한다.

보람의 현장

일터는 보람의 현장이다. 하나님은 우리의 수고에 대한 마땅한 보상을 주시는 분이시다. 하나님은 농부들의 삶을 비유하며 당신의 보상을 약속하셨다. 땀과 눈물을 흘리는 만큼, 그 수고에 따른 기쁨을 거두고, 곡식단을 거두게 하신다. 우리는 일터에서 우리의 수고에 대한 보상과 열매로써 급여를 받는다. 이 땅의 삶을 영위하기 위해 필요한 재정공급은 물론이고, 수고에 따른 상으로써 지위와 명예를 얻게 하신다. 우리는 일터에서 자기성취의 기회를 얻을 뿐만 아니라, 장차 우리의 모든 수고를 아시는 아버지로부터 반드시 하늘상급을 얻게 될 것이다. 그러므로 낙심하지 말고 열심히 일하며, 내 일과 삶을 즐거워하는 사람이어야 한다.

선교의 현장

일터는 선교의 현장이다. 일터는 하나님께서 우리를 보내신 곳이다. 우리가 보냄을 받은 곳은 완전한 세상이 아니다. 하나님의 창조의 원형과 그 영광을 잃어버리고 깨어진 세상이다. 우리는 그 일터로 보내신 하나님의 뜻을 기억해야 한다. 나는 어떻게 내 삶을 통해 하나님의 뜻을 이루어 드리며, 그의 나라의 확장에 참여할 것인가를 질문하며 살아야 한다. 먼저 내가 그리스도 안에서 변화된 새사람으로서 세상과 다른 세계관과 가치를 가진 삶을 살아야 한다. 하나님을 사랑하며, 이웃을 사랑하고, 하나님의 피조세계를 돌보며 사는 사람이어야 한다. 그때 우리는 일터에서 내가 그리스도 안에서 얻고 누리는 복된 삶과 복된 소식을 나누는 자가 될 것이다.

일과 직업은 하나님의 부르심과 보내심에 사람이 응답하는 거룩한 수단이다. 모든 믿는 자들은 자신의 은사와 적성에 맞는 일과 직업을 선택하고, 소명을 따라 일해야 한다. 자신의 일과 직업에 대해 자긍심과 사명의식을 가져야 한다. 그 일과 일터를 통해 삶의 보람과 성취를 맛보며, 존재가치와 의미를 재발견해야 한다. 우리의 일과 직업은 하나님의 나라를 세우는 사역이 된다. 그러므로 우리의 직업과 일터와 노동은 거룩하고 영원한 하나님의 나라의 일로써 우리의 사명이다.

"종들아 모든 일에 육신의 상전들에게 순종하되 사람을 기쁘게 하는 자와 같이 눈가림만 하지 말고 오직 주를 두려워하여 성실한 마음으로 하라 무슨 일을 하든지 마음을 다하여 주께 하듯 하고 사람에게 하듯 하지 말라 이는 기업의 상을 주께 받을 줄 아나니 너희는 주 그리스도를 섬기느니라" (골3:22~24). 우리의 유일한 상전은 하나님이시다. 우리는 한 분 하나님만 섬긴다.

"하나님께 드릴 무엇인가 내 삶에 있다면, 인생은 살 가치가 있다"

-데이빗 브레이너드-

◇ 토의질문

1. 거듭난 이후, 우리의 세계관은 성경적 세계관으로 새로워져야 한다. 그동안 내가 가졌던 노동관, 직업관은 무엇인가? 진정 나의 세계관은 변화되었는가?

2. 우리 삶에는 알게 모르게 성속이원론이 깊이 뿌리를 내리고 있다. 내 생각 속에 존재하는 성속이원론, 나의 그릇된 생각과 생활들이 있었다면 나누어 보자.

◇ 참고도서

데로우 밀러, 2012. 라이프워크. 서울: 예수전도단.

신국원, 2011. 니고데모의 안경. 서울: IVP.

이승구, 2011. 기독교 세계관이란 무엇인가?. 서울: SFC.

톰 넬슨, 2015. 주일 신앙이 평일로 이어질 때. 서울: 아바서원.

팀 켈러, 2013. 팀 켈러의 일과 영성. 서울: 두란노.

폴 스티븐스, 2014. 일의 신학. 도서출판 CUP.

세계관　소명　문화　영성　돈　리더십　공동체　비전　선교적삶　BAM

02

一

일터와
소명

一

일과 직업의 소명은 원칙적으로

우리가 선택한다는 뜻이 아니다

하나님께서 우리를 선택하신 것이며

우리는 하나님의 부르심과

보내심에 의하여

그 일을 하는 것이다

내 삶에 개입하시는

그분의 부르심을 들어야 한다

이미 하나님은 내 인생을 경영하고 계신다

일터와
소명

"사람이 이렇게 살다 끝나는 것이라면, 하나님이 사람을 왜 내셨나 싶습니다." 한 노인의 회한 가득한 자신의 인생에 대한 탄식이다. 오래전 이야기다. 오랜 투병생활을 하다 죽음을 목전에 둔 한 노인을 심방하고, 긴 대화를 나누었다. 이야기를 갈무리하고 기도해 드리고 자리에서 일어서려고 하는 그때, 그는 내 손을 붙들고 나를 보며 말을 건넸다. 그는 한 가정의 성실한 남편이었으며, 책임감 강한 아버지였다. 작은 목재소를 운영했는데, 자신을 위해 그리고 가족을 위해 열심히 일했다. 오랜 거친 육체노동의 결과로 나이가들면서 몸에 병을 얻었고, 결국 목재소 문을 닫았다. 그는 나이 들어 주님을 영접했고, 믿음이 깊지는 않았지만 참 순전했다. 그러나 병상에 누워서는 자신이 살아온 삶을 회고하면서 더 넉넉하게 돈을 벌어 자신과 가족들이 여유롭게 살 수 있도록 가산을 모아 놓지 못한 것을 후회했다. 자주 병든 자신이 아내와 자식들에게 짐이 되는 것 같다고 말했다. 돌아오는 길 그리고 그 이후 오랫동안 그의 삶을 생각했다. 그 노인의 삶에 회한과 탄식이 가득한 이유는 무엇 때문일까?

오스 기니스는 그의 책 『소명(The Call)』°에서 책의 부제를 통해 '소명'을 '인생의 가장 중심 된 목적을 찾고 성취하는 삶(Finding and Fulfilling the Central Purpose of Your Life)'이라고 했다. 노인의 탄식은 다름 아닌 자신이 평생 먹고 살며 일궈온 일터에서 자신의 인생의 중심된 목적을 찾고 성취하는 소명을 발견하지 못한 삶의 결과임을 깨달았다.

하나님의 디자인: 일
일은 존재적 본질이다

하나님은 일하시는 하나님이시다. 창세기 1장 1절은 성경의 첫 선언이다. "태초에 하나님이 천지를 창조하시니라"(창1:1). 하나님의 실존과 그가 행하신 일에 대한 선언이다. 하나님은 우리에게 당신의 모습을 계시한다. 바로 살아계시며 온 세상을 창조하신 하나님이시다. 성경에서 하나님의 첫 존재 계시는 실존하시며, 일하시는 하나님의 모습이다. 하나님은 일을 계획 하시며, 그 계획을 따라 일하신다. 당신의 힘과 지혜를 사용하여 성실하게 일하신다. 무에서 유를, 온 우주와 천지와 만물을 창조하신다.

온 세상을 창조하신 하나님은 지금도 일하고 계신다. 일은 하나님의 사역이다. 예수님은 세상에 오셔서 하나님의 모습을 가르치신다. "내 아버지께서 이제까지 일하시니 나도 일한다"(요5:17). "내 아버지는 농부라(My Father is the Gardener)"(요15:1). 우리 하나님은 일하신다. 예수님은 목수였다.

인간창조의 순간, 하나님의 모습은 우리 인간에게 반영되었다. "우리의 형상을 따라 우리의 모양대로 우리가 사람을 만들고"(창1:26), "하나님이 자기 형상 곧 하나님의 형상대로 사람을 창조하시되 남자와 여자를 창조하시고" (창1:27). 일하시는 하나님은 당신을 닮은 일하는 인간을 지으신 것이다. 일하는 사람은 하나님을 닮았다. 일하는 사람은 '하나님의 형상(Imago Dei)'이다. 일은 인간존재의 본질적 가치다. 또한 죄가 되는 일이 아니라면, 그 일은 그 자체로 본질적인 가치를 갖는다.

일은 존재적 소명이다

일은 인간의 존재적 소명이다. 노동을 의미하는 '아보다(עבודה ABODAH)' 라는 단어가 창조-타락 사건에서 우리 인간의 존재와 관련한 대목에서 의미 깊게 세 번 반복하여 사용되었다.

인간창조 이전

"여호와 하나님이 땅에 비를 내리지 아니하셨고 땅을 '갈(עבד 아바드)' 사람도 없었으므로"(창2:5)

인간창조 이후

"여호와 하나님이 그 사람을 이끌어 에덴 동산에 두어 그것을 '경작하며 (עבד 아바드)' 지키게 하시고"(창2:15)

인간타락 이후

"여호와 하나님이 에덴 동산에서 그를 내보내어 그의 근원이 된 땅을 '갈

게(עבד 아바드)' 하시니라"(창3:23)

위에서 살펴본 것처럼, 우리는 인간창조 전에 인간에 대한 하나님의 의도를 발견한다. 바로 '아보다(일)'이다. 인간창조 후에 인간에 대한 하나님의 명령을 발견한다. 바로 '아보다(일)'이다. 타락 후에 에덴 동산에서 축출하시던 날에도 인간에게 결코 잊지 않기를 원하시는바 한 명령을 발견한다. 그의 근원이 된 땅을 경작하는 일이었다. 바로 '아보다(일)'이다. 우리는 일을 위해 지어진 존재다. 인간의 존재적 소명이 무엇인가? 일, 노동이다.

일은 원형적 예배다

우리의 삶과 일은 하나님을 향한 예배다. 타락 이전의 원형적인 예배는 무엇이었을까? 실제로 창조 이야기에서 '예배'라는 단어도 없고 또 예배와 관련된 찬양, 기도, 말씀 등에 대해 어떤 구체적인 말씀도 찾을 수 없다. 그러나 우리는 인간창조와 그 명령 속에서 예배의 힌트를 발견한다. "여호와 하나님이 그 사람을 이끌어 에덴 동산에 두어 그것을 경작하며 지키게 하시고"(창2:15). 여기에서 문화명령인 '경작과 보호'는 창조명령인 '정복과 통치'의 구체적인 표현이다. 여기서 '지키다'는 히브리어로 'שמר(샤마르)', '경작하다'는 'עבד(아바드)'라는 동사가 사용되었다. 'שמר(샤마르)'는 사랑으로 돌보며 아끼고 보호하고 간수하는 일이다. 'עבד(아바드)'는 '경작하다', '노동하다'와 더불어 '섬기다'라는 의미다. 실제로 여호수아 24장에서는 '섬기다'는 의미로 쓰였다. 여호수아는 "너희가 섬길 자를 오늘 택하라" 명하며, "오직 나와 내 집은 여호와를 섬기겠노라(עבד 아바드)" 다짐한다. 여호수아에 의하여 '아보다'가 '예배'를 함의한 단어임을 알 수 있다(수24:14,15).

우리는 하나님의 창조의 디자인 속에서 의도하신 원형적 예배가 무엇이었는지 발견한다. 아담과 하와의 에덴에서의 '노동'은 다만 노동이 아니며, 그 노동에는 '예배'라는 말을 함의하고 있다. 우리에게 명하신 일을 순종함으로 우리는 하나님을 섬기고, 그것이 인간에게 명하신 예배임을 깨닫는다. 원형적 예배는 결코 우리들의 삶과 일과 분리되지 않는다. 예배는 우리의 삶이었다. 원형적 예배는 인간의 삶으로 드리는 것이었다. 우리의 일터와 삶터에서 드리는 하나님을 향한 우리의 모든 경외의 삶이 바로 예배였던 것이다.

유대 탈무드(Talmud, Aboth)에서는 "세상은 토라, 아보다, 헤세드 이 세 가지 위에 세워진다"고 하였다. 하나님의 법이며 우리 인간의 규범인 '토라' 그리고 그 법을 따라 살아가는 인간의 모든 삶을 의미하는 '아보다' 그리고 그 위에 한없이 부어주시는 조건없는 하나님의 사랑인 '헤세드'로 인하여 세상이 존재하고 있다는 말이다. 하나님께로부터 오는 것은 '토라'와 '헤세드' 두 가지이고, 인간에게 해당하는 것은 '아보다' 하나다. 그러므로 히브리인들이 생각하는 '아보다'는 토라와 헤세드를 제외한 우리의 모든 삶이다. 우리의 '아보다', 곧 노동이 예배와 분리되어 있지 않다. 그러므로 그분의 명하심을 기억하는 내 일터의 노동은 '예배'가 된다.

일터에서 우리의 노동은 우리가 생각하는 '거룩한 예배'만큼이나 '거룩한 노동'이 된다. 남자 아담만 아니라 여자인 하와도 노동이라는 거룩한 창조명령을 수행하는 아담을 돕는 배필로서 동일한 축복과 의무를 가지고 창조되었다. 그러므로 남녀 모두 이 거룩한 노동의 명령으로부터 자유할 수 있는 자는 아무도 없다. 우리의 노동은 하나님의 창조명령이며, 바로 하나님을 섬기는 거룩한 예배행위다. 아담과 하와는 하나님이 맡기신 일터

에덴에서 그 아름다운 자연을 돌보며, 그 땅을 일구어 경작하며, 하나님의 일을 하고 또 하나님을 기뻐하며 그의 명하심에 순종하며 예배하였던 것이다.

그렇다. 우리는 '일함(아보다)'으로 하나님의 창조세계를 사랑하며 돌보며 더욱 아름답고 풍요롭게 하고, 우리는 '일함(아보다)'으로 하나님의 아름다우심을 드러내고, 우리는 '일함(아보다)'으로 하나님을 예배하고, 우리는 '일함(아보다)'으로 하나님께 영광을 돌린다. 그러므로 우리는 '일함(아보다)'으로 하나님의 영광을 드러내고 그분의 아름다우심을 세상에 전하는 것이다.

소명의 정의와 이해

소명은 무엇인가? 소명이란 하나님의 은혜와 섭리의 부르심이다. 하나님께서 그의 백성들을 부르시고 그의 은혜와 구원을 받는 자들이 되게 하시며, 나아가 역사 속 하나님의 목적의 도구들이 되게 하시는 하나님의 주권적인 행위이다.

중세 로마 가톨릭은 소명을 이원론적으로 구분하고 제한적으로 사용했다. 소명을 가진 성직자(Clergy)와 소명이 없는 평신도(Laity)로 구분하는 잘못을 범하였다. 수평적인 소명이 아닌 수직적인 소명을 가르쳤다. 수직적인 소명은 상대적으로 높고 존귀한 소명이 있고, 상대적으로 낮은 소명이 있다는 말이다. 가장 존귀하신 하나님이 부르신 것이라면, 그 어떤 부르심이든 가장 존귀하며, 영광의 하나님이 부르신 부름이라면 그 어떤 부르심이든 가장 영광스러운 부름이 아니던가. 어찌 하나님의 부르심에 보다 낮은 부르심이 있으며, 비교하여 보다 높은 부르심이 있는가. 동일한 그리스도의 피로 값 주고 구원받고 부름받은 성도들을 성직자와 평신도로 구분하고 계급화하는 일은 비성경적이다. 우리는 각각 자신의 일로, 자신의 자리와 역할로 존귀하신 하나님의 영광스러운 부르심을 입은 것이다. 종교 개혁자들은 모든 이들의 참된 소명을 회복시켰다. 만인제사장주의는 만인이 사역자임을 선언하는 것이다. 폴 스티븐스는 그의 책 『21세기를 위한 평신도 신학』의 원제목 『The Abolition of the Laity』, 즉 '평신도의 폐지'라는 제목을 붙였다.[10] 더 이상 평신도는 없다. 모두가 하나님의 소명을 가진 사역자다.

두 단계의 소명

"그러나 너희는 택하신 족속이요 왕 같은 제사장들이요 거룩한 나라요 그의 소유가 된 백성이니 이는 너희를 어두운 데서 불러 내어 그의 기이한 빛에 들어가게 하신 이의 아름다운 덕을 선포하게 하려 하심이라 너희가 전에는 백성이 아니더니 이제는 하나님의 백성이요 전에는 긍휼을 얻지 못하였더니 이제는 긍휼을 얻은 자니라"(벧전 2:9~10).

모든 성도들은 하나님의 부르심을 받았다. 성경의 부르심은 위의 말씀을 통해 두 단계로 구분해 볼 수 있다. 먼저 하나님은 하나님의 백성이 아닌 자들을 당신의 백성으로 삼으시고, 죄와 죽음과 어둠에서 생명과 영광의 기이한 빛으로 부르셨다. 이는 '구원으로의 부르심'과 그리스도인의 '거룩한 삶으로의 부르심'이다. 이는 또한 '그리스도와 사귐으로의 부르심'이다(고전 1:9). 그 후에 하나님은 우리를 하나님의 덕과 복음을 전하는 일을 위해 부르신다.[11] 우리에게 '화목하게 하는 직분'을 주시고(고후 5:18), 우리로 '세상의 빛과 소금'이 되라고 부르시며(마5:13~16), 하나님의 나라와 그의 이름을 위하여 살라고 부르신다.

예를 들어보자. 우리는 아브라함의 이야기를 기억한다. 아브라함과 그의 가족은 갈대아 우르에서 우상을 섬기던 자였다(수24:2). 그때 영광의 하나님이 그에게 나타나시고 그를 죄와 우상을 섬기는 삶으로부터 부르시고 하나님을 섬기는 자로 부르셨다(행7:2). 이는 바로 첫 단계, 1차 소명이라 할 것이다. 바로 구원에로의 부르심이다. 그 후에 아브라함은 하란에 오래 머무르다 그의 아버지의 죽음을 계기로 하나님의 언약을 붙들고 하란을 떠나 약속하신 가나안으로 이주한다.[12] 이미 1차적인 구원을 위한 부르심 안에 이미 하나님의 원대한 계획이 함께하지만 그러나 때가 이르러 하나님의 구체적 소명은 다음 단계에서 뚜렷하게 나타난다.

오스 기니스는 일차적 소명과 이차적 소명을 구분하면서 다음과 같이 설명한다. "일차적 소명은 그분에 의한, 그분을 향한, 그분을 위한 것이다. 우리는 누군가에게 부름받은 것이지 무엇이나 어디로 부름받은 것이 아니다" "이차적 소명은 모든 것을 다스리시는 주권적인 하나님을 기억하고 모든 사람이, 모든 곳에서, 모든 것에서 전적으로 그분을 위하여 생각하고, 말하고, 살고 행해야 한다는 것이다"[13] 정리하면, 1단계 소명은 '하나님에게로의 소명(To God)'이며, 2단계 소명은 '하나님을 위하여의 소명(For God)'이라 할 것이다.

· 1단계 소명-일반소명

구원을 위한 부르심 | 성도로 부르심, 개인적, 그리스도의 형상을 이룸

· 2단계 소명-특별소명

사명을 위한 부르심 | 사역자로 부르심, 공동체적, 하나님 나라의 완성

두 가지의 소명

소명은 일반적으로 두 가지로 구분한다. 내적소명과 외적소명이다. 내적소명은 주관적이고 개인적이며 체험적이다. 그러나 외적소명은 객관적이고 공동체적이며 합리적이다. 내적소명은 각 개인이 하나님의 감동하심과 인도하심을 받게 된다. 어릴 적부터 꿈꾸며 마음의 소원을 가지게 되는 경우도 있고 또 말씀묵상, 기도, 집회, 현장 등 다양한 상황 속에서 하나님의 부르심을 마음에 확신하는 경우다. 경우에 따라 특별한 체험이나 음성을 듣기도 한다. 그러므로 주관적이다. 외적소명은 내적소명과는 달리 공동체를 통해서 나타난다. 가정, 학교, 교회 등에서 오랫동안 함께해 온 이들에 의하여 그의 삶에 나타난 은사와 열매를 통해서 확인된다. 신뢰할 만한 멘토들로부터 격려와 권고와 추천을 받기도 한다. 그러므로 객관적이며, 합리적이다. 이 둘은 서로를 보완한다. 내적소명과 외적소명을 함께 받는 경우도 있지만, 그렇지 않은 경우도 있다. 반드시 다른 하나를 통해 균형있는 두 가지 소명 모두의 확인이 필요하다.

- 내적소명: 주관적, 개인적, 체험적
- 외적소명: 객관적, 공동체적, 합리적

일과 소명 그리고 직업

우리가 서있는 일터는 하나님의 부르심, 소명의 자리다. 바울은 "오직 주께서 각 사람에게 나눠 주신 대로 하나님이 각 사람을 부르신 그대로 행하라" 말했다(고전7:17). 우리의 일과 직업은 하나님의 부르심에 대한 응답이다.

일과 직업의 소명은 원칙적으로 우리가 그 직업을 선택한다는 말이 아니다. 하나님께서 우리를 선택하시고, 하나님의 부르심과 보내심에 의하여 우리가 그 일을 선택하는 것이다. 그런데 아직 하나님께서 우리를 부르신 소명을 알지 못한다면, 우리는 어떻게 하나님의 부르심을 알 수 있는가. 우리가 자세히 주의하여 귀를 기울여 우리 삶에 개입하시는 그분의 부르심을 들어야 한다. 이미 하나님은 우리 인생을 경영하고 계신다.

삶의 소명을 발견하라

우리는 우리의 소명을 확인하기 위하여 우리 삶을 자세히 살펴보아야 한다. 하나님께서 이미 우리에게 주신 것들이 있다. 우리 삶의 소명은 은사, 재능, 진로, 직업, 사명과 같은 요소들이 함께 고려되어 진다. 이런 다섯 가지 요소들을 통해 내 삶을 살펴 본다면, 우리 삶의 소명을 발견하는 일에 도움이 될 것이다.

● 은사 은사는 각 사람에게 주시는 하나님의 선물이다(고전12:11, 약1:17). 하나님께서 각자에게 주신 은사는 우리가 '좋아하는 일'을 통해 발견할 수 있다. 하나님이 주신 선물인 은사는 내가 그분이 기뻐하시는 일에 사용하라고 주신 것이다. 그렇게 우리가 주님 안에서, 성령 안에서 사는 것을 즐거워한다. 우리가 은사를 사용할 때 내게 기쁨이 있으며, 그 일을 통해서 내가 가장 나다운 삶을 살게 된다. 내가 은사를 사용할 때 은사는 다른 이들에게는 축복을, 내게는 기쁨을 가져다 준다.

● 재능 재능은 천부적이다. 내가 '잘하는 일'이다. 대개는 내가 무엇을 잘

하는지 자신이 알고 있고, 혹 자신이 잘 알지 못할 때도 오래 함께해 온 가까운 이들이 내가 무엇을 잘하는지 말해준다. 바로 그것이 내 재능이다. 주로 구체적인 재주와 능력들로서 그 일을 통해 다른 사람이 유익을 누린다. 우리는 재능을 통해 자기존재를 실현하고 증명한다.

● 진로 진로는 미래적이다. 대부분 내가 '하고 싶은 일'에 의하여 결정된다. 대학진학의 과정에 진로 결정은 때로 내가 하고 싶은 공부와 전공보다는 성적에 따라 결정되기도 한다. 하지만 진로는 대부분 결국 내가 하고 싶은 일을 선택하게 된다.

● 직업 직업은 '인도하신 일'이다. 많은 경우에 그가 선택한 진로에 의해 결정이 되지만 그러나 직업 결정의 과정을 살펴보면 인도하심을 부인할 수 없다. 직업은 개인의 자유로운 결정이지만, 그 과정에 하나님께서 다양한 방법과 경로를 통해 인도하신다.

● 사명 사명은 '내가 할 일'이다. 하나님께서 맡겨주신 일로서 내 평생을 통해 이루어야 할 내 일이다. 이는 하나님의 부르심에 의해 결정된다. 자신의 일과 직업이 하나님의 소명임을 깨닫게 되는 순간 우리의 사명을 발견하게 된다. 사명은 우리가 이 세상에서 내 인생의 모든 시간과 노력을 다하여 이루어야 하는 일인 것이다.

부르심에 귀를 기울여라
나의 관심에서 출발하라

내가 좋아하는, 내가 재미있어 하는 일을 찾으라. 하나님은 내가 관심 없는 일을 무조건 하라시지 않는다. 먼저 나를 소중하게 여기라. 그리고 나의 관심에서부터 시작하라.

이웃의 필요를 생각하라

우리는 일을 통해 이웃을 섬긴다. 그러므로 일터의 소명은 이웃을 향한 관심에서 발견할 수 있다. 자신만 바라보고, 자기 유익만 생각하는 자기중심적인 시야와 지평 너머를 보아야 한다. 내가 주목하게 되는 이웃의 필요, 형편, 고통 등을 듣고 이를 위해 내가 무엇을 할 것인지 질문할 때 내 맘에 하나님의 음성이 들린다. 이웃과 사회와 국가와 열방의 신음과 눈물을 알게 될 때 그 일을 위해 나를 부르시는 하나님의 음성을 듣게 될 것이다. 우리는 일을 통해 이웃을 섬기고 봉사한다.

하나님의 소원을 묵상하라

하나님은 내 일생을 통하여 진정 내가 하길 원하시는 하나님의 소원이 있다. 내 인생을 통해 하나님께서 영광을 받으시기 원하는 일을 해야 한다. 철학자 키에르케고르는 소명을 다음과 같이 설명한다. "그것은 나 자신을 이해하는 것이요. 하나님이 진정 내가 하길 원하시는 것을 아는 것이다. 그것은 나에게 해당되는 참된 진리를 발견하는 것이며, 내가 위하여 살기도 하고 죽을 수도 있는 그 사상을 찾는 것이다." 하나님의 소원을 묵상하며 하나님의 부르심에 귀를 기울이라.

영원한 가치를 분별하라

사람은 일해야 한다. 영원한 가치를 따라 일해야 한다. 하나님께서 기뻐하시는 일을 해야 한다. 우리는 그 일에 대한 세상의 평가나, 그 일의 내용이 아니라 일의 가치를 판단해야 한다. 영원한 가치는 하나님의 말씀에 따른 일, 그분의 목적에 맞는 일, 그분의 방법에 합당한 일, 그분께 인정될만한 가치를 가진 일이다. 반짝인다고 모두 보석이 아니듯, 분별해야 한다. 아무리 보암직해도 영원한 가치를 지닌 일이 아니라면 기꺼이 '아니오!'라고 말해야 할 것이다.

- 하나님의 명령에 따른 일
- 하나님의 목적에 맞는 일
- 하나님의 방법에 합한 일
- 하나님의 가치를 가진 일

적성에 맞지 않는 일에 대한 태도

일터에서 종종 이 일은 내 적성에 맞지 않는다 생각될 때가 있다. 그런 상황에 직면할 경우에 두어 가지 방법으로 조언하고 싶다. 먼저 그 일을 소명으로 여겨라. 그 일이 평생의 소명이 아니라 할지라도 주께서 지금 나를 그곳에 두신 뜻을 헤아려 일하라는 말이다. 바로 현재를 소중하게 여기는 태도다. 혹 그 일이 내가 드려야 할 인생의 한 때를 위한 소명, 그날의 소명일 수 있으니 말이다. 그리고 사랑으로 일하라. 주께서 나를 두신 뜻을 헤아려 주신 일을 사랑하려고 애쓰는 것이다. 또한 그 일을 통해 사랑하는 법을 배우는 것이다.

「직업선택의 십계」를 읽어보자. 이 직업선택의 십계는 미션스쿨인 경남

거창고등학교의 교장이었던 고(故) 전성은 선생님이 제자들에게 가르쳤던 내용이다.

직업선택의 십계

1. 월급이 적은 쪽을 택하라.

2. 내가 원하는 곳이 아니라 나를 필요로 하는 곳을 택하라.

3. 승진의 기회가 거의 없는 곳을 택하라.

4. 모든 것이 갖추어진 곳을 피하고 처음부터 시작해야 하는 황무지를 택하라.

5. 앞을 다투어 모여드는 곳은 절대 가지 마라. 아무도 가지 않는 곳으로 가라.

6. 장래성이 전혀 없다고 생각되는 곳으로 가라.

7. 사회적 존경 같은 건 바랄 수 없는 곳으로 가라.

8. 한가운데가 아니라 가장자리로 가라.

9. 부모나 아내나 약혼자가 결사반대하는 곳이면 틀림없다. 의심치 말고 가라.

10. 왕관이 아니라 단두대가 기다리고 있는 곳으로 가라.

위의 십계의 내용을 그대로 적용하기에는 무리한 내용들이 더러 보인다. 직업선택의 과정에 신실한 부모와 아내의 동의를 통해 결정하는 것은 소중하게 고려되어야 하는 일이며, 다만 단두대가 기다리는 곳이라 하여 그 일이 절대 선을 의미하지 않기 때문이며 도리어 사회적 악으로 단죄되어야 하는 일일 수도 있다. 그러므로 전성은 교장이 제자들에게 가르친 이 '십계'는 문자 그대로 지켜야 한다는 말이 아니었을 것이다. 직업을 선택할 때 그 계명의 의미를 따라 자신의 성공과 영달을 구하는 삶이 아니라 이웃을 생각하고 더불어 살아가는 이타적인 삶의 태도를 제자들에게 가르친 것이다.

부르심의 내용
우리는 부르심으로 존재의 의미를 갖는다

하나님께서 내 이름을 부르실 때 그때 참된 내가 된다. 시인 김춘수는 "내가 그의 이름을 불러주기 전에는 그는 다만 하나의 몸짓에 지나지 않았다. 내가 그의 이름을 불러주었을 때, 그는 나에게로 와서 꽃이 되었다"[14]고 노래한다. 아이가 눈을 반짝이며 한 여인을 향해 '엄마'라 이름할 때 한 여인은 진정 모성애로 충만해진다. 진정 '엄마'가 된다. 우리는 하나님의 부르심에 의하여 우리의 존재 의미를 갖는다. 그의 부르심에 의하여 존재 목적을 발견하며, 부르심을 알기 전의 내가 아니라 새로운 존재가 된다.

우리의 부르심은 수평적인 것이다

부르심을 수직적인 것으로 이해하는 이들이 있다. 소명은 상향지향적 삶을 말하는 것이 아니다. 우리를 향한 하나님의 부르심은 오직 CEO인가? 소명은 누가 더 높은 지위에 오를 것인가와 상관없다. 결코 더 높은 자리와 직위를 위한 말이 아니다. 소명은 모두 자신의 자리에서 각기 자기의 부르심을 사는 것을 말한다. 목사와 선교사의 부르심이 높은 부르심이 아니며, 다른 직업으로의 부르심이라고 해서 결코 낮은 부르심도 아니다. 우리 모두 각기 자기 일로, 자기에게 해당된 역할로 부르심을 받는다.

우리의 부르심은 하나님을 위한 것이다

그리스도인들도 직업선택의 동기에 야망이 자리잡고 있는 것을 본다. 출세와 성공을 통해 자신의 이름을 세상에 알리고 싶은 것이다. 우리의 삶은 근본적으로 하나님을 위한 것이다. 오스 기니스는 "하나님이 주시는 소명에 응답하는 것이 인생의 궁극적인 존재 이유이며, 인간의 존재 목적의 가장 고상한 근원"[15]이라고 했다. 하나님을 위한 삶이어야 한다. 우리는 우리의 직업과 일을 통해서 하나님 나라의 비전과 완성을 위해 살며, 그분의 영광을 드러내는 삶이어야 한다. 하나님만 위하고 나를 위한 삶은 없는 것인가? 우리가 하나님을 위한 삶을 산다는 말은 우리의 자아성취와 무관하지 않다. 다만 그것을 목적하지 않을 뿐이다. 하나님을 위한 추구의 결과는 어느날 자신의 삶에 더없는 영광임을 보게 될 것이다. 그리고 돌아보면, 자신의 꿈이 이루어져 자아성취는 물론, 진정 성공한 인생을 살았음을 깨닫게 된다.

우리의 부르심에는 자원하는 마음을 주신다

소명(召命)이라는 말은 한자어로는 부를 '소(召)', 목숨 '명(命)', 즉 '목숨을 부른다'는 의미다. 소명은 그야말로 우리의 목숨을 다하라는 부름이다. 무거운 일이다. 그러나 하나님은 사람들로 이 부르심에 자신의 목숨을 다하며 즐거움으로 임하게 하신다. 때로 모세처럼 핑계하며 뒤로 물러갈 때도 있지만, 하나님은 끝내 우리들로 당신의 부르신 일에 목숨을 다하여 섬기게 하신다.

우리의 부르심은 준비를 통해 성취되어야 한다

우리의 소명을 확인하는 일은 중요한 일이다. 그러나 소명의 확인만큼 소명을 성취하는 일은 더욱 중요하다. 부르심에는 반드시 부르심을 이루어야 하는 사명(Mission)이 따른다. 우리의 평생을 드려 소명을 이루는 삶이 사명이다. 그러므로 소명은 평생의 과업이다. 하나님께서는 감당할 수 없는 무거운 책무를 우리에게 주시고 다만 완성하라고 하시지 않는다. 반드시 그 부르심을 완성하도록 하나님은 우리에게 은사와 능력을 겸하여 주신다. 그러나 소명을 위한 우리의 준비와 훈련은 필수적이다. 우리의 소명에 따른 인생 전체를 경영해야 한다. 그러므로 부르심을 이루기 위한 실력이 필요하다. 실력은 훈련과 준비의 결과다. 반드시 소명을 확인하며 철저히 훈련을 통해 준비되고, 인내로 성취해야 할 것이다.

우리의 부르심은 주님의 동행이 약속되었다

하나님은 우리를 부르시며 또 그 부르심을 완성할 때까지 언제나 함께 하신다. 하나님은 당신의 뜻을 성취하기 위해 예수님을 세상에 보내신 후에 인간의 죗값을 위해 십자가에 달리셨던 한순간을 제외하고는 결코 예수님을 홀로 두지 않으셨다. "나를 보내신 이가 나와 함께 하시도다 나는 항상 그가 기뻐하시는 일을 행하므로 나를 혼자 두지 아니하셨느니라"(요8:29). 예수님도 제자들에게 모든 족속에게 가서 제자를 삼고 주님의 말씀을 가르쳐 지키게 하라 명하시며, "볼지어다 내가 세상 끝날까지 너희와 항상 함께 있으리라"고 약속하셨다(마28:20). 하나님의 부르심에는 그의 동행이 약속되었다. 우리를 결코 홀로 두지 아니하실 것이다.

우리의 부르심은 영광스런 사역으로의 초대이다

우리는 자신의 부름을 영광스럽게 여겨야 한다. 그리스도인이 갖는 직업에는 죄를 범하는 것이 아니라면 세속적인 직업이 있을 수 없다. 모든 그리스도인은 언제든지, 무엇을 하든지, 어디에 있든지, 그리스도를 섬기는 일에 부르심을 받았다. 그 일을 이루는 과정에는 필연적으로 우리의 고난이 수반된다. 그리스도의 구속을 위한 고난은 완전히 지불되었다. 그러나 아직 그 나라의 완성을 위하여 그리스도의 남은 고난을 채우는 일이 우리들에게 요청되고 있다. "나는 이제 너희를 위하여 받는 괴로움을 기뻐하고 그리스도의 남은 고난을 그의 몸된 교회를 위하여 내 육체에 채우노라"(골1:24). 바울은 그의 소명을 이루는 동안 받는 고난과 고통을 기뻐한다. 그가 겪는 고난은 장차 받을 영광과 비교할 수 없다는 것을 그가 확신하기 때문이었다. "생각하건대 현재의 고난은 장차 우리에게 나타날 영광과 비교할 수 없도다"(롬8:18). 주님 다시 오시는 날, 우리 모두 그 나라의 영광에 참여하게 될 것이다.

- No Pain No Gain
- No Grave No Glory
- No Cross No Crown
- No Thorns No Throne

소명과 주님의 기도

예수님은 제자들에게 기도를 가르쳐 주셨다(마6장). 바로 주기도문이다. 주님의 기도는 다만 전례와 예배의식 말미에서 마감기도 용도로 주신 기도가 아니다. 주님의 기도는 당신의 일생을 통해 드렸던 기도이며, 주님의 삶이었다. 아버지의 이름이 높아지도록, 아버지의 나라가 임하도록, 아버지의 뜻이 하늘에서 이루어진 것처럼 땅에서도 이루어지도록 기도하라 하셨다. 당신은 평생 그 기도처럼 사셨으며 또한 그 기도처럼 죽으셨다.

요한복음에는 공관복음서와는 달리 주님의 겟세마네 사건을 소개하지 않는다. 요한은 겟세마네의 사건을 대신하여 그날에 드렸던 주님의 기도를 소개한다. 요한복음 17장에서 우리는 주님의 마지막 기도를 듣는다. "아버지여 때가 이르렀사오니 아들을 영화롭게 하사 아들로 아버지를 영화롭게 하게 하옵소서"(1절). 아들은 일생 아버지를 영화롭게 하기 위한 목적으로 살아왔다. 이제 마지막 아버지를 지극히 높이기를 원하는 시간이 왔다. 아들은 그 일을 위해 자신을 영화롭게 해 달라고 구한다. "아들을 영화롭게 하사" 무슨 의미인가? 당신이 십자가를 지시는 일이다. 아들은 자신이 흉한 십자가에 매어달리는 일이 자신이 가장 영화롭게 되는 시간이라 여긴다. 우리 인생의 가장 영광스런 순간이 언제일까? 아버지의 이름을 영화롭게 하고, 주신 소명을 이루는 순간이다. 그리스도는 그렇게 사셨으며, 그렇게 죽으셨다.

팀 켈러는 "그리스도는 우리가 죽어야 할 죽음만 죽으신 것이 아니라, 우리가 살아야 할 삶도 사셨다"라고 말했다. 그렇다. 우리가 그리스도의 죽음만 아니라 삶의 모범을 기억하자. 또한 그리스도의 기도와 기도의 삶을 배우자. 우리의 일터에서 주께서 가르쳐주신 기도를 드리며, 그 기도처럼 일하자.

세상의 모든 곳, 모든 일터에 하나님의 부르심이 있다. 우리가 부르심의 자리에서 내 이름을 낮출 때 당신의 이름은 높임을 받게 될 것이다. 내 왕국을 포기할 때 그곳에 당신의 나라가 임할 것이다. 내 뜻을 내려놓을 때 그때 당신의 뜻이 이루어질 것이다.

당신의 이름(Thy Name) vs. 나의 이름(My Name)

당신의 나라(Thy Kingdom) vs. 나의 나라(My Kingdom)

당신의 뜻(Thy Will) vs. 나의 뜻(My Will)

일에 대한 세계관의 변화는 내 눈의 회심이며, 일에 대한 소명은 내 삶의 회심이다. 일터에 선 우리 모두의 눈과 마음이 새로워지길 기대한다.

◇ 토의질문

1. 하나님은 우리를 당신의 나라를 위해 부르신다. 일과 직업은 하나님의 부르심에 대한 응답이다. 나는 일터에서 내 일과 직업을 통해 하나님의 부르심을 이루며 살고 있는가?

2. 나의 노동/직업에서 발견되는 하나님의 소명에 대하여 나누어 보자.

◇ 참고도서

벤 패터슨, 1997. 일과 예배. 서울: IVP.

오스 기니스, 2006. 소명. 서울: IVP.

이효재, 2018. 일터신앙. 서울: 토비아.

케빈 브렌플렉 외, 2006. 소명찾기. 서울: IVP.

폴 스티븐스, 2001. 21C를 위한 평신도 신학. 서울: IVP.

폴 스티븐스, 2018. 일터신학. 서울: IVP.

세계관　소명　문화　영성　돈　리더십　공동체　비전　선교적삶　BAM

03

일터와
문화

BAM
BASIC

성경에 등장하는 첫 일터는 에덴이다

하나님은 우리를 일하는

사람으로 지으시고

우리에게 에덴이라는

꿈의 일터를 주셨다

일터는 하나님이

내게 주신 나의 에덴이다

나의 에덴은 어디에 있는가?

03

일터와
문화

"더 이상 참을 수가 없어요. 정말 못해 먹겠습니다." 밤은 깊어 자정이 훌쩍 넘은 시간이었다. 자리에 누워 막 잠이 들었을 때였다. 머리맡에 둔 핸드폰 벨이 울렸다. 교회 청년부 리더로 섬기는 형제였다. 무슨 일인가 해서 급히 전화를 받았다. 수화기 너머로 들리는 울음 섞인 그의 목소리는 술에 조금 취한 듯 보였다. 내가 보았던 전형적인 범생이 교회 오빠였던 형제의 유순하고 용모 단정한 모습과는 다른 낯선 모습이었다. 거듭 그의 이름을 부르며 다독거렸지만, 울고 있는 형제는 온갖 욕설을 섞어가며 회식자리에서 있었던 자기 부서 상사 이야기를 반복했다. 내일 정신을 차리고 다시 이야기를 하자며 달래고 달래서 일단 귀가토록 권했다. 그가 집으로 가겠다고 했지만 내심 불안했다. 다음날 오전에 형제에게 안부문자를 보냈더니, 바로 그의 전화가 왔다. 먼저 어젯밤 실수에 대해 용서를 구했다. 그리고 자초지종을 자세히 들려주었다. 회식자리 이후 2차, 3차를 가서 노래방에서 도우미까지 부른 이상한 분위기에 참다 못해 상을 엎어버리고 나와서 마시지도 못하는 술을 마시고는 술김에 내게 전화를 걸었던 모양이다.

　그리스도인들이 일터에서 경험하는 고민과 갈등하는 일터문화가 어디 이런 일들뿐이랴? 신자와 불신자를 떠나서 일하는 모든 이들의 고민임에 분명하다. 오늘 우리의 일터문화는 과거에 비해 많은 변화가 있었지만, 여전히 개선과 변화를 필요로 한다. 2019년 말 중앙일보와 블라인드가 공동으로 4,932개 기업에 다니는 직장인 5만 2,924명에게 설문한 직장인 행복지수는 43.1점이었다.[16] 특히 대학을 마치고 바늘구멍 같은 경쟁률을 뚫고 들어간 직장 초년생의 경우, 행복지수가 더 떨어진다. 자신이 꿈꾸던 것과는 전혀 다른 현장에서 모두들 실망한다. 공부를 마치고 천신만고 끝에 찾아간 일터에서 행복하지 못하다고 답한 것은 한마디로 한국에서 직장인들의 삶이 만만치 않다는 말일 것이다.

　인크루트 설문 조사 결과는 더 심각하다. 직장인 10명 중 6명이 현재 퇴사를 희망하고 있고, 직장인들의 97%가 퇴사를 희망했던 것으로 조사되었다. 그 이유로 손꼽히는 것은 불안정한 회사비전, 열악한 근무환경, 연봉 불만족, 상사 및 동료와의 갈등, 낮은 성취감, 적성과 맞지 않는 직무 등이었다. 한국경영자총협회 발표에 따르면 대졸 신입사원의 1년 내 퇴사율 또한 2012년 23%, 2014년 25%에 이어 2016년에는 27.7%로 꾸준히 증가하고 있다.[17] 구인구직 매칭플랫폼인 사람인은 기업 500개를 대상으로 1년 내 퇴사하는 이유를 조사해 발표했는데, '직무적성이 안 맞아서(48%, 복수응답)'가 가장 많았다. 다음으로 '조직문화 불만족(31.1%)', '급여 및 복리후생 불만(28.2%)', '높은 근무강도(20.4%)', '낮은 연봉(19.6%)' 등을 원인으로 꼽았다.[18] 이 모두 우리 일터문화와 깊은 관련이 있다. 이제 우리가 기대하는 일터 이야기를 해보자.

하나님의 디자인: 첫 일터

성경에 등장하는 첫 일터는 에덴이다. 하나님은 우리를 일하는 사람으로 지으시고, 우리에게 에덴이라는 꿈의 일터를 주셨다(창2:8). 그곳에서 일하라 명하셨다. 하나님이 디자인하신 우리의 원형적 첫 일터 에덴을 통해 우리가 꿈꾸는 일터에 필요한 4가지 요소를 정리해 본다.

일터의 4가지 요소는 일하는 사람, 일하는 내용, 일하는 목적, 일하는 환경이다. 우리의 일터 문화는 바로 이 4가지에 의해서 결정된다.

일하는 사람 Worker

일하는 사람은 아담과 하와다. 에덴에서 최초의 남자 아담과 그의 돕는 배필로 지어진 여자 하와는 하나님이 주신 최초의 일꾼들이다. 아담은 그의 이름처럼 흙에서 태어났다. 땅의 흙에서 난 자로 일터인 땅과 호흡하고, 땅으로부터 난 피조세계를 가장 잘 이해하며 돌볼 수 있도록 지어졌다(창2:9). 또한 하나님은 그의 코에 생기를 불어 넣으심으로 하나님의 호흡을 가진 자로서 주인의 뜻을 헤아리며 교제하고 일하도록 부족함이 없이 창조하셨다. 사람은 온 세상을 지으신 창조자의 모습을 닮아 지혜롭고 자유롭고 창의적이며, 온 우주의 통치자의 모습을 닮아 공의롭고 자비하며 온유했고, 성실하고 진실하며 완전했다. 하나님의 일터에서 바로 그 사람, 아담이면 충분했다.

우리는 누구인가? 일터에서 일하는 사람은 결정적이다. 일터문화를 이야기할 때도 작업 조건과 환경의 개선만을 요청하고 도모하는 경우가 많다. 아무리 작업 조건과 환경이 개선되어도 일하는 사람이 달라지지 않는다면 무슨 소용인가? 일터환경의 변화로 잠시 분위기는 달라질 수 있겠지만 근본적인 변화는 불가능하다. 모든 문제는 사람의 문제다. 일터에서 일하는 사람이 전부라고 해도 과언이 아니다. 그래서 예부터 인사가 만사라고 했다. 일터의 개선을 이야기하면서 가장 결정적으로 일하는 사람인 자신의 모습과 변화는 다루지 않는 경우가 있다. 첫 일꾼 아담의 온전한 모습을 회복하기 위해 우리의 변화를 도모해야 한다. 일터에서 나는 어떤 사람인가?

일하는 내용 Content

일하는 내용은 에덴을 다스리는 일이다. 하나님께서 '다스리라' 하신 피조세계를 돌보며 사랑하는 일이다. '경작하며 지키게 하시고'(창2:15) 하나님은 에덴의 생태계를 보존하며 관리하는 일과 경작하며 생산하는 일을 맡겼다. 하나님은 '무에서부터(Ex Nihilo)' 만유를 만드셨다. 하나님을 닮은 사람도 하나님이 주신 충만하고 다양한 원재료(Nature, Raw Materials)를 이용하지만, 하나님이 주신 창의성을 사용하여 존재하지 않는 많은 것들을 만들어 낸다. 자신의 일터와 삶터에 하나님의 부요하심으로 가득 채우고, 누리며 지속가능한 행복한 삶을 만들어 가는 일이었다. 우리는 이 일을 하나님의 '문화명령(Cultural Mandate)'이라 부른다. 이것은 일의 핵심이다.

우리는 무슨 일을 하는가? 일터에서 일하는 내용과 그 가치는 중요하다. 일터에서 자신이 하고 있는 일의 내용과 그 가치를 새롭게 해야 한다. 하나님의 명령과 그분과의 관계 안에서 우리가 하고 있는 일은 새롭게 정의되어야 한다. 우리는 자신이 하는 일로 자신의 존재가치를 실현한다. 내가 하는 일의 내용을 가치 있게 여기는 만큼 일의 결과도 달라질 것이다. 우리는 지금 하고 있는 일을 통해 하나님을 기쁘게 하고, 우리의 이웃들을 섬긴다.

일하는 목적 Purpose

일하는 목적은 복된 에덴을 유지하고, 더욱 부요하게 하며, 궁극적으로 하나님께 영광을 드리는 것이다. 사람이 하나님께서 일하라 하신 명령을 순종할 때, 온 땅의 사람들과 피조세계가 생태계를 유지하고 생육하고 번성하며 땅에 충만하게 될 것이다. 우리는 사람에게 에덴과 일을 주신 하나님을 기뻐하며, 일과 그 결과를 통해 그분께 기쁨을 드려야 한다. 사람은 먹든지 마시든지 무엇을 하든지 하나님의 영광을 위하여 살도록 지어졌다(고전 10:31). 최초의 일꾼들은 그들의 주인을 사랑하며 경외한다. 그런 주인의 기쁨과 영광을 위한 그들의 일은 일의 과정에서 남다른 집중과 몰입으로 재창조를 극대화하였을 것이다. 일의 목적이 분명할 때 우리가 무엇을 하든지 그 열정은 달라진다.

우리는 왜 일하는가? 일터에 선 우리는 우리의 일하는 목적을 달리해야 한다. 그 목적에 따라 일의 과정과 결과는 완전히 달라진다. 우리의 일터에서는 지금도 효율적으로 일하고 생산성을 극대화하라고 요청하며, 연일 그 목표 달성을 부르짖는다. 그러나 일하는 사람들이 일의 목적을 분명히 하고, 그 동기를 새롭게 한다면 그 결과인 생산성은 극대화 될 것이다.

일하는 환경 Condition

일하는 환경은 에덴(הגן עדן the Garden of Eden)이다. 하나님이 사람을 위해 만드신 동산(גן Garden)이다. "여호와 하나님이 그 땅에서 보기에 아름답고 먹기에 좋은 나무가 나게 하시니 동산 가운데에는 생명 나무와 선악을 알게 하는 나무도 있더라 강이 에덴에서 흘러나와 동산을 적시고 거기서부터 갈라져 네 근원이 되었으니..."(창2:8~14) 아름답고 먹기에 좋은 식재료가 자라는 기름진 땅, 그 땅에 풍요의 근원인 샘과 온 땅을 적시는 네 줄기의 강이 흐르고 있었다. 하나님이 지으신 동산, 그 에덴에 무엇이 부족했으랴.

하나님이 디자인하신 일터에는 그들이 마음껏 먹고 누리며, 마음껏 일하도록 자유가 완전하게 보장되었다. 그리고 에덴에는 모든 이들을 위한 하나님이 정하신 법이 하나 있었다. "선악을 알게 하는 나무의 열매는 먹지 말라 네가 먹는 날에는 반드시 죽으리라"(17절). 이 규범은 에덴의 유일한 법이었다. 이 법은 두렵고 엄격한 징벌로써 어긴자에게 죽음이 제정되었지만 죽이는 법이 아니라 사실은 살리는 법이다. 이 법에 의하여 법의 제정자이신 하나님은 왕이 되시며, 그가 제정하신 법을 준수하는 이들은 그의 백성이 된다. 왕의 법은 당신의 백성들의 생명 보장이며 완전한 안전과 공급의 약속이었다(창2:15~17). 최초의 일터 환경은 일하는 사람에게 완전했다.

최초의 일터에는 사람들이 하나님의 명하신 일을 수행할 수 있는 모든 조건이 구비되어 있었다. 일의 재료가 완벽했다. 마음껏 그들의 재능과 열정을 발휘할 수 있도록 준비되어 있었다. 그들의 모든 생각들은 존중 되었고, 모든 기회들은 제공되었다. 아마도 기후와 날씨는 물론이고 매일 시원한 산과 강에서 바람이 불어오고, 동산에는 일하기에 가장 쾌적한 온도를 유지하고 있었고, 계절의 변화로 인해 그들의 창의성은 더욱 고양되고, 그들의 수고에 마땅한 열매와 보상을 얻을 수 있는 환경이었을 것이다. 매일의 일상이 새로운 날이었다. 일터의 동료인 아담의 콧노래와 하와의 미소는 그들의 일터에 시너지를 더하고, 창조적 에너지로 가득했다. 그들은 서로 벗었으나 부끄러워하지 않으며, 존중과 배려와 사랑으로 가득했다(창2:20~25).

일터에서 일꾼들에게 무엇보다 중요한 것은 안식이었다. 하나님은 6일간 일하시고, 제 7일에 안식하셨다. "하나님이 그가 하시던 일을 일곱째 날에 마치시니 그가 하시던 모든 일을 그치고 일곱째 날에 안식 하시니라 하나님이 그 일곱째 날을 복되게 하사 거룩하게 하셨으니 이는 하나님이 그 창조하시며 만드시던 모든 일을 마치시고 그날에 안식하셨음이니라"(창2:2~3). 하나님은 우리에게 노동만을 명하신 분이 아니시다. 하나님은 사람에게 창조언약을 주실 때 노동명령과 안식명령을 겸하여 주셨다. 6일 동안 일하라 하실 뿐만 아니라, 제 7일은 안식하라 하셨다. 그 누구도 당신이 정하신 날을 결코 가벼이 여기지 못하도록 그날을 복되게 하시고 거룩하게 구별하셨다. 그뿐만 아니라 당신이 먼저 안식의 모범을 보여주셨다. 일하시는 하나님은 안식하시며 우리들의 노동에는 반드시 안식이 필요함을 천명하신 것이다.

창조언약에 담긴 명령으로써 안식은 출애굽 때 이스라엘 백성들과 맺은 시나이 언약의 십계명에서 다시 언급된다. 네 번째 계명으로, "안식일을 기억하여 거룩하게 지키라"(출20:8)고 하셨다. 이 계명은 하나님께 대한 계명으로 분류된다. 하나님이 정하신 법으로써 하나님의 주되심을 기억하는 계명이다. 실제로 안식계명은 우리 인간을 위한 안식보장법이다. 그러나 하나님은 우리의 안식을 지켜주기 위해 우리가 안식일을 기억하여 지키는 일을 당신 존재에 대한 경외함을 의미하는 법들의 하나로 여기신다. 창조주 하나님께서 인간에게 주신 일터환경에는 노동과 함께 안식이 완벽하게 보장되었다.

일의 총체성 Holisticity
모든 일은 일하는 사람의 물리적, 정신적, 지적, 사회적인 것을 비롯한 총체적인 에너지가 사용된다. 일하는 사람의 손이나 몸만 일하는 것이 아니다. 일에는 일하는 사람의 감정은 물론이고, 가치와 신념을 비롯해 그의 신앙도 사용된다. 그리고 일터의 환경도 중요하게 영향을 미친다. 운동선수가 어디에서 경기 하느냐에 따라 그 기록과 결과가 크게 달라지지 않는가? 특히 홈 그라운드에서 홈 팬들의 응원에 힘입으면 드라마틱한, 기적 같은 역전극을 만들어 내기도 한다. 믿는 자들인 우리들에게 있어서 일은 더욱 다를 수 있다. 하나님께서 우리와 함께 계시고 우리와 함께 일하시기 때문이다. 우리는 이것을 믿는다. 사람의 일은 그야말로 총체적이고 전인적이다. 정신노동은 물론이고, 육체적 노동도 결코 육체만의 것이 아니다. 일은 예배가 된다고 했다. 그러므로 일은 육체적인 것이며 또한 영적인 것이다.

오늘의 일터문화

일터는 일하는 곳 Workplace

세상에는 일의 종류만큼이나 다양한 일터가 존재한다. 또한 같은 일을 하면서도 나라와 민족과 지역의 다양성만큼이나 일터는 다양하다. 우리가 하는 일들 중에는 급여와 보상을 받으며 일하기도 하지만 또 어떤 일은 보상과 상관없이 공익을 위하여 자원하여 일하며 기쁨과 보람을 느끼는 일과 일터들이 많다.

일터는 다양한 목적을 따라 바로 내가 일하는 곳이다. 그러나 직장은 좀 다르다. 직장은 일정한 직업을 가진 사람이 소속되어 일하는 장소다. 우리는 소속된 곳에서 일정한 직업 곧 일과 역할을 가지고 일한다. 그리고 우리는 그 일에 따른 약속된 급여와 보상을 받는다. 일터는 일정한 직업을 가진 혹은 가지지 않은 사람을 포함하여 모든 일하는 사람들의 현장을 일터라고 말할 수 있다. 우리는 다양한 일터에서 일한다.

인간의 타락과 깨어진 현장

"내가 네게 먹지말라 한 나무의 열매를 먹었은즉 땅은 너로 말미암아 저주를 받고 너는 네 평생에 수고하여야 그 소산을 먹으리라 땅이 네게 가시덤불과 엉겅퀴를 낼 것이라 네가 먹을 것은 밭의 채소인즉 네가 흙으로 돌아갈 때까지 얼굴에 땀을 흘려야 먹을 것을 먹으리니 네가 그것에서 취함을 입었음이라 너는 흙이니 흙으로 돌아갈 것이니라"(창3:17~19).

우리 일터의 완전함은 깨어졌다. 인간이 불순종한 결과로 땅은 저주를 받았다. 그 결과 우리가 일하는 모든 일터의 균형은 깨어지고, 부정적 변화들이 일어났다. 인간의 일터에는 가시덤불과 엉겅퀴가 나고, 그 일의 과정에는 수고와 고통이 더하여졌다. 인간이 일하는 첫 일터의 꿈같은 환경은 사라지고, 수고와 고통만 남았다. 우리의 생존은 보장되었지만 그러나 고통스러운 일을 통해 인간은 생존할 것이다. 일하는 사람에게 죽음이 찾아왔고, 일터인 흙에서 일하며 살다 끝내 흙으로 돌아갈 것이다. 모두 우리가 범죄한 결과이며 징벌이었다.

우리가 꿈꾸는 일터는 어떤 곳인가? 우리가 경험한 일터환경들은 어떤 곳이었는가 생각해 보자. 무엇을 깨닫는가? 우리가 일하는 이 땅의 일터는 결코 완전한 곳은 없다.

한국의 깨어진 직장문화

2016년 OECD 34개 회원국 포함 38개국을 대상으로 '더 나은 삶의 지수 (Better Life Index)'를 조사하였는데, 한국이 종합 28위였으며, '환경', '일과 삶의 균형' 부문에서는 최하위를 기록했다.[19] 2020년 OECD에서 근로시간을 조사한 43개국의 국가 순위를 발표했는데, 가장 많은 근로시간은 콜롬비아(2,172시간)였고, 멕시코(2,124시간), 코스타리카(1,913시간)에 이어 우리나라는 1,908시간으로 4위를 기록했다.[20] 2022년 3월에 OECD 29개국을 대상으로 영국 시사주간지 이코노미스트(Economist)가 직장내 여성차별 지수인 '유리 천장지수(Glass Ceiling Index)'를 집계한 결과 한국이 10년 연속 최하위를 기록했다.[21] 이러한 여러 통계들이 의미하는 것은 한국의 일터문화와 노동환경은 OECD국가 중에서 상대적으로 열악한 상황이라 말할 수 있다.

이외에도 한국이 가진 독특한 일터와 직장 문화의 모습들에는 여전히 어두운 그림자가 드리워져 있는 것이 사실이다. 정리해 보면 다음과 같은 모습들이다.

- 군대문화: 상명하복, 경직된 위계, 수직적 조직문화 등
- 유교문화: 남성우위, 형식주의, 학벌주의 등
- 회식문화: 술, 음주가무, 근무시간 외 소집 등
- 업무관행: 탈법, 편법, 불법, 뇌물 등
- 업무환경: 부당한 업무, 잦은 야근, 안전사고, 성희롱 등
- 일터복지: 학대, 착취, 도구화, 낮은 보상 등
- 관계문화: 지연, 학연, 혈연, 기수, 나이 등

이와 같은 일터문화는 무한경쟁에 놓인 기업들이 생존을 위하여 갖은 방법을 다해 이렇게라도 일해야 살아남을 수 있다고 생각하면서 지금껏 버티고 있는 현실일 수 있다. 그러나 과거에 비해 기업체마다 다양한 직장문화를 개선하기 위해 노력하고 있는 것은 사실이다. 세계의 저개발국가들과 비교할 수는 없지만, 여전히 우리나라의 노동환경은 개선과 회복이 필요한 노동현장임에는 틀림없다.

인간의 존엄 Dignity 회복

깨어진 일터에서 회복되어야 할 가장 근본적인 것은 인간 존엄의 회복이다. 우리는 일하는 도구가 아니기 때문이다. 여전히 안전제일을 말하지만, 노동현장의 우선순위가 되지 못하고 있다. 안전이 최우선 순위로 보장된 일터현장에서 일하는 것은 노동자의 기본권이다. 오늘날 창조원형이 깨어진 노동현장에서 노사를 가릴 것 없이 반드시 기억해야 하는 것은 우리 모두 하나님이 지으신 존귀한 사람들이라는 것이다. 사람을 귀하게 여기는 것은 곧 사람을 지으신 하나님을 존귀하게 여기는 것이며, 사람을 멸시하는 것은 사람을 지으신 하나님을 멸시하는 것과 같다. 또한 우리는 일터의 동료들이다. 결코 혼자 일할 수 없다. 우리는 함께 일한다. 서로 도우며 서로를 필요로 하는 불가분리의 관계로서 일터의 동료들이다. 믿는 자들에게 있어서 스스로 자부심을 가져야 하고 서로를 존중해야 하는 이유는, 우리가 하나님의 나라이며 주님의 교회이기 때문이다. 그리스도의 선한 일꾼들로 일터현장으로 보내심을 받은 자들이기 때문이다.

일터와 성경의 사람들

야곱의 일과 일터 창27~49장

야곱은 이삭의 쌍둥이 둘째 아들로 태어났다. 태어나는 순간부터 그는 경쟁해야 하는 사람이었다. 그는 집에서 일하며 그의 형과 경쟁했다. 이미 출생으로 결정된 장자의 서열과 축복권을 놓고 다투어야 했다. 결국 그는 형의 약점을 이용해 장자권과 서열을 취했고, 아버지를 속이고 장자의 축복마저 훔쳤다. 야곱은 분노하여 복수에 불타는 형을 피해 도망쳐 하란의 외삼촌 집에서 20년을 보낸다. 야곱은 성경에 기록된 최초의 직장인이며, 이주노동자였다. 야곱은 자신의 직장생활, 일터 20년을 다음과 같이 술회한다.

"내가 이와 같이 낮에는 더위와 밤에는 추위를 무릅쓰고 눈 붙일 겨를도 없이 지냈나이다 내가 외삼촌의 집에 있는 이 이십 년 동안 외삼촌의 두 딸을 위하여 십사 년, 외삼촌의 양 떼를 위하여 육 년을 외삼촌에게 봉사하였거니와 외삼촌께서 내 품삯을 열 번이나 바꾸셨으며 우리 아버지의 하나님, 아브라함의 하나님 곧 이삭이 경외하는 이가 나와 함께 계시지 아니하셨더라면 외삼촌께서 이제 나를 빈손으로 돌려보내셨으리이다마는 하나님이 내 고난과 내 손의 수고를 보시고 어제 밤에 외삼촌을 책망하셨나이다"(창31:40~42).

첫눈에 반한 아내 라헬을 얻기 위해 지참금을 대신해 야곱은 일하기로 결정한다. 그러나 외삼촌의 속임수에 의해 첫날밤 라헬의 언니 레아를 맞이하게 된다. 그는 하는 수 없이 라헬을 얻기 위해 다시 7년을 보수 없이 일하기를, 도합 14년 동안 결혼을 위해 일했다. "야곱이 라헬을 위하여 칠 년 동안 라반을 섬겼으나 그를 사랑하는 까닭에 칠 년을 며칠 같이 여겼더라"(창29:20). 그의 일터는 사랑을 위하여 일하는 현장이었다. 그의 직장생활은 원치 않는 7

년을 포함하여, 아내와 사랑을 얻기 위해 14년이란 시간을 보냈다. 그는 사람을 사랑하며 고된 일을 사랑으로 승화시켰다. 그리고 나머지 6년은 품삯을 받으며 외삼촌의 양떼를 치는 목자로 일했다. 그러나 보수를 받으며 일한 6년 동안 연봉은 10번이나 야곱이 불리한 쪽으로 재조정되었다. 야곱은 "하나님이 나와 함께 계시지 아니하셨더라면 외삼촌께서 이제 나를 빈손으로 돌려보내셨으리이다"라고 말한다. 라반은 가까운 친족이었지만, 조카 야곱의 노동력을 착취하고, 끝내 조카의 시간과 젊음만 아니라, 모든 소유를 빼앗고 '빈손'으로 돌려보낼 정도로 악한 고용주였다. 우리는 때로 일터에서 나의 노동력은 착취 당하고 금쪽같은 시간과 젊음을 갈취 당하는 상황을 만나기도 한다. 그러나 야곱은 하나님이 자신의 삶을 알고 계심을 신뢰하였다.

야곱은 외삼촌이라 굳게 믿었으나 자신을 속인 라반의 처사에 슬프지도 또 노엽지도 않았다. 갈 곳 없는 자신을 거두어 주고, 일할 곳을 주고, 4명의 아내들과 11명의 아들과 함께 일가를 이루게 하였으니 원망보다 감사한 마음이다. 야곱은 일터에서 그의 고된 일에 보상으로 달콤한 사랑과 가정을 얻었기 때문이다. 라반은 그를 속이는 악덕 고용주였지만, 야곱은 사람 앞에서 일하지 않았다. 오히려 그는 충성되고 성실했다. 그 결과 지독한 외삼촌 라반조차 야곱의 지난 14년을 평가하며 성실함을 인정할 정도였다. "여호와께서 너로 말미암아 내게 복 주신 줄을 내가 깨달았노니"(창30:27). 야곱은 14년을 지날때쯤, 라반 아래에서의 직장생활을 마무리하고 고향으로 돌아가길 원했다. 그때 라반은 야곱을 붙들며, "네 품삯을 정하라 내가 그것을 주리라"(창30:28)며 후한 연봉을 약속한다. 아니 백지수표를 내밀었다. 일터의 야곱은 이런 고용주에게도 이정도로 평가받은 충성되고 탁월한 일꾼이었다.

- 노동계약을 따라 성실하게 일한다.
- 악한 고용주라도 주께 하듯 일한다.
- 열악한 환경은 사랑으로 극복한다.
- 배신 당할 때, 하늘의 보상을 믿는다.
- 믿음으로 하나님의 때를 기다린다.

요셉의 일과 일터 창37~50장

요셉은 야곱의 열 두 아들 중에 순서로는 열 한 번째 아들이었지만, 그의 아버지가 사랑하던 라헬의 첫아들로 특별히 총애를 받았다. 그뿐만 아니라 양을 치는 형제들 중에 그의 관리 능력은 출중했다. 야곱은 요셉에게 채색 옷을 입혀 구별하였고, 다른 자녀들보다 그를 더 사랑했다. 어느 날 요셉은 형제들에게 그가 꾼 꿈을 자랑한다. 그는 미래에 출세하여, 형제들과 심지어 부모들도 절하는 지체 높은 통치자가 될 것이라 말했다. 함께 일하는 형제들은 요셉을 비웃었고 미워했다.

어느 날 아버지의 분부를 따라 양을 치는 형들을 살피기 위해 세겜을 지나 도단까지 왔을 때였다. "꿈꾸는 자가 오는도다." 형제들은 모의하며 그를 제거할 기회라 여겼다. 그의 겉옷을 벗기고 우물에 던졌다. 형제들은 그의 꿈을 비웃으며 그를 죽여 그 꿈이 어찌되는지 보고 싶었으리라. 그러나 형 유다의 설득에 의해 그는 극적으로 살아나 미디안 상인들 손에 은 20냥을 받고 노예로 팔렸다. 형제들은 요셉의 채색 옷에 짐승의 피를 칠하고 아버지에게는 짐승에게 물려 죽은 아들로 소식을 전한다.

우리는 일터에서 요셉처럼 상사의 특별한 총애도 받고, 남다르게 빠른 승진을 하는 사람을 본다. 그게 자신이기도 하다. 사실 특혜를 받았다기보다 실력이라고 말할 만하다. 그러나 이런 경우 선후배 동료들의 눈총을 한 몸에 받는다. 그리고 기회가 오면 동료들에 의해 우물 같은 죽음의 함정에 던져질 때도 있고, 완전히 모함을 받아 요셉과 같이 죽은 자처럼 매장될 때도 있다.

팔려간 요셉은 애굽에 이르렀고, 하나님의 은혜로 바로 왕의 시위대장 보디발의 집에 들어간다. 그는 그곳에서 주인 보디발의 신임과 인정을 받고 다시 기회를 얻는다. 하나님의 은혜를 입으며, 보디발 가정의 대소사의 책임을 맡은 청지기가 되었다. "내 주인이 집안의 모든 소유를 간섭하지 아니하고 다 내 손에 위탁하였으니 이 집에는 나보다 큰 이가 없으며 주인이 아무 것도 내게 금하지 아니하였어도 금한 것은 당신뿐이니 당신은 그의 아내임이라"(창39:8~9).

극적인 성공 이후에, 그에게 다시 위기가 찾아온다. 주인 보디발 아내의 거듭되는 성적 유혹이었다. 그러나 요셉은 자신의 위치를 정확하게 알며 주인과의 약속을 지키려고 한다. 무엇보다 하나님 앞에서의 성결을 지켜낸다. "내가 어찌 이 큰 악을 행하여 하나님께 죄를 지으리이까"(창39:9). 그는 주인의 아내의 모함을 받아 감옥에 던져졌다. 그의 꿈은 다시 좌절된다. 그러나 요셉의 성실함과 탁월한 관리 능력은 옥 안에서도 주목받는다. 은혜였다. 요셉이 갇힌 곳은 시위대의 감옥이었다. 그곳에서 바로의 신하들과 관계를 맺으며, 당시 권력자들과 고위직들로부터 궁중 내부의 권력 암투와 권력지형도 등 다양한 정보와 이야기를 듣는다. 후일에 총리가 되어 애굽을 다스리는 일에 필요한 다양한 통치수업을 받을 기회를 얻게 되었다. 이 고난이 장차 그를 애굽의 총리로 세우기 원하시는 하나님이 보내신 섭리의 학교일 줄 누가 알았으랴. 우리의 인생에는 결코 우연이란 없다. 하나님의 섭리하심을 따라 허락하신 모든 환경은 합력하여 선을 이룬다. 죄 없이 무고히 당하는 고난에는 하나님을 신뢰함으로 기뻐하며 감내할 것이다.

바로의 꿈을 해석할 자가 없었다. 애굽의 모든 지혜자와 술사들도 물러섰다. 꿈쟁이 요셉이 필요했다. 지난날 옥에서 요셉을 만났던 궁중의 신하에 의해 바로에게 천거되고, 요셉이 바로의 부름을 입은 날에 그는 수염을 깎는다. "요셉이 곧 수염을 깎고 그의 옷을 갈아 입고 바로에게 들어가니"(창41:14). 요셉은 그날이 오리라 믿었다. 이 순간을 기다려 왔던 것이다. 그가 히브리인의 특징이었던 수염을 깎은 것은 지금껏 히브리인의 정체성을 포기하지 않았다는 말이다. 17살의 소년이 꿈을 꾸고, 13년간 죽음 같은 위기들이 거듭되는 날에도 그는 하나님이 자신에게 주신 꿈을 포기하지 않았다. 그의 수염은 히브리인의 정체성일뿐만 아니라 그에게 생명과도 같은 포기할 수 없는 꿈이었다. 이제 그는 오늘이 그날임을 확신한다. 바로의 신하가 되리라 믿으며 수염을 깎은 것이다.

요셉은 바로 앞에 서서 그의 꿈을 해석한다. 그리고 바로에게 풍년의 날에 흉년을 대비하는 국가적 위기관리 대안을 제시하며, 위기 경영에 대한 탁월한 혜안을 내놓는다. 바로는 한치의 주저도 없이 그를 애굽의 총리로 세운다.

"너는 내 집을 다스리라 내 백성이 다 네 명령에 복종하리니 내가 너보다 높은 것은 내 왕좌뿐이니라... 내가 너를 애굽 온 땅의 총리가 되게 하노라 하고 자기의 인장 반지를 빼어 요셉의 손에 끼우고 그에게 세마포 옷을 입히고 금 사슬을 목에 걸고 자기에게 있는 버금 수레에 그를 태우매 무리가 그의 앞에서 소리 지르기를 엎드리라 하더라"(창41:40~43).

요셉은 일인지하 만인지상 애굽 땅의 총리가 되었다. 그는 7년 풍년에 곡식을 거두어 들였고, 후에 요셉의 곡간은 7년 흉년이 든 열방을 먹인다. "일곱 해 흉년이 들기 시작하매 각국에는 기근이 있으나 애굽 온 땅에는 먹을 것이 있더니... 각국 백성도 양식을 사려고 애굽으로 들어와 요셉에게 이르렀으니 기근이 온 세상에 심함이었더라"(창41:54, 57).

- 타고난 관리자였으나 자기의 혀를 관리하지 못한다.
- 탁월하지만, 다른 동료들과 더불어 일할 줄 모른다.
- 우물에서 죽었다가 다시 살아나 완전히 새 삶을 산다.
- 늘 위치를 지키고 제 몫을 다하며 하나님을 경외한다.
- 절망적 상황에도 그의 마음에 꿈을 포기하지 않는다.

다니엘의 일과 일터 단1~6장

이스라엘은 바벨론에게 멸망했고, 다니엘은 포로로 잡혀 갔다. 그의 일터는 그가 꿈꾸며 선택한 일터가 아니었다. 나라를 잃어버리고 포로 신세가 된 그는 아무도 보호해 주지 않는 일터에서 홀로 외로운 싸움을 싸워야 했다. 다니엘은 왕의 등용문 앞에서 초기 3년의 수련 기간 동안 일터의 동료들과 무한경쟁 상황에 놓인다. 포로였던 그는 수단 방법을 가리지 않고 더욱 성공에 집착할 수 있었다. 그러나 그는 하나님의 방법으로 일하며 살기로 결정한다. 그는 관리하는 상관에게 우상 재물인 왕의 음식과 포도주를 먹지 않고, 채소만 먹도록 10일간 조건부 허락을 받아내었고, 그 후에 완전 승낙을 얻어 채소만 먹으며 공부하고 일한다. 하나님은 다니엘에게 지혜와 지식을 주셨고, 그 결과 그의 얼굴만 아니라 지혜와 지식은 모든 이들 위에 더욱 빛났다.

결국 다니엘은 모든 경쟁에서 탁월한 우위를 차지했고 왕의 특별한 등용을 받고 한몸에 총애를 받는다. 때마침 느부갓네살 왕이 꿈을 꾼다. 그의 꿈과 해석을 보일 자를 찾지만, 아무도 없다. 왕은 대노하여 바벨론의 모든 지혜자들을 죽이라 명한다. 다니엘과 그의 친구들도 모두 죽을 수 밖에 없는 상황에 직면한다. 우리도 원치않게 일터에서 이런 긴급한 생사의 기로에 놓인 상황을 직면한다. 그때 가장 중요한 것은 하나님의 개입을 요청하는 것이다. 다니엘은 기도하였고, 왕의 허락을 받고 심판의 시간을 멈춘다. 그는 친구들에게 상황을 설명하고 함께 기도하기를 요청한다. 하나님은 다니엘과 그의 친구들의 기도를 들으사 왕의 꿈과 해석을 주신다. 그의 친구들은 시기하는 이들에 의해 모함을 받아, 풀무불에 던져져도 하나님을 경외하였고 하나님의 특별한 구원을 얻는다. 다니엘도 모함을 받는다. 그는 하나님을 신뢰함으로 대적들 앞에서 조금도 흔들리지 않으며 두려워하지 않는다. 하나님 앞에서 약속한 동쪽 창문을 열고 하루 세 번의 기도로 충성과 성실을 다한다. 결국 사자 굴에 던져졌지만, 하나님은 그를 지켜 주신다. 왕에 의하여 그의 결백은 증명되고, 다니엘의 신앙은 존중 받으며, 그가 섬기던 하나님은 온 제국에 선포된다. 바벨론과 메디아와 페르시아, 제국이 바뀌어도 한결같이 등용되어 죽기까지 총리를 지낸 사람은 역사 속에 다니엘 한 사람 뿐이다. 시대를 초월하여 쓰임 받은 하나님 일꾼들의 귀감이요, 하나님 나라의 모델이다. 외로운 일터 속에서 성실함으로 탁월함을, 경외함으로 거룩함을 지켜내었다. 다니엘의 이름은 페르시아 제국과 이 땅의 역사에서만 아니라, 영원히 하늘에서도 별과 같이 빛난다.

- 자기 일에 온 힘을 집중하고 최선을 다한다.
- 상사에게 문제를 적극적으로 의논한다.
- 거룩을 지키고 친구에게 기도를 부탁한다.
- 어떤 위기에도 하나님만 온전히 신뢰한다.

생존과 변혁을 위한 7가지 원리
생존 1: 거룩한 비전을 버려라

우리의 일터는 현실이다. 현실은 꿈꾸는 이상과 다르다. 이상과 현실의 괴리는 우리를 갈등하게 한다. 먼저 크고 거룩한 비전은 내려놓아야 한다. 꿈을 완전히 버리라는 말이 아니다. 현재 직면한 현실과 동떨어진 이상이 자신을 더욱 괴롭게 하기 때문이다. 지금 그곳에서 자신이 실현해야 할 비전보다 최우선 순위는 생존임을 알아야 한다는 말이다.

생존 2: 일터에서 살아 남아라

일터에서 첫 번째 사명은 살아 남는 것이다. 입사 첫 해 회사 초년생 중 1/3이 탈락한다. 무엇이 먼저인지 결정해야 한다. 적어도 자신이 일하러 온 일터에서 생존해야 한다. 그리고 모든 것은 그 다음이다. 월급 받는 만큼, 아니 그 이상의 몫을 해내야 한다. 매사에 겸손하고 적극적으로 배우자. 선후배, 동료들의 도움을 구하라. 성실해야 한다. 정직해야 한다. 이것은 기본기다. 남보다 한 가지 더 수고하고, 한 걸음 더 빨리 걷자. 지속가능성을 확보해야 한다. 그리고 직장에 공헌하는 사람이 되어야 한다. 이것이 생존전략이다.

정착 1: 교회와 일터를 오가라

직장생활을 시작하면 유일하게 쉬는 주일에 온종일 교회 생활이 부담이 되는 것이 사실이다. 정신을 차리지 않으면 점점 교회는 멀어지고 주일예배와 신앙생활은 게을러진다. 그럴수록 교회가 더 소중하다. 교회는 내가 어디에 있는지를 깨닫게 한다. 일터는 깨달은 삶을 다시 적용하는 현장이다. 교회를 멀리하면 일터가 좀 더 가까워질 것 같지만, 일터는 물론이고 내 삶 전체를 실패하게 된다. 교회와 일터를 오가야 한다. 기준점을 잡고 균형을 잃어버리지 않게 될 것이다. 이것이 승리의 비결이다.

정착 2: 누구도 비교하지 말라

그 누구와도 비교하지 말라. 비교하는 우리는 오늘도 상대적 평가, 비교우위에서 갈등한다. 나는 나다. 나로 사는 것이다. 오늘도 내가 가장 좋아하는 잘하는 일들로 평가받아야 한다. 내가 가진 약점은 약점대로 인정하고 보완하기 위해 노력하면 된다. 어떤 순간이 찾아와도 누구의 말을 듣더라도 흔들리지 말고, 나를 평가 절하 하지 말아야 한다. 나는 오늘도 일터에서 충분히 가치 있는 사람이다. 말만 아니라 자신의 장점과 은사를 활용하여 맡겨진 자리에서 직무의 탁월성을 드러내야 한다. 누구보다 탁월해야 한다면 이를 위해 자신을 발전시켜야 한다. 끊임없이 탐색하고, 공부하고, 연습하고, 반복하며 자신을 개발해야 한다.

변혁 1: 경계선에 서서 싸워라

일터는 영적 전투의 현장이다. 우리는 모두 치열한 영적전투의 현장에 서

있다. 우리의 싸움은 혈과 육을 대적하는 싸움이 아니다. 공중권세 잡은 자와의 싸움이다. 그러나 우리는 일터에서 늘 사람과 부딪히고, 쉽게 사람과 싸운다. 우리가 누구인가. 경계선에 서있는 자들이다. 언제나 우리는 하나님이 기뻐하시지 않는 모든 상황과 마주하고 뱀같이 지혜롭게 비둘기같이 순결하게 싸워야 한다.

존 파이퍼는 그의 책『삶을 허비하지 말라』에서 이렇게 말했다. "전쟁은 모든 가정에서 죄와 의의 경계선에 따라 전개된다. 전쟁은 모든 학교에서 진리와 거짓의 경계선을 따라 전개되며, 모든 입법기관에서 공의와 불의 사이에, 모든 사무실에서 청렴과 부패 사이에, 모든 인종 집단에서 사랑과 증오 사이에, 모든 스포츠에서 교만과 겸손 사이에, 모든 예술에서 아름다움과 추함 사이에, 모든 교회에서 바른 교리와 잘못된 교리 사이에, 근무시간에 게으름과 부지런함 사이에서 전개된다. 이 전선들 가운데 그 어디서든 진리와 믿음과 사랑을 위해 싸우는 것은 전혀 낭비가 아니다. 비록 전쟁의 승패가 물리적 영향을 미치기는 하지만 일차적으로 전쟁은 공간적이거나 물리적이지 않다. 그러므로 그리스도인이 세상 직업에 종사하는 자리가 전쟁터다."[22] 존 파이퍼의 글은 오늘 우리가 서있는 일터의 현장을 직시하게 한다. 또한 우리의 일터에서 우리는 무엇과 싸워야 하는지, 우리의 싸움의 내용이 무엇이어야 하는지를 깨닫게 한다.

변혁 2: 그 나라의 상상력을 가져라

지상에 완전한 일터는 없다. 모든 일터는 깨어져 있다. 모든 일터는 구속되어야 한다. 우리는 바로 그 일로 부르심과 보내심을 입었다. 일터는 바로 하나님 나라의 임재를 구하는 현장이다. 오늘의 절망적인 상황에 낙심하지 말라. 우리가 꿈꾸는 일터를 상상하라. 하나님의 통치와 더불어 구속되어질 내 일과 일터를 상상하라. 모두가 함께 기뻐할 그 나라의 임재를 상상하라. 낙심하지 말라. 도리어 더욱 꿈꾸라. 꿈꾸는 만큼 우리의 열정이 더하여 질 것이다.

변혁 3: 자신의 워룸에서 기도하라

영화 워룸(War Room, 2015)은 알렉스 캔드릭 감독의 영화로, 우리나라에서는 2020년에 개봉 되었다. 내용은 잘나가는 성공한 부동산 중개업자 토니와 그의 부인 엘리자베스가 갈등하며 결혼생활이 어려워지자 이혼을 생각하는 과정에 한 이웃 클라라의 조언으로 워룸을 만들고 기도하기를 시작한다. 그때 일터와 가정에서 전세가 역전 되고 그들 부부는 회복된다.

워룸은 전술과 전략을 논하고, 전장을 지배하고 컨트롤 하는 작전사령부다. 우리는 워룸이 필요하다. 기도의 방, 나만의 작은 공간이 필요하다. 그곳에서 이기면 다 이긴다. 힘들면 워룸으로 들어가야 한다. 요엘서 2장에 황폐한 땅을 넘어서 하나님의 회복의 땅으로 가는 길에는 모두가 기도의 자리로 나아오라고 말한다. "제사장들아 울어라 낭실과 제단 사이에서 울어라." 쉼을 누리는 낭실과 일하는 제단 사이에 기도 방의 필요를 말한다. 가정과 일터 사이에 교회, 기도의 워룸이 필요하다. 우리의 상황은 무엇보다 이 워룸에서 이기고 있는지 물어야 한다. 기도를 부탁하라. 동료들과 연대해서 함께 일하고, 함께 사랑하며, 함께 싸우고, 함께 건설해야 한다.

Thy Kingdom Come! Thy Will Be Done!

주의 나라가 임하길! 주의 뜻이 이루어지길!

마지막으로 정한신의 『일과 기도』라는 그의 책에 담긴 회식에 대한 기도로 일터와 문화 이야기를 마무리 하려고 한다.

"우리를 직장 가운데 보내주시고 함께 일하는 동료들을 만나게 하여 주신 주님께 감사합니다. 또한 이들과 함께 공동체를 이루며 땀 흘리며 일한 뒤에 회포를 푸는 즐거운 회식자리를 허락하여 주셔서 감사합니다. 주님께서 사랑하시는 우리 동료들을 신자와 불신자로 나누어 판단하려는 우리의 마음을 고쳐 주시고 먼저 잘 어울릴 수 있도록 우리 마음을 바꾸어 주시옵소서. 함께하면서 음식을 나누고 진실하게 마음을 나누고 즐거움을 나눌 수 있는 우리가 되게하여 주소서. 술을 마시지 않는 것으로 그리스도인됨을 드러내는 것이 아니라 일터에서의 성실함과 탁월함과 정직함으로 하나님께 영광을 돌리며, 사랑과 섬김으로 그리스도를 나타내게 하여 주소서. 술이 아니라 모인 이들의 마음을 헤아리고 하나되게 하는 일에 힘쓰게 하여 주시되, 퇴폐와 향락에 대해서는 단호히 거부할 수 있는 용기를 주소서. 더 나아가 술과 어두움의 문화가 공동체를 주관하지 못하도록 좋은 대안적 모임을 만들어 가는 지혜를 허락하여 주시고, 이 일에 좋은 동역자들을 보내 주소서. 무엇을 하든지 하나님의 영광을 위하여 하길 원합니다. 주 예수 그리스도의 이름으로 기도드립니다. 아멘."[23]

일터는 하나님이 내게 주신 나의 에덴이다.

◇ **토의질문**

1. 하나님께서 주신 나의 에덴은 어디에 있는가?

2. 내가 속한 직장의 문화는 어떠한가?

3. 직장에서 내가 할 수 있는 것은 무엇인가?

◇ **참고도서**

데이비드 반드루넨, 2012. 하나님의 두 나라 국민으로 살아가기. 서울: 부흥과 개혁사.

리처드 니버, 2007. 그리스도와 문화. 서울: IVP.

앤디 크라우치, 2009. 컬처 메이킹. 서울: IVP.

존 파이퍼, 2010. 삶을 허비하지 말라. 서울: 생명의 말씀사.

천상만, 2010. 일터에서도 당신은 그리스도인입니까?. 서울: 예영커뮤니케이션.

세계관   소명   문화   영성   돈   리더십   공동체   비전   선교적삶   BAM

04

───

일터와
영성

───

영성은 일터에 선

우리들의 삶을

새롭게 하고

온전하게 하며

거룩하게 하고

강력한 힘을 공급한다

평범한 일터에서 우리가

매 순간 하나님을 발견하며

이웃사랑을 실천하고

무슨 일을 하든지 주께 하듯 섬길 때

우리의 일은 하나님을 향한 예배가 되고

일터는 성소가 되고

직업은 성직이 된다

일터와
영성

"직장생활을 하면서 오히려 영성이 바닥난 것 같아요."
"일하는 동안에는 하나님을 잘 의식하지 못해요."
"일과 신앙은 통합될 수 없는 것 아닌가요?"

일터는 하나님과 함께 일하는 곳이다. 마치 태초의 에덴에서의 일상처럼 사는 삶을 생각한다. 우리의 일상영성에 의하여 일상예배, 일상선교가 가능하다. 우리가 어떤 곳에서, 우리의 직종과 가진 지위가 무엇이냐에 상관없이 우리가 어떤 영성으로 일하느냐에 의하여 우리가 하는 일은 가장 세속적인 것이 될 수도 있고 가장 거룩한 것이 될 수도 있다. 영성은 일터에 선 우리들의 삶을 새롭게 하고, 온전하게 하며, 거룩하게 하고, 강력한 힘을 공급한다. 평범한 일터에서 매 순간 하나님을 발견하며, 이웃사랑을 실천하고, 무슨 일을 하든지 주께 하듯 섬길 때 우리의 일은 하나님을 향한 예배가 되고, 일터는 성소가 되고, 직업은 성직이 된다. 일터에 선 우리들이 점검해야 하는 것은 하나님과 나를 연결하는 수직적 영성과 이웃과 나를 연결하는 수평적 영성이다. 또한 일터에서의 영성관리, 영적무장은 일터에 선 우리 삶의 성패를 결정한다.

하나님의 디자인: 일터영성
일터영성의 이해

일터영성이란 무엇일까? 참된 일터 영성은 일터 에덴을 만드신 하나님의 디자인 안에서 발견한다. 다음 세 가지 '존재', '관계', '노동'이라는 키워드를 통해 일상과 일터 영성의 본질적인 내용을 살펴보자.

존재: 사람은 영적인 존재다

사람은 하나님의 호흡을 가진 존재이다. 하나님은 그 코에 생기를 불어 넣으심으로 사람은 하나님의 생명을 가진 생령이 되었다. 사람은 영적인 존재로서 하나님을 닮았다(Imago Dei). 일하는 사람의 영성은 그 존재에 드러난다. 그러므로 사람의 영성은 존재적이다.

관계: 사람은 관계를 맺는다

사람은 먼저 하나님과 사귐을 가지며, 그의 돕는 배필과 소통하며, 그가 다스리는 피조세계를 돌보며 안위한다. 사람은 이 삼각관계를 통해 힘을 얻고 보호를 받으며 살아간다. 사람은 관계적이다. 일하는 사람의 영성은 세 영역과의 관계를 통해 일상에서 드러난다. 그러므로 사람의 영성은 관계적이다.

노동: 사람은 목적을 실현한다

사람은 일터에서 하나님이 창조하신 그 목적을 실현하기 위해 일한다. 그러므로 사람이 피조세계를 다스리며 경작하는 노동은 그의 존재적 사명이며 사역이다. 영적존재인 사람의 활동을 통해 피조세계에 하나님의 존재와 성품이 투영되고 반영된다. 하나님의 목적을 위해 일하는 사람의 영성은 그의 일과 일터에서 드러난다. 그러므로 사람의 영성은 사역적이다.

일터영성의 원리

주되심 Lordship

하나님은 사람을 만드시고 에덴이라는 일터에 그를 두셨다. 그리고 그에게 일하는 현장에서 중요하게 지켜야 할 기본을 세우셨다. 그것은 바로 에덴의 법이었다. "선악을 알게 하는 나무의 열매는 먹지 말라"(창2:17) 하신 것이다. 그것은 에덴의 유일한 하나의 법이다. 사람이 이 법을 지킬 때 그가 누구인지 분명해 진다. 그 법을 제정하신 분은 온 우주의 대주재이신 하나님이시며, 그 법을 지키는 이는 바로 그의 피조물이며 백성이다. 우리는 일터에서 이 주재권을 분명하게 해야 한다. 이는 일터영성의 가장 중요한 기초이다. 우리는 하나님의 통치 아래 순복하는 자로서 일하도록 부름받았다. 우리는 오늘도 우리 하나님의 세계에서 그를 위해 일한다.

관리함 Stewardship

하나님은 사람에게 당신이 만드신 모든 피조물을 다스리라 하셨다. 그 뿐만 아니라 선악과를 제외하고 모든 것을 '임의로(Freely)' 먹으라고 하셨다 (창2:16). 하나님은 우리에게 피조세계를 '임의로' 자유롭게 활용하고, '임의로' 마음껏 누리도록 우리에게 맡기셨다. 우리는 하나님이 주신 모든 세상을 힘 껏 누리며 즐거워할 것이다. 또한 우리는 하나님이 부여하신 자유를 사용하 여 하나님이 주신 일터에서 '임의로' 마음껏 일할 것이다. 우리가 청지기로서 가진 소유와 자유를 기억하며, '임의로' 일하는 것은 일터영성의 핵심이다.

동역함 Partnership

하나님은 우리에게 동역자를 주셨다. 우리는 혼자 일하도록 창조되지 않 았다. 돕는 배필(Partner, Helper)로서 여자를 주셨다. 남자에게 필적할 만한 능 력과 지혜와 지식과 아름다움을 가진 돕는 자다. 여자는 남자와 비교하여 결코 열등하지 않으며, 다만 남자와 역할이 다를 뿐이다. 우리는 일터에서 하 나님이 주신 이들과 함께 일한다. 우리는 일터에서 하나님께 순종하며, 우리 와 함께 일하는 자들(Partner)과 힘을 모아 일하는 법을 배워야 한다. 우리가 하나님이 명하신 일을 수종 드는 동안 우리의 동역은 일터영성의 실제이다.

일터영성은 모든 일에 앞서 우리의 존재로 그분의 '주되심'을 기억하는 삶 이다. 그리고 주와 맺은 관계 안에서 청지기로서 그분을 경외하며, 깊이 사랑 하며 일하는 법을 배우는 것에서 시작한다. 나아가 일터영성은 주께서 우리 에게 맡기신 책무를 기억하며, 사람들과 함께 그의 목적에 반응하며 일하며 사는 삶이다. 이것이 일터 에덴을 위한 창조주의 디자인이었다.

깨어진 일터와 그 역사

첫 사람 아담과 하와는 일터의 사람들이다. 일터에 서 있었던 사람들은 실패했다. 첫 사람들은 그들의 일터에서 왜 실패했는가?

"뱀은 여호와 하나님이 지으신 들짐승 중에 가장 간교하니라 뱀이 여자에게 물어 이르되 하나님이 참으로 너희에게 동산 모든 나무의 열매를 먹지 말라 하시더냐 여자가 뱀에게 말하되 동산 나무의 열매를 우리가 먹을 수 있으나 동산 중앙에 있는 나무의 열매는 하나님의 말씀에 너희는 먹지도 말고 만지지도 말라 너희가 죽을까 하노라 하셨느니라 뱀이 여자에게 이르되 너희가 결코 죽지 아니하리라 너희가 그것을 먹는 날에는 너희 눈이 밝아져 하나님과 같이 되어 선악을 알 줄 하나님이 아심이니라 여자가 그 나무를 본즉 먹음직도 하고 보암직도 하고 지혜롭게 할 만큼 탐스럽기도 한 나무인지라 여자가 그 열매를 따먹고 자기와 함께 있는 남편에게도 주매 그도 먹은지라"(창3:1~6).

일터영성 관리의 실패

첫 일터에서 인간의 실패는 전문성의 실패가 아니었다. 오히려 영성을 관리하는 일에 실패했다. 창조주께서 정하신 에덴의 규범과 말씀을 가볍게 여겼다. 이는 창조주께서 만드신 일터에 대한 디자인이며, 일터영성의 기초요 원리이다. 첫 사람 아담과 하와는 자신들을 위해 하나님께서 만드신 복된 원리들을 잘 이해하지 못하였다. 먼저 우리는 첫 일터의 실패를 곰곰이 되새겨 보자.

일터의 주인은 망각되었다

아담은 일터에서 하나님을 망각했다. 일하는 사람의 창조주에 대한 망각으로 예배가 사라지고, 불순종과 배반으로 이어졌다. 일터에서 하나님의 주 되심을 기억하는 것은 일터의 삶의 근본이다.

일터의 권세는 남용되었다

관리하라고 주신 권세를 올바로 사용하는 일에 실패했다. 잘 관리하라고 부여하신 지혜와 권세와 자유의지를 자신들의 야망을 위하여 잘못 사용함으로 하나님을 반역했다. "욕심이 잉태한즉 죄를 낳고 죄가 장성한즉 사망을 낳느니라"(약1:15) 하셨다. 그들은 자신과 자신에게 주신 자유와 권리를 잘못 사용했다.

일터의 동역은 반역이었다

하나님께서 아담의 홀로 독처하는 것을 좋지 않게 여기시고 돕는 배필을 지어 주셨다. 일터에서 함께 동역하여 일하며 하나님을 기쁘시게 하라고 하셨다. 그러나 아담에게 주신 하와는 도리어 남편을 돕는 게 아니라 망하게 했다. 하나님께서 만드신 에덴의 디자인을 의심했다. 아담을 유혹하여 하나님께서 정하신 법과 그 의도를 의심하며 그의 존재와 관계를 부인하게 했고, 끝내 함께 넘어졌다.

일터를 허무는 원수들
사탄의 미혹: 의심과 거짓

사탄은 하나님이 지으신 들짐승 중에 가장 간교한 뱀을 통해 찾아왔다. 원수는 알고 있었다. 머리 된 아담을 먼저 흔들 수 없다는 것을. 원수는 아담의 돕는 자를 먼저 찾았다. "하나님이 참으로 너희에게 동산 모든 나무의 열매를 먹지 말라 하시더냐" 일터에서 돕는 자들에게 찾아오는 미혹은 언제나 의심이다. 리더의 하는 일과 그 동기에 대한 의심으로부터 시작한다. 의심은 관계의 틈에 심겨진다. 의심은 둘 사이를 갈라놓고 관계를 깨트린다. 간교한 뱀의 입은 먼저 하나님이 세운 에덴의 디자인에 대한 의심을 심었다. 결국 거짓을 통해 관계 부인에 이르게 한다. "너희가 결코 죽지 아니하리라 너희가 그것을 먹는 날에는 너희 눈이 밝아져 하나님과 같이 되어 선악을 알 줄 하나님이 아심이니라"

"여자가 그 열매를 따먹고 자기와 함께 있는 남편에게도 주매 그도 먹은지라" 결국 그들은 함께 먹었다. 하와는 뱀의 말에 의해 하나님의 규범과 그 동기를 의심하였고, 아담과 하와는 함께 하나님을 불신앙하고, 원수의 유혹에 넘어졌다. 사람은 자신의 일터에서 최고가 되고자 했다. 하나님의 '주되심'을 버리고 스스로 주가 되고, 하나님 보다 높아지려고 했다. 이는 가장 사랑하는 자를 향한 배신이었으며, 가장 충성된 자들의 반역이었다. 하나님의 일터, 에덴의 첫 일꾼들은 이렇게 실패했다.

사람의 탐욕: 불신과 야망

뱀은 하와에게 찾아와 인간에게 주어진 에덴의 규범을 물었다. 이는 역설적으로 하와가 가진 에덴의 소유와 자유에 대한 질문이었다. 하와가 가진 소유와 자유가 '모든'이 아닌 한계가 있는 것임을 생각하게 했다. 일터의 소유와 자유는 그가 가진 힘과 지위에 비례한다. 사람이 가진 더 높은, 더 큰, 더 좋은, 더 많은 무엇을 추구하는 마음을 자극한 것이었다. 이런 마음이 하나님을 위한 하나님께로부터 온 열망이 있는가 하면, 내면의 타락한 옛 자아로부터 말미암은 탐욕도 있다. 인간의 마음속에 하나님처럼 되고자 하는 탐욕과 야망은 뱀의 유혹에 쉽게 넘어졌다. 인간은 자신의 탐욕으로 인해 결국 스스로 속았다.

우리는 일터의 청지기들이다. 자신이 가진 지위와 권세, 소유도 자유도 모두 하늘의 주로부터 온 것임을 기억해야 한다. 우리가 선 일터 그곳에서 하나님께서 주신 바 권위(Authority)와 권세(Power)와 영향력(Influence)에 따른 맡은 바 책무를 잊는 순간 위험이 찾아온다. 우리가 주인을 망각하면 자만하게 된다. 아담의 자만과 탐욕의 결과는 영원한 죽음이었다. 첫 일꾼들은 일터에서 이렇게 무너졌다.

동역의 실패: 연합과 불법

하나님이 주신 돕는 배필은 최고의 파트너요, 일터의 동료였다. 일터에서는 혼자서는 할 수 없는 일이 있다. 그러나 연합하면 정당화하고, 연합하면 두려움을 극복하고, 연합하면 힘이 강해진다. 우리는 일터에서 함께 일한다. 우리가 선한 동기와 목적으로 연합하여 일할 수 있고 또 얼마든지 악한 동기의 연합과 도전도 가능하다. 에덴의 첫 일꾼들은 함께 그들의 주인을 의심했고, 함께 불법을 행하며, 함께 망했다.

영성관리 실패의 결과

우리가 영성관리에 실패할 때 아래의 7가지 결과에 이를 수 있다.

소명을 잃는다

일터는 소명을 사는 자리다. 영성관리에 실패할 때 우리는 소명을 망각하게 된다. 원수 사탄은 많은 헛된 일들로 우리를 분주하게 하고, 우리의 좌표를 잃게 한다. 우리가 왜 일터에 서 있는지 그 동기와 목표를 상실하게 만든다. 그리고 헛된 목적과 목표로 달음질하게 한다. 결국 소명을 잃어버린 삶은 최후의 실패자가 된다. 우리는 왜 일하는가? 우리는 부르심으로 인하여 일한다. 소명을 잃어버린 사람은 일터에서 눈을 감고, 향방 없는 질주를 하는 삶과 다르지 않다.

건강을 잃는다

일터에는 많은 에너지가 필요하다. 영성은 건강한 에너지의 원천이다. 말씀과 기도와 함께하는 경건한 삶은 일터에 건강한 에너지를 가져다준다. 그러나 일터에 서 있는 이들은 한결같이 말한다. 힘들다, 피곤하다, 지친다는 말을 입에 달고 산다. 이유는 육체적으로 고된 일 때문이기도 하지만, 많은 경우 영성관리의 실패 때문일 수도 있다. 믿는 자들 중에는 일터에서 끝없는 소모전을 하는 이들이 많다. 실제로 탈진으로 절대적인 쉼이 필요한 이들이다. 영성관리에 실패하면, 에너지가 쉽게 고갈된다. 작은 일에도 균형이 깨어진 정서와 건강한 에너지가 결여된 모습으로 반응하게 된다. 스트레스로 인해 탈진하고 건강을 잃게 되고, 선한 의도를 잃어버린 사람은 미움과 분노의 에너지로 일하게 된다. 일터에 선 이들에게 건강과 영성관리는 필수 과제다.

사람을 잃는다

우리는 일터에서 더불어 일한다. 함께 일하는 이들은 존귀한 사람이다. 영성관리에 실패하면 소중한 사람을 잃게 된다. 사람들이 자꾸 내 곁을 떠나가지는 않는지 깨어 살펴볼 일이다. 하나님과의 관계에 문제가 생기면 사람과도 문제가 생긴다. 사람에 대한 사랑과 존중이 사라진다. 사람은 목적을 위한 방법과 도구로 전락한다. 일터의 동료가 소중한 사람으로 보이지 않고, 다만 경쟁자로, 심지어 적들로 바뀌게 된다. 상관은 강자로 보여 그 앞에서 아부하고, 뒤에선 뒷담화나 비판하는 자가 되고, 후배는 약자로 보여 그들 앞에 폭군처럼 행동한다. 일터에서 과거의 정직과 성실과 신실함을 잃어버리니 따르던 사람들도 돌아선다. 영성을 잃으면 사람도 잃는다.

능력을 잃는다

일터는 하나님이 주시는 힘이 필요하다. 영성관리에 실패하면 하나님 주시는 은혜와 도우심으로 일하는 일에 실패한다. 자기 힘과 재주와 경험과 지식으로만 일하려 하고 하나님의 능력을 의지하지 않게 된다. 하나님의 지혜와 능력을 사모하기 보다는 도리어 그것을 어리석게 여긴다. 형통한 날에도 물론이지만, 위기의 날에 내 힘만으로 일하려 하는 것은 어리석은 일이다. 우리의 일터에는 하나님의 도우시는 힘이 절대적으로 요청된다.

예배를 잃는다

일터는 우리의 주되신 하나님을 섬기는 자리다. 우리의 삶은 하나님께 영광을 드리는 삶이다. 다윗은 그 어떤 순간에도 그의 마음에서 하나님을 향한 노래를 잃어버리지 않았다. 그가 왕의 자리에서 실패한 순간, 선지자의 책망을 받자 보좌에서 내려와 먼지를 쓰고 엎드려 회개하며 하나님께 예배한다. 다윗의 통치는 예배였으며, 그의 일터는 하나님께 예배를 드리는 자리였다. 우리가 일터에서 기도를 잊고, 노래를 잊고, 예배하는 삶을 잃어버리면 모든 것을 잃는 것이다. 영성관리에 실패하면 하나님의 영광을 위한 삶의 예배와 마음의 예배를 잃어버린다.

기회를 잃는다

일터는 더불어 함께 일하는 동료들을 사랑하며 섬기는 자리다. 영성관리에 실패하면 마땅히 사랑할 사람을 사랑하지 못하고, 마땅히 사랑으로 일해야 함에도 사랑을 상실한 채 일하게 된다. 그 결과 일터에서 그들을 섬길 기회, 사랑할 기회를 잃어버린다. 하나님의 사람들의 삶이 무엇이 다른가 보여줄 기회를 잃어버리고 또한 복음전도의 기회를 잃는다.

영광을 잃는다

일터는 수고에 따른 영광을 얻는 자리이다. 히브리어로 '영광'(כבוד)을 '카보드'라고 한다. 존재의 '무게'라는 말이다. 영광은 누구든지 자신의 일터에서 최선을 다해 수고한 자가 얻는 마땅한 열매다. 수고한 자는 그의 일터에서 마땅한 보상은 물론이고, 명예로운 이름과 영광을 얻는다. 그러나 영성관리에 실패하면 명성과 영광을 잃고 대신해 수치와 모욕을 받는다. 이 땅에서 사람 앞에서도 명예를 잃으며, 마지막 날 하나님 앞에서도 영광을 잃는다.

성경 속 일터영성 이야기

우리는 성경에서 뚜렷한 두 개의 대조를 본다. 화려한 문명의 중심에서 역사의 한 페이지를 쓰고 있는 거대한 바벨 공동체의 이야기와 그 바벨론 문명의 외곽에서 가나안의 이주자로 살아가는 작은 이삭 공동체의 이야기다. 이 두 공동체의 일터영성과 그 결과를 함께 생각해 본다.

바벨 공동체의 일터와 영성 창11장

이 일은 메소포타미아 유프라테스 강가의 바벨론의 시날 평지에서 일어난 이야기다. "이에 그들이 동방으로 옮기다가 시날 평지를 만나 거기 거류하며"(2절) 바벨탑은 시날 평지에 세워졌다. 시날의 위치는 아라랏 산 동방(동남쪽), 유프라테스강 하류에 위치한다. 그곳은 메소포타미아 지역의 중심지였다. '갈대아 우르', 바로 그곳이다. 창세기 10장의 민족들의 도표에 의하면 그곳에 '니므롯의 왕국'(창10:8~14)이 건설된 곳이기도 하다. 니므롯은 '반역'이란 뜻이다. 마치 바벨탑 사건이 일어나기 전, 앞으로 될 일을 예견하는 듯 시날 평지 위에 세워진 니므롯 왕국은 하나님을 향한 '반역의 왕국', '반역의 세상'이 건축되었다. 시날 평지(창10:10, 11:2)에서 시작된 니므롯 왕국은 세계 역사에서는 주전 4,000년경의 수메르 문명으로 이해된다. 고대의 거대한 문명의 시작이다. 그곳에 수메르 왕국이 생겨나고 이후에 아카드, 바벨론 등의 다양한 도시국가가 일어났고 그들의 쐐기문자로 기록된 엄청난 점토판, 타블렛 자료들이 그 지역에서 발굴되었다.

창세기 11장에는 이들이 건축한 건축물에 대한 정보를 우리에게 제공한다. "또 말하되 자, 성읍과 탑을 건설하여 그 탑 꼭대기를 하늘에 닿게 하여 우리 이름을 내고 온 지면에 흩어짐을 면하자 하였더니" 우리는 이 사건을 '바벨탑 사건'이라 이름하면서, 이들이 '바벨(Babel)'이라 이름하는 '탑'만 쌓았다고 생각하는데, 실제로는 본문에서 확인해 보면 그들이 만든 것은 정확하게, '성읍(City)과 탑(Tower)'이었다. 성은 '도시건설'을 의미하고, 망대는 자신들의 문화의 총화를 상징하는 하늘에 닿을 높이의 '탑'을 건축했던 것이다.

수메르 문명의 유적으로는 '지구라트(Ziggurat)'라는 아주 특징적인 건축물이 있다. 마치 애굽의 피라미드에 비견되는 건축물이다. 지구라트는 바벨 공동체의 유적으로 추정된다. 그러나 발굴 결과에 의하면 지구라트는 성경에 언급된 바벨탑과는 여러가지 차이점이 있다. 규모도 차이가 크지만, 그 건축 목적과 동기, 사용 계획이 완전히 다르다. 이집트의 피라미드는 왕의 무덤이지만, 메소포타미아의 지구라트는 신전이었다. 그래서 지구라트를 망대신전(Tower Temple)이라고 부르기도 한다. 신전은 신을 예배하는 곳으로 사용되니 오늘 본문에 나오는 바벨탑의 건축과는 근본적인 동기가 다르다. 지구라트가 '바벨탑'이라고 할 수는 없어 보이지만, 당시 바벨탑 건축을 상상하게 하는 동일한 모티브가 여러 경우에서 발견되고 있다.

바벨탑처럼 높은 탑으로 만들어진 신전을 보면, 당시 바벨탑과 같은 건축물을 만들 수 있는 기하학, 건축술 등 수메르의 높은 문명을 짐작하게 된다. 예를 들어 아브라함의 고향인 갈대아 우르(Ur)에서 발견된 지구라트는 달의 신 난나르(Nannar)의 신전으로 사용된 것으로 확인되었는데, 그 길이 360m 너비 180m에 이르는 엄청난 규모의 건축물이었다. 이로 미루어 보면 바벨탑은 그들이 가진 모든 힘과 지식과 기술과 건축술의 총화로써 그들의 건축 목적에 넉넉히 도달할 수 있을 정도의 결과물을 향한 고대 문명의 도전이었음을 알 수 있다. 하나님도 그들의 건축하는 모습을 보시며, "이후로는 그 하고자 하는 일을 막을 수 없으리로다"(6절)라고 하시며 이들이 만들어내는 괄목할 만한 결과물에 대한 평가를 말씀하신다.

그들은 왜 바벨탑을 쌓으려고 했는가?

"서로 말하되 자, 벽돌을 만들어 견고히 굽자 하고 이에 벽돌로 돌을 대신하며 역청으로 진흙을 대신하고 또 말하되 자, 성읍과 탑을 건설하여 그 탑 꼭대기를 하늘에 닿게 하여 우리 이름을 내고 온 지면에 흩어짐을 면하자 하였더니"(창11:3~4).

당시 사용하겠다고 했던 돌 대신 벽돌, 진흙 대신 역청이라는 말처럼 바벨탑을 건축할 때 쓰인 재료들이 동일하게 지구라트를 건축할 때도 사용되었다. 성과 벽과 탑을 쌓아 올라가는 동안 흙벽돌을 사용하고, 그곳에 방수를 위해서 역청을 발라서 그들이 경험하였던 노아의 홍수와 같은 인류적 재앙을 대비했던 것이다. 바벨 공동체의 건축 목적은 그들의 사상과 세계관과 영성을 그대로 드러낸다. "또 말하되 자, 성읍과 탑을 건설하여 그 탑 꼭대기를 하늘에 닿게 하여 우리 이름을 내고 온 지면에 흩어짐을 면하자 하였더니"(4절) 그 목적은 세 가지다.

그 탑 꼭대기를 하늘에 닿게 하여

"가장 높은 구름에 올라가 지극히 높은 이와 같아지리라"(사14:14). 하나님께 도전했던 사탄이 외치던 말이다. 이는 '반역'이라는 그들의 왕국, '니므롯'이라는 이름에 걸맞은 행동이었다. 이들의 목적은 신에 대한 정면 도전이었다.

신이 어찌할 수 없는 인간의 힘과 기술을 자랑하려고 하는 것이다. 신이 하늘을 만들었으니 우리는 그 하늘에 닿는 집을 짓겠다는 그들의 의도는 신을 향한 도전과 반역이다. 오늘날 현대의 과학기술 문명이 추구하는 영성이며, 세상 모든 사람들이 추구하는 삶의 모습 같다. 이 땅의 일터에는 하나님보다 더 높은 자가 되고자 하는 인간의 시도들이 거듭되고 있다. 하나님께서 지혜와 지식을 주었더니 그 지혜와 지식으로 하나님께 도전하고, 하나님께서 체력과 건강을 주었더니 그 힘으로 신에게 도전하고 있다. 하나님에 대한 도전과 반역이다.

우리 이름을 내고

'내가' 네 이름을 창대케 하리니, 하나님께서는 '셈'과 그의 후예들을 축복하시고 그들의 이름을 높여 주시겠다고 약속했다(창12:2). 그런데 그들은 '우리가' 우리 이름을 내리니, 이 위대한 건축물을 지어서 자신들의 힘으로 스스로 이름을 높이겠다고 결정한 것이다. 스스로 자신을 과신하고 하나님을 대적하고 있는 것이다. 인간의 자만과 과신이다.

세계 최고층 건물은 2010년에 두바이에 세워진 부르즈 할리파인데, 높이 828m(163층)의 빌딩이다. 오는 2024년이 되면 사우디 아라비아의 제다타워가 완공되는데, 그 높이가 자그만치 1km가 넘는 높이 1,007m(168층)라고 하니 상상을 초월하는 초고층이다. 현재 한국에서 가장 높은 빌딩은 높이 555m(123층)의 잠실 롯데타워다.

전 세계가 경쟁적으로 건축하고 있는 마천루 건물을 볼 때마다 바벨탑을 생각하게 된다. 세계가 인간욕망의 마천루와 같은 초고층 빌딩을 지으며 건축경쟁을 벌이는 이유는 세상에서 가장 높은 빌딩을 짓고 자기 이름을 높이며, 자신이 이 땅에서 가장 높은 자임을 노래하고 싶은 것은 아닐까. 롯데의 고(故) 신격호 회장이 롯데타워를 세우고 자기의 영광을 자랑하고 싶었으리라. 하지만 그도 몇 해 전 세상을 떠나 흙으로 돌아갔다.

온 지면에 흩어짐을 면하자

창1장, 창9:1, 7에서 하나님의 말씀하신 생육, 번성, 충만, 정복, 통치를 그들의 힘으로 실현하려는 것이었다. 스스로의 힘으로 결코 망하지 않는 세상을 세우겠다는 의지다. 이는 그들의 한계를 알지 못하는 욕망, 홍수를 겪은 후에 그들에게 남은 두려움, 트라우마로 인한 결정이었다. 신이 홍수로 우리를 죽이려고 해도 우리는 죽지 말자. 신이 우리를 흩으려고 해도 우리는 함께 모여 흩어지지 말자고 결의한다. 인간의 헛된 결의다.

"어찌하여 이방 나라들이 분노하며 민족들이 헛된 일을 꾸미는가 세상의 군왕들이 나서며 관원들이 서로 꾀하여 여호와와 그의 기름 부음 받은 자를 대적하며 우리가 그들의 맨 것을 끊고 그의 결박을 벗어 버리자 하는도다 하늘에 계신 이가 웃으심이여 주께서 그들을 비웃으시리로다"(시2:1~4)

그들의 결단은 무위와 실패로 끝났다. "자, 우리가 내려가서 거기서 그들의 언어를 혼잡하게 하여 그들이 서로 알아듣지 못하게 하자 하시고 여호와께서 거기서 그들을 온 지면에 흩으셨으므로 그들이 그 도시를 건설하기를 그쳤더라"(창11:7~8) 그들에게 '바벨', 즉 '혼돈'이 주어졌다. 하나님께서 저들의 모든 시도를 비웃으시고, 저들의 모든 도모를 막으셨기 때문이다. 언어가 다르고 말이 달라지자 의사소통이 불가능하게 되었고, 결국 그들은 흩어지고 말았다.

인류 문명사 속에서 인간의 위대한 문명의 성취의 한 장면이다. 그러나 끝내 그들의 시도는 성공하지 못했다. 이들은 일터에서 소통하는 일에 실패했다. 결국 모두 뿔뿔이 분열하여 흩어짐은 하나님의 '주되심'에 도전하는 뒤틀린 일터영성의 결과물이었다. 역사 속에 이 바벨탑 사건은 하나님의 '주되심'에 대한 인간 반역의 실패로 기록된다.

이삭 공동체의 일터와 영성 창26장

이삭은 흉년이 들자 애굽으로 내려가기로 결정한다. 그랄을 거쳐 해안도로를 타고 애굽으로 가려고 했다. 흉년이 든 때, 약속하신 땅을 버리고 애굽으로 내려 가려고 그랄로 이주했던 이삭의 선택은 불황의 날, 세상적인 방식으로 문제를 해결하는 그리스도인의 모습이다. 이는 하나님에 대한 불신앙이었다. 애굽으로 내려가지 말라 하신 하나님의 말씀을 인해 애굽으로 내려가지 않았지만 여전히 흉년 든 가나안으로 돌아가지 않고 그랄에 잔류한 이삭의 반쪽 순종의 모습은 이후 더욱 초라해진다. 아내를 누이라 속이다가 부부의 정체는 결국 발각된다. 우리가 불신앙과 타협하면 더 연명하고, 더 성공하고, 더 번영할 것처럼 생각하지만 완전한 착각이다. 하나님을 신뢰하는 자리에서 떠나면 우리는 더 작아지고, 더 초라해지고, 더 비겁해지고, 더 수치와 조롱의 대상이 된다. 우리의 비겁한 선택, 반쪽 순종, 적당한 처세, 거짓된 가장은 반드시 드러난다. 이 모두는 하나님을 신뢰하지 못한 삶의 적나라한 현실이다.

"이삭이 그 땅에서 농사하여 그 해에 백 배나 얻었고 여호와께서 복을 주시므로"(창26:12). 이삭은 흉년의 날에 큰 풍년을 경험한다. 이는 이삭에게 용기를 주시는 하나님의 긍휼이다. 흉년의 날에도 그들의 복의 근원이 하나님이심을 증거하는 축복이었다. 그랄 사람들은 이삭의 성공과 축복을 시기하며 그들을 떠나기를 요청한다. 그때 이삭은 용기를 내어 하나님을 신뢰함으로 도전을 시작한다. 이삭은 그가 그랄 골짜기로, 메마르고 거친 광야의 땅 네겝 사막으로 나아가더라도 복의 근원이신 하나님은 자신을 지키시고 반드시 축복하실 것을 믿으며 나아간다. 그의 존재를 하나님 앞에 내어 드리며, 하나님이 복의 근원이심과 그가 그분의 백성임을 고백하며, 세상 앞에 이제 당당히 마주선 것이다.

이삭 공동체의 믿음의 도전은 쉽지 않았다. 그랄 골짜기에서 이삭은 그랄의 목자와 함께 계속 우물 분쟁에 휩싸인다. 그들은 이삭의 사람들이 골짜기에서 판 우물을 메우며 떠나라 요구한다. 이미 과거 아브라함 때 그랄과 합법적으로 조약을 맺고 얻은 우물들이었다. 결코 양보할 수 없다. 이는 식솔들과 가축들의 생명과 같기 때문이다. 당시 이삭은 그들보다 분명한 명분도 있다. 그들보다 강한 힘도 있었다. 그러나 비겁한듯 물러선다. 이삭의 공동체는 모두 이삭의 결정에 동의한다. 이삭의 아내 리브가의 시끄러운 소리도, 종들 중에 청지기의 간곡한 직언도 들리지 않는다. 모두 침묵 속에 그들의 주인 이삭의 결정에 순종한다. 에섹을 지나고, 싯나를 지나고, 다툼의 땅을 지나, 대적의 땅을 지나, 달라면 내어주고, 빼앗으면 빼앗기고, 조금도 주장하지 않고, 묵묵히 물러선다. 어디에서 그 힘이 왔을까? 그의 일터의 주인이신 하나님이다. 이삭과 그의 공동체는 모두 하나님의 법 앞에 온전히 서 있었던 것이다.

시인 박상천의 「줄다리기의 역설」[24]이란 시에서 일터에 선 참 성도 이삭의 모습이 그림처럼 그려져 있다.

힘이 강한 이가 힘을 쓴 만큼

그들은 뒤로 물러갑니다.

물러가고서도 이겼다고 좋아하지만,

그러나 아시나요.

힘이 약해 끌려간 것으로 보이는 이들이

강한 이들의 영토를 차지하면서

전진하고 있다는 것을.

이삭이 하나님을 신뢰함으로 하나님 나라의 법을 붙들고 선 일터의 이야기는 이제 새로운 복된 삶의 장을 만난다. 일터에서 하나님을 신뢰하는 참된 영성은 이 고난의 시간을 버티게 하는 힘과 능력이 된다. 이삭은 묵상의 사람이다(창24:63). 어머니를 여의고 힘든 시간을 묵상으로 견디어낸 이삭은 인생의 고난의 광야를 통과하는 긴 시간을 묵상의 시간으로 버티어 냈을 것이다.

이삭의 일터에서 에섹의 시간이 끝이 나고, 싯나의 시간이 지나가고, 그 일터에 르호봇의 장이 열린다. 이삭은 모두와 함께 살아갈 넓은 우물 르호봇을 가진 사람이 된다. 그의 영향력은 그랄을 끌어안고, 원수도 끌어안는다. 이삭, '웃음의 사람'이라는 그의 이름처럼 끝내 그의 일터에서 모두가 웃는 세상을 만들어 낸다. 브엘세바까지 7번이나 옮겨가며 우물을 판 이삭에게 드디어 그를 추방하였던 아비멜렉이 찾아온다. 그리고 인정한다. 자신들이 잠시 이기는 것 같았고, 빼앗고 차지하는 것 같았으나 자신들이 결코 이길 수 없는 싸움이었다고 고백한다. 이삭의 일터 그랄 골짜기에서 그들은 하나님을 보았다고 말한다. 하나님의 사랑을 보았고, 하나님의 영광을 보았다고 말한다. 이것이 바로 일터에 선 우리들의 영성과 삶이어야 한다. 이삭의 공동체는 이 땅의 백성들과 다른 영성을 가졌다. 생존을 위하여 약육강식 무한경쟁의 일터에서도 하나님의 주되심을 신뢰함으로 일터에서 일하며 사랑하고, 하나님의 하나님 되심을 증명하며 살아가는 하나님 나라의 백성들의 모습이다.

일터영성 세우기

시편 78편은 긴 이스라엘의 서사시다. 시의 끝부분 70절 이후에 다윗 이야기가 나온다. 양 우리에서 일하던 다윗을 택하여 당신의 종으로 삼으시고, 젖 짜는 어미양을 보살피던 그를 데려다가 당신의 백성, 야곱과 당신의 소유인 이스라엘의 목자로 삼으셨다. 마지막 72절에는, 다윗이 그의 백성을 돌보는 일에 두 가지가 중요한 왕의 자질을 언급한다. "이에 그가 자기 마음의 완전함으로 기르고 그의 손의 능숙함으로 그들을 지도하였도다" 성경에는 with integrity of heart가 '마음의 완전함'으로, with skillful hands가 '손의 능숙함'으로 번역되어 있다.

여기서 '마음의 완전함(Integrity of Heart)'이란 말은 하나님을 향한 신뢰이며 또 자신의 일에 대한 충성됨이다. 골리앗을 보면서 저 할례 받지 못한 이방 블레셋 사람, 하나님의 이름을 모욕하는 그를 반드시 내게 붙이실 것이라는 확신이 있었다. 이스라엘의 하나님을 향한 그의 믿음은 다윗의 용맹과 담대함의 이유가 되었을 것이다. 또 하나, 다윗의 일상에서의 축적된 전문성을 설명하는 말이 있다. 바로 손의 능숙함(Skillful Hands)이다. 그는 어린 시절부터 양떼를 지키기 위해 연습과 연습을 거듭하며 숙련된 물매를 사용하는 실력을 가지고 있었다. 우리는 '손의 능숙함'이란 말에서 다윗이 수 없는 반복과 연습을 통해 능숙함에 이르는 과정이 그려진다. 그야말로 그는 백발백중, 물매의 명수였던 것이다. 이것이 골리앗을 잡으러 나가는 소년 영웅의 담대함의 또 하나의 이유였다.

물매는 다만 목동의 제구만 아니었고 고대 전쟁에서 중요한 용사들의 전쟁무기였다. 베냐민 지파에는 궁수와 투석병이 많았다. 특히 기브아 사람들은 특기는 투석이었다. "그 군대에는 왼손잡이 정예부대 칠백 명이 있었는데 그들은 머리카락 하나 빗나가지 않게 맞히는 돌팔매질의 명수였다"(삿20:16 공동). 엘라 골짜기에서 벌어진 골리앗과의 전투 기사에는 다음과 같이 기록한다. "손에 막대기를 가지고 시내에서 매끄러운 돌 다섯을 골라서 자기 목자의 제구 곧 주머니에 넣고 손에 물매를 가지고 블레셋 사람에게로 나아가니라"(삼상17:40). 철부지 소년이 '돌멩이 몇 개를 들고' 그 전쟁터에서 거인 골리앗을 맞아 싸우겠다는 것은 그야말로 '철없는' 무모한 일이라 생각되는가? 그는 두려움 때문에 돌멩이 다섯을 고른 것이 아니었다. 최소한 5개면 충분하다는 판단이었다. 다윗은 돌 하나면 족하다는 자신감이 있었을 것이다. 그러나 변수에 의해 어떤 상황에 놓일 지 모르는 만약을 대비한 것이리라.

골리앗이 자신을 죽이려고 다가올 때 "다윗은 블레셋 사람을 향하여 빨리 달리며", "손을 주머니에 넣어 물맷돌을 꺼내 물매에 장착을 하고는 던져"

라고 기록되어 있다(삼상17:48~49). 다윗은 다가오는 골리앗을 향하여 가만히 서서 기다리거나, 천천히 걷지 않았다. 조금도 주저하지 않고 거인 장수를 향해 거침없이 뛰어나가는 그의 모습은 비록 소년이지만 두려움이 없는 민첩한 용사의 모습이다. 사울의 갑옷이나 검으로 무장하기를 거부하고, 자신의 것 곧 물맷돌을 주워 제구에 넣고, 골리앗을 향해 달려 나간 것이다.

실패는 우리를 완전하게 하는 과정이다. 실패를 통해, 자신의 문제를 발견하고, 반복된 연습을 통해 내 약점을 보완하면서 우리는 전문성을 갖게 된다. 다윗은 적장 골리앗을 쓰러뜨리고, 그의 칼을 빼어 적장의 목을 치고, 두려워 떨고 있는 이스라엘 군대의 사기를 격려한다. 거인 골리앗 앞에서 위축되었던 이스라엘 군대는 다윗의 승리를 보며 전쟁은 하나님의 것이며, 이스라엘을 도우시는 하나님을 확인한다. 이스라엘 군대는 분기탱천하여 일어나 블레셋 군대를 치고, 그 전쟁에서 대승을 거두게 되었다.

전문성 Skillful Hands

경건한 소년 다윗이 그의 일터에서 양을 치는 일에 필요한 전문성을 확인한다. 맡은 자들에게 구할 것은 충성이라고 했다. 우리는 반복을 통해 숙련에 이르고, 탁월한 전문성을 가져야 한다. 달인의 경지에 이르러야 한다. 로마는 하루 아침에 이루어지지 않았다. 다윗의 물매질도 하루 아침에 이루어지지 않았다. 수많은 반복과 연습의 결과물이다. '1만 시간의 법칙'이라는 말이 있다. 전문가가 되기 위해 우리가 보낸 시간을 말한다. 1만 시간은 단순한 시간이 아니다. 그가 목표한 일에 대한 집요함과 집중 그리고 축적된 노와이와 노하우의 지식과 경험의 총체다. 꾸준하며 지속적인 노력이 더해질 때 어느

날 우리가 전혀 다른 수준에 놓여있는 것을 발견하게 될 것이다. 마이클 호튼 (Michael Horton)은 "성경적으로 탁월함은 하나님과 이웃을 마음에 두는 것이다. 하나님의 영광을 위하여 다른 이들을 향한 사랑으로 일하는 것이 탁월함이다"라고 말했다. 우리는 다만 전문성을 위한 전문성, 탁월함을 위한 탁월함을 추구하는 것이 아니다. 전문성을 가져야 하는 이유도, 탁월함을 추구하는 이유도 모두 하나님의 영광을 위한 것이며, 우리가 섬기고 사랑해야 할 이웃의 유익을 구해야 하기 때문이다.

경건성 Integrity of Hearts

소년 다윗은 깊이 하나님을 신뢰한다. 다윗의 신앙은 성전에서 자란 신앙이 아니다. 그의 신앙은 일터에서 자라났다. 시편 23편에서 그의 일터에서 하나님과 동행하는 삶의 깊이를 발견한다. 결코 일은 일이고 신앙은 신앙이라고 치부하지 않았다. 그의 삶에 성속이분법은 존재하지 않는다. 그의 시편 23편의 고백을 살펴보면, 그가 감당한 일의 깊이만큼 그의 묵상도, 하나님에 대한 신앙의 깊이도 자라고 있었다. 우리의 일터에서 우리는 하나님을 만날 수 있다. 예배당 안에서 만나는 하나님보다, 우리의 믿음을 적용하는 일터현장에서 우리는 하나님을 더 깊이 더 실제적으로 경험할 수 있다.

영성: 전문성과 경건성의 통합

영성은 능력이다. 일터의 에너지이며, 일 수행의 원천이다. 영성은 전인적이다. 영성은 전문성과 경건성이 통합되어야 한다. 일터는 전문성만 있으면 된다고 생각하지만, 우리는 결코 전문성으로만 일하지 않는다. 전문성만큼이나 경건성으로 일한다. 경건성이 관리되어야 한다. 전문성을 가지고 일터를 섬겨도 경건성이 약하면 일터에서 결국 실패에 이르게 된다. 그러나 경건성을 잘 관리하고 있다고 해도, 전문성이 약하다면 일터에서 쓸모없는 사람이 된다. 일터에서 경건성을 가진 사람이 전문성의 탁월함을 가지지 않는다면 비난거리가 될 것이다. 자신의 전문성이 약할 때는 일터에서는 도리어 경건성을 느슨하게 하는 것이 좋다. 그게 선교를 막지 않는 방법이고, 선교를 돕는 일이 될 수 있다. 전문성이 없는 경건성은 하나님의 이름에 누가 되고, 복음의 장애물을 만들 수 있기 때문이다. 우리는 경건성이 강한만큼 일터에서 함께 일하기 위해 또 자신의 일과 일터를 위해 직무 전문성을 배양해야 한다. 우리는 이 둘을 통해 일하고, 섬기며 또한 성장한다.

안셀름 그륀이 그의 책 『삶의 기술』에서 말하는 다음과 같은 이야기는 우리가 일하는 일터에서 영성이 우리의 삶과 일에 어떻게 통합되어 흐르게 되는지를 잘 설명한다. "영성을 종교적인 나르시시즘과 혼동하는 사람들이 있다. 그들은 자신들의 주위를 맴돌고 있을 뿐이다. '일을 한다'는 것은 하나님께 자신을 쓰시도록 맡기고, 자기 자신과 자기애로부터 놓여 난다는 뜻이다. 그러므로 일을 하면서 스트레스를 받느냐 받지 않느냐는 것은 근본적으로 영적인 문제이다. 일을 하면서 자신을 증명해 보이고자 하는 사람, 남 앞에 멋진 모습을 드러내고 싶은 사람은 자신의 힘만 믿고 거기서 일을 끌어낸다. 그러면 그 힘은 곧 고갈된다. 그러나 자기 내면의 샘을, 내면으로부터 일이 솟아 나오게 하는 신성한 정신의 샘을 발견한 사람에게는 모든 것이 흐른다. '흐름' 안에 있는 사람은 지치지 않고, 많은 일을 할 수 있다. 내가 하는 일로부터 발산되는 광채는 내가 영적인 태도를 가지고 일을 했는지, 속으로는 가치 없는 일이라고 느끼면서도 자기 가치를 증명해 보이기 위한 이기적 동기에서 일을 했는지를 보여 준다. 다른 목적 -자기 가치에 대한 의식 높이기 등-에 이르기 위해 일이 이용 된다면 그 일은 결코 실질적인 열매를 맺지 못할 것이다."[25]

일터에서 하나님과 함께 일하기

일터에서 하나님과 함께 동행하며, 하나님과 함께 일해야 한다. 우리는 출근하면서부터 일에 몰두하다 보면 일은 일이고, 하나님은 하나님이라고 생각할 정도로 완전히 망각한다. 하나님은 일터에서 제외되고, 신앙은 일터에서 분리된다. 그러나 우리는 일터에서 하나님과 함께 일해야 한다.

하나님께 기도하라

나의 일터를 위해 기도해야 한다. 일터의 기도제목은 만나는 사람, 해야 할 일들, 직면한 문제, 꿈꾸는 목표 4가지로 구분해 볼 수 있다. 일터의 기도는 구체적이어야 한다. 우리의 일터에서 기도할 수 있다면, 우리는 하나님과 함께 일하고 있는 것이다. 핸즈커피의 진경도 대표는 매일 아침 FB(Faith Business)라는 자신의 일터의 필요에 대해 기도제목을 쓰는 오랜 습관을 가지고 있다. 그는 FB를 자신의 비즈니스에서 가장 중요한 업무라고 했다. 근무일 아침 7시가 되면 그의 FB가 알람과 함께 전직원에게 공유된다. 모두 CEO의 아침 기도를 읽고 기도하며 출근하고, 그들의 하루 업무가 시작된다. 다음 4가지 요소에 해당되는 핸즈FB의 내용을 소개한다.

● 만나는 사람 "오늘 중요한 가맹상담이 있습니다. 새로운 지역에 새로운 핸즈 가맹점들이 계속 생겨나게 하소서. 핸즈만의 경쟁력을 계속 키워가게 하시고, 핸즈가 어려운 커피 시장에서 대안이 되는 기업이 되게 하소서"(FB22-073).

● 해야할 일들 "오늘부터 여름 시즌메뉴 '화이트 상그리아' 판매가 시작됩니다. 핸즈가 '그린지구 이벤트'로 텀블러 1천원 할인과 오틀리 옵션 무상지원도 진행됩니다. 신메뉴 출시와 친환경 운동이 모두 최선의 성과를 낼 수 있게 하소서. 좋은 소문이 널리 퍼져가게 하소서"(FB22-074).

● 직면한 문제 "핸즈 가맹점 중에 가맹점 매출이 떨어지거나 가족 비즈니스가 어려워져 물품 대금을 계속 연체하고 있는 매장들이 있습니다. 그들을 배려하고 반복해서 기회를 주었지만 회생하지 못하고 있는 매장들을 본부로서 어떻게 대해야 할지 지혜가 필요합니다. 이 절박한 상황에서 우리가 모두에게 유리한 조치를 취할 수 있게 도와 주소서. 하루 속히 경기와 저들의 상황이 개선되게 도와 주소서"(FB22-064).

● 꿈꾸는 목표 "새로운 가맹전개를 위해 우리가 무엇을 준비해야 할지 알려주소서. 우리에게 새로이 찾아온 기회를 놓치지 않게 도와 주시고 현재 진행중인 상담건들이 좋은 열매를 맺게 도와 주소서. 신중하게 때로는 과감하게 결정할 수 있는 지혜와 결단력을 허락해 주소서"(FB22-091).

기도하며 일하라

출근하며 기도하라

일터로 나가면서 기도하라. 많은 이들이 새벽기도를 하고 일터로 나간다.

요즘 우리 청년들은 야행성의 라이프 스타일로 새벽기도가 어렵다. 우리의 저녁이 거룩해야 아침이 거룩하게 시작된다. 충분한 수면을 취한 후에 출근 길에 기도하라. 차 안에서 찬양을 들으며 묵상하며 또 하루의 할 일을 생각하고 하나님께 의뢰하며 기도할 수 있다. 출근하여 일터에서 기도하고 시작하라. 사무실 근무자는 자신의 자리에 앉아서 첫 기도를 드릴 수 있고, 현장 근무자는 환복을 하며 또 자신이 선 현장에서 잠시 묵도할 수 있다. 하루를 주님께 의탁하는 것이다.

식사할 때 기도하라

출근 후에 해야할 일들에 집중하다 보면, 우리가 주님을 놓칠 수 있다. 그러나 휴식시간 짧은 티타임을 가지며 기도할 수 있고, 점심 식사 시간에 중요한 기도의 기회를 얻을 수 있다. 잠시 머리 숙여 기도하지만, 내 일터영성의 중심을 다시 잡는 시간이 될 수 있을 것이다.

자주 짧게 기도하라

일터에서는 따로 시간을 내서 기도하기 어렵다. 그러나 기회가 있는 대로 짧은 기도는 언제든지 할 수 있다. 작업을 시작할 때 하나님의 도움을 구하며 기도할 수 있다. 문제 해결과 창의성을 구하며 기도할 수 있다. 결제를 위하여 대표의 방을 노크하기 전에 기도할 수 있다. 대표는 결제를 앞두고 하나님의 뜻을 구하며 기도할 수 있다. 현장에서의 자주 드리는 짧은 기도는 하나님과 동행하는 아주 좋은 방법이다.

성령으로 기도하라

성령 하나님은 보혜사시다. 예수님은 승천하시면서, 우리 곁에 당신의 영을 보내셨다. 그분은 진리의 영이시며, 우리를 진리 가운데로 인도하신다. 일상의 일에서는 친밀히 동행하며 기쁨 가운데 말씀하실 것을 구하고, 비상의 일에서는 긴급한 개입과 해결을 구할 것이다. 성령은 모든 일과 일터에서도 우리의 보혜사로 우리를 돕는 분이시다.

퇴근하며 기도하라

퇴근 시간에 기도하라. 퇴근하는 길에 하루를 돌아보며 기도하는 것이다. 하루 근무시간을 하나님 앞에서 정리하는 시간이다. 자신의 부족함, 지나침을 성찰하는 것이다. 일터에서 하루를 하나님의 관점에서 다시 바라보는 시간이 될 것이다. 하루동안 내내 동행하신 하나님의 은혜를 기억하며 감사를 드리며 하루를 마감하게 될 것이며, 나아가 내일을 위한 기도를 얻게 될 것이다.

하나님을 기대하라

우리가 일터에서 하나님이 나와 함께 일하기를 기대한다면, 다음 7가지 방법을 제안한다.

말씀과 함께

매일 말씀묵상은 우리가 그분을 우리의 일터의 주인으로 섬기는 증거다. 하나님은 오늘도 말씀하신다. 아침마다 말씀묵상과 함께 하루의 일에 간섭

하시는 세미한 음성에 귀를 기울이는 습관은 가장 중요한 경건 훈련이다.

기도와 함께

기도의 습관은 주님을 닮은 삶이다. 모든 일터의 사람들이 자신의 일과 일터를 위해 기도해야 한다. 가족과 가정을 위해 기도하는 사람이 자신의 일과 일터를 위해 기도하지 않는다면 큰 오류를 범하고 있는 것이다. 일터에서 살아가는 이들의 간절한 기도는 일터에 그분을 초대하는 것이며, 모든 상황에 그분의 개입에 대한 요청이다.

통찰과 함께

우리의 기회, 문제, 성공 앞에서 자신을 정직하게 성찰하고 질문해야 한다. 자기를 반추하는 훈련을 해야 한다. 나의 강점과 약점을 살펴야 한다. 작은 행동, 언행, 일하는 방법, 갈등과 문제해결 방식 등을 살펴야 한다.

회의를 통해

하나님은 공동체를 통해 말씀하신다. 마음을 낮추고 다른 사람의 말에 겸손히 귀 기울여야 한다. 듣는 귀를 잃어버린 것은 슬픈 일이다. 우리는 말하는 입만 가진 존재가 아니다. 수평적인 관계 속에서 자유롭게 이야기하고, 모여서 함께 의사를 결정하는 절차를 가진 일터는 복되다.

환경을 통해

하나님은 환경을 통해 인도하신다. 때로 우리의 모든 기회와 길을 닫으시고 도무지 응답하지 않으신다. 그러나 여전히 우리를 사랑하시는 방법임을 우리는 안다. 그러나 당신이 기뻐하시는 때가 되면, 상황을 주도하시며 우리의 나아갈 길을 활짝 여신다. 모든 기회를 허락하신다. 환경을 주관하시는 하나님을 주목하라.

사람을 통해

하나님은 사람을 보내신다. 당신을 대신해서 사람을 보내신다. 이미 내 곁에 사람을 두셨을 수도 있다. 하나님은 나의 약점을 아시고 반드시 나의 일터에 나를 돕는 자를 보내실 것이다. 함께하는 사람에게서, 만나는 사람들에게서 겸손히 배울 줄 아는 사람은 참으로 복된 사람이다. 그는 하나님이 보내신 일꾼들을 만나는 기쁨으로 가득할 것이다.

안식을 통해

일과 쉼은 하나다. 하나님은 6일을 일하시고 또 1일을 안식하셨다. 우리에게 일하는 법을 알려 주신 것이다. 한 주간의 사이클은 정확하게 6+1로 구성되어 있다. 이는 창조주의 디자인이며, 우리의 노동+안식 시스템이다. 쉼은 멈춤이다. 우리의 육체는 멈추고 쉬지 않으면 고장이 나고 문제가 생긴다. 내가 하는 일을 멈추지 않으면 아무것도 들리지 않으며, 아무것도 보지 못한다. 내가 하는 일을 다시 볼 수 있는 지혜와 영감을 얻고, 내가 하고 있는 일을 다시 달려갈 수 있는 용기와 능력을 얻는다. 하루의 시간에도 하나님은 일하는 시간인 낮과 일할 수 없는 밤을 주셨다. 밤이 오면 우리가 하던 모든 일을 멈춘다. 밤은 다만 멈추기만 하는 것이 아니다. 이제 하나님의 시간이 된다. 밤은 멈춤을 넘어 하나님이 일하심을 기다리는 시간이다. 우리는 안식을 통해 하나님과 함께 일한다.

'기도하라', '기대하라', '기다리라'는 말이 있다. 기도하는 사람은 기대할 수 있다. 일터에서 일하시는 하나님의 행하심을 경험할 수 있다. "우리가 기도할 때 하나님은 일하신다." 우리가 기도했다면 이제 그가 하실 일에 대한 우리의 기다림만 남은 것이다.

종교개혁자들은 "노동이 기도다"라고 했다. 노동 그 자체를 기도로 이해한 것이다. 우리는 항상 기도할 수 있다. 쉬지 말고 기도할 수 있다. 우리 일터의 노동이 기도로, 우리의 일상의 삶이 기도가 될 때 가능하다. 일터의 영성은 바로 이런 일터와 삶터에서 일어나는 성속이 분리되지 않는 통전성을 말하는 것이며, 이런 온전함을 의미하는 것이다. 그러므로 우리의 일은 일의 크고 작음에 있지 않다. 어디에서든 무슨 일이든 사람에게 하듯 하지 말고 주께 하듯 일하는 것이다. 우리 주께서 착하고 충성된 종이라 칭찬하실 것이다(마25:21).

동일한 의미에서 일의 영성에 대해 그레고리 피어스(Gregory Pierce)는 "이 세상을 더 나은 곳으로, 하나님이 원하시는 것에 더 가깝게 만들기 위해 행하는(유급 혹은 무급의) 모든 노력들을 통해, 우리 자신과 환경을 하나님께 조율하고, 이 세상에서 하나님의 영이 하시는 일을 몸으로 표현하는 존재가 되고자 시도하는 것"[26]이라고 말했다.

우리의 일터에서 매 순간 주어지는 모든 상황과 모든 업무, 모든 관계 속에서 경이로운 하나님의 임재와 그분의 통치를 인정하고 이에 즐거이 응답하는 것이다. 우리의 일상의 일터에서 하나님께서 하시는 일에 주목하며, 경청하며, 우리가 하고 있는 일을 성찰하며 행할 때 우리의 하는 일은 하나님의 일이며, 그분의 나라의 일이 되는 것이다.

그분과 사람을 위해 사업할 때 주님이 나와 함께

사업을 기획할 때 주님이 내 앞에

사업을 점검할 때 주님이 내 뒤에

내 사업의 등대 되시는 주님이 내 안에

기초가 되시는 주님이 내 밑에

내 사업의 주인 되시는 주님이 내 위에

일터의 주인 되시는 주님이 내 오른편에, 내 왼편에

일을 마치고 잠자리에 들 때 주님이

사무실 의자 위에 앉을 때 주님이

기쁘게 또는 피곤하게 일어날 때 주님이

내 사업과 나에 대해 생각하는 모든 이의 마음에 주님이

내 사업과 나에 대해 말하는 모든 이의 마음에 주님이

나와 내 직원과 고객과 납품업체와 경쟁사들을 보는 모든 눈 안에 주님이

내 제품과 서비스를 소개하는 내 목소리를 듣는 모든 귀 안에 주님이

-매츄 튠핵의 「BAMer의 기도」[27] -

◇ 토의질문

1. 강의를 통해 깨닫게 된 나의 일터에 대한 관점의 변화가 있다면 무엇인가?

2. 하나님은 나의 일터에 함께 계신다. 일터에서 내가 만난 하나님은 어떤 분이신가?

◇ 참고도서

레너드 스윗, 2005. 세상을 호흡하며 춤추는 영성. 서울: 좋은씨앗.

안건상, 2021. 일상과 일터의 영성. 서울: CLC.

원용일, 2002. 느헤미야의 직업영성. 서울: 한세.

팀 켈러, 2013. 팀 켈러의 일과 영성. 서울: 두란노.

파커 J. 파머, 2013. 일과 창조의 영성. 서울: 아바서원.

폴 스티븐스 외, 2011. 일삶구원. 서울: IVP.

세계관　소명　문화　영성　돈　리더십　공동체　비전　선교적삶　BAM

05

일터와
돈

B A M
BASIC

오늘날 맘몬이

하나님을 대신한 신이 되었다

그러나 하나님만 우리의 주가 되신다

우리에게 주신 돈을 섬길 것인가

돈으로 하나님을 섬길 것인가

이 질문만 남는다

우리는 결코 돈 앞에

무릎 꿇지 않을 것이다

도리어 담대할 것이다

우리는 주신 돈으로 이웃을 사랑하며

오직 하나님만 섬길 것이다

05

일터와
돈

일터는 일의 현장이며 또한 돈의 현장이다. 우리 모두는 오늘도 일터에 있다. 우리는 일터에서 살아가며 또한 일하며 돈을 벌고 있다. 일터와 돈은 뗄래야 뗄 수 없는 깊은 관련을 가진 중요한 주제이다. 성경은 '돈사랑'은 '일만 악의 뿌리'라고 했다. "돈을 사랑함이 일만 악의 뿌리가 되나니 이것을 탐내는 자들은 미혹을 받아 믿음에서 떠나 많은 근심으로써 자기를 찔렀도다"(딤전 6:10). 인간의 모든 악의 근원이라는 돈에 대한 욕망은 우리의 삶에서 경험되고, 우리의 일터에서 직면하는 본질적인 문제임에 분명하다. 왜 우리는 돈을 사랑하게 되었는가? 우리의 삶에서 돈이란 무엇인가? 우리는 이돈을 어떻게 이해해야 하는가? 일만 악의 뿌리가 되는 돈을 위해 일하는 행위는 진정 가치 있는 일인가? 우리는 돈을 어떻게 사용하며 관리해야 하는가? 우리는 이 질문들을 하나님이 디자인하신 일터의 원형인 에덴에서 풀어 본다.

하나님의 디자인: 샬롬의 경제

하나님은 인간을 만드실 때 인간의 생존을 위한 시스템과 모든 활동들을 완전하게 디자인하셨다. 특별히 삶의 자리이며, 일터현장인 에덴을 창설하시고, 그곳에 당신이 만드신 사람을 두셨다. 하나님께서 에덴에 디자인하신 것은 샬롬의 경제였다. 샬롬은 하나님의 선하고 의로운 통치 아래 완전한 안전과 완전한 공급이 보장된 상태를 말한다. 하나님은 사람을 위하여 에덴에서 완전한 샬롬을 누리게 하셨다. 에덴은 하나님이 만드신 원형적 일터이며, 세상 경제의 근본적인 디자인이 담겨 있다.

경제란, 우리들의 생활에 필요한 재화를 생산하고 소비하는 인간의 모든 활동이다. 오늘날의 경제를 구성하는 두 가지는 일터의 생산적 삶과 일상의 소비적 삶이다. 이미 이 둘은 현대의 보편 비즈니스 구조 속에 담겨서 서로 깊이 맞물려 순환하고 있다. 에덴의 기본적인 경제시스템도 위와 같이 두 가지 차원에서 이루어졌다. 하나님께서 디자인하신 에덴의 경제구조를 좀 더 깊이 이해하기 위해 재화를 생산하는 일터 경제의 이야기와 재화를 소비하는 일상의 경제 이야기로 구분하고 에덴에 구현되었던 샬롬의 경제를 살펴보자.

재화를 소비하는 일상의 경제

일상: 하나님의 공급 보장-하나님을 신뢰함으로

에덴의 경제는 일상에서 하나님의 공급을 신뢰해야 한다. 아담과 하와는 창조주 하나님이 만드신 세상의 시스템과 당신의 피조물들을 사랑하시되 사람에게 특별히 복 주신 사실에 근거하여 우리의 삶에 완전한 하나님의 공급과 보장을 신뢰해야 한다. 공중나는 새들과 오늘 있다가 내일 아궁이에 던져지는 들풀도 입히시고 먹이시는 하나님께서 "하물며 너희일까보냐"하신 말씀을 기억해야 한다. 하나님은 창조 사역의 첫날부터 6일 동안 만드신 사람을 위한 모든 필요들을 만드셨다. 하나님은 인간에게 복 주시며 안식하게 하셨고, 이 땅에서 생존을 위하여 "생육하고 번성하고 땅에 충만하라" 명하시며 또한 축복하셨다(창1:28).

하나님은 인간의 양식을 보장하신다. "내가 온 지면의 씨 맺는 모든 채소와 씨 가진 모든 열매 맺는 모든 나무를 너희에게 주노니 너희의 먹을 거리가 되리라"(창1:29). 또한 짐승들의 먹을 거리도 책임지신다. "또 땅의 모든 짐승과 하늘의 모든 새와 생명이 있어 땅에 기는 모든 것에게는 내가 모든 푸른 풀을 먹을 거리로 주노라 하시니 그대로 되니라"(창1:30). "그대로 되니라"는 하나님의 샬롬의 경제 디자인이 완벽하게 실현된 것을 의미한다. 하나님은 계절을 만드시고, 밤과 낮을 만드셨다. 하나님은 하늘과 땅도 만드셨지만, 당신이 만드신 공기와 햇볕과 이슬과 비와 바람을 통해 온 세상 자연을 조화롭게 친히 가꾸시며 돌보신다. 이와 같은 하나님의 돌보심이 없다면 결코 인간은 생존할 수 없을 것이다. 하나님은 우리가 이 사실을 알게 되길 바라신다. 지금도 완전한 하나님의 공급을 신뢰함으로 온 세상이 샬롬을 누리게 되고, 에덴과 모든 피조세계가 평화롭기를 바라신다.

하나님은 인간의 경제생활에 대해 깊이 관심을 가지고 계신다. 에덴을 창설하신 하나님은 인간에게 노동만 명하신 것이 아니라 이들의 생존도 명하시고, 그 구체적인 방법도 제공하신 것이다. 하나님은 인간이 당신의 샬롬의 보장을 누리며 함께 오래 완전하게 살기를 원하신다. "여호와 하나님이 그 땅에서 보기에 아름답고 먹기에 좋은 나무가 나게 하시니... 동산 각종 나무의 열매는 네가 임의로 먹되"(창2:9,16). 사람은 창조주 하나님의 성품에 의해 디자인된 경제시스템과 그에 따른 완전한 공급과 보장을 온전히 신뢰해야 한다. 이는 하나님의 하나님되심을 신뢰함, 곧 '주되심(Lordship)'을 인정하는 것이다.

출애굽 역사에서도 나타난다. 애굽에서 당신의 백성을 불러내어 약속의 가나안으로 인도하시는 하나님은 광야에서 당신의 백성을 향한 당신의 완전한 공급과 보장을 증명하셨다. "너도 알지 못하며 네 조상들도 알지 못하던 만나를 네게 먹이신 것은 사람이 떡으로만 사는 것이 아니요 여호와의 입에서 나오는 모든 말씀으로 사는 줄을 네가 알게 하려 하심이니라 이 사십 년 동안에 네 의복이 해어지지 아니하였고 네 발이 부르트지 아니하였느니라"(신8:3~4). 하나님은 당신의 백성들에게 낮에는 구름 기둥으로 더위를 극복하게 하시고, 밤에는 불 기둥으로 추위를 이기게 하시고, 배고픔은 하늘의 만나와 메추라기로 먹이시고, 목마름은 반석의 물로 해결해 주셨다. 이스라엘이 약속하신 가나안 땅에 이르렀을 때는 노동으로 그들의 의식주를 해결하게 하셨지만, 광야에서는 달랐다. 하나님은 이스라엘이 약속의 땅에 들어가기 전에 광야에서 40년을 보내면서 하나님의 백성으로 사는 법을 훈련시켰다. 온전히 하나님의 주되심을 신뢰하며, 하나님만 의지하며 살아가는 삶이었다. 오늘날 우리들의 일상도 여전히 동일하다. 비록 돈이 모든 것을 해결하고 모든 것을 지배하는 세상이라 말하지만, 하나님 백성들의 경제원리에 첫 번째 우선순위는 하나님의 주되심이다.

우리가 살고 있는 세상은 소비사회다. 돈은 소비사회의 경제를 대표하는 상징이다. 우리의 모든 생활과 소비는 돈으로 이루어지고 있고, 돈으로 얻지 못할 것이 없다고 실감한다. 현실에서 돈은 우리들의 일상의 삶과 생존에 직결되어 있다. 돈이 없으면 살 수 없다는 말이다. 일상의 경제에서 돈이 목적이 되었다. 오늘날 사람들은 얼마나 많은 돈을 소유하고 있느냐로 사람을 평가하고 있다. 더 많은 것을 가지려는 사람의 탐욕은 끝이 없다. 돈으로 자신의 행복을 구하려고 하는 풍조가 시대를 지배하고 있다. 이는 사치와 과소비로 이어진다. 급기야 돈은 과대평가되어 만능으로 여겨졌다. 그럼에도 불구하고 돈은 여전히 하나님이 다스리는 세상에서 하나님이 사용하시는 도구와 수단의 하나일 뿐이다. 이 모든 것은 하나님이 주관하시는 것이며, 이 모든 것이 하나님께로부터 온다는 사실을 기억해야 한다. 여전히 하나님은 우리의 모든 필요를 공급하는 분이시다. 우리는 하나님만 의지하는 법을 배워야 한다.

바울은 디모데에게 쓴 편지에서 "네가 이 세대에서 부한 자들을 명하여 마음을 높이지 말고 정함이 없는 재물에 소망을 두지 말고 오직 우리에게 모든 것을 후히 주사 누리게 하시는 하나님께 두며 선을 행하고 선한 사업을 많이 하고 나누어 주기를 좋아하며 너그러운 자가 되게 하라"(딤전6:17~18)고 가르쳤다. 바울은 돈의 성질을 정확하게 파악하고 있다. 돈은 정함이 없어 머물러 있지 않으므로 그것에 소망을 두지 말 것이라 했다. 칼빈은 "물질적 재화는 하나님의 섭리의 도구"라고 생각했다.[28] 돈은 하나님이 인간에게 내려주시는 은사이며 또한 하나님이 자신의 목적을 달성하기 위해 쓰시는 도구일 뿐이다. 돈은 하나님의 뜻에 의하여 움직인다. 돈을 이해하고 하나님을 이해하면 길이 보인다. 돈은 실용적인 기능과 함께 하나님을 깨닫게 하는 영적 기능도 가지고 있다. 모든 것이 하나님으로부터 온다는 사실을 인정하는 사람에게 돈은 하나님의 축복이며 은혜가 된다. 그런 마음을 가진 자는 주신 것을 후히 나누고 베푸는 삶을 산다. 그러나 돈이 하나님의 선물이라는 것을 알지 못하고 마음을 높이는 자에게는 심판과 저주가 된다. 이 땅은 타락과 불신앙의 결과로 하나님이 아닌 돈을 섬기고 있다. 일상에서 우리는 한 질문 앞에 선다. "누구를 또는 무엇을 섬길 것인가?"

재화를 생산하는 일터의 경제

일터: 인간의 의식주 해결-노동과 생산활동으로

에덴의 경제는 일터에서 하나님의 명령을 따라 일해야 한다. 사람의 일은 창조언약에 따라 하나님이 지으신 피조세계를 '정복하고 통치하라' 하심을 순종하는 일이었다. 이는 에덴의 일터에서 하나님의 주되심 아래 구체적으로 만물을 '지키고', '경작하는' 일이었다. 하나님은 이 일을 통하여 사람의 의식주를 위한 생산과 생존이 가능하도록 디자인하셨다. 그러나 에덴의 경제에 대해 오해하는 일이있다. 에덴에는 노동은 없고, 자연에서 식물을 채집함으로 생존하도록 디자인되어 있었다고 생각한다. 각종나무의 실과를 따먹으며 살아가는 삶만 있다고 생각하는 것이다. 그러나 하나님이 디자인하신 에덴의 경제는 하나님이 주신 것을 누리는 삶과 함께 또한 노동을 명하셨다. 사람은 하나님의 청지기로서 성실하고 정직하게 피조세계를 돌보며 기경하며 일해야 한다. "자기의 토지를 경작하는 자는 먹을 것이 많거니와"(잠12:11), 그때 자신도 먹고, 더 풍성히 먹고 또 풍성히 먹일 수 있었다. 하나님이 디자인하신 에덴의 경제는 사람의 창조적인 노동과 생산활동을 통해 자신과 가족을 보호하고 또한 생육하여 번성하고 또 나아가 온 땅에 충만한 인류가 대와 대를 이어가며 살아가는 방법이었다. 이것이 하나님의 디자인, 에덴의 경제, 샬롬의 시스템이다. 그렇다. 에덴의 경제에서 요청되는 인간의 의무와 책임은 바로 청지기적 '관리함(Stewardship)'이었다.

출애굽의 역사에서 광야의 시간이 끝나고 요단강에 건너 약속하신 땅에 들어오자 이스라엘에게 만나가 그쳤다. "또 그 땅의 소산물을 먹은 다음 날에 만나가 그쳤으니 이스라엘 사람들이 다시는 만나를 얻지 못하였고 그 해에 가나안 땅의 소출을 먹었더라"(수5:12). 약속의 땅의 경제 디자인은 노동을 통하여 양식을 해결하도록 하신 하나님의 경제였다. 그들은 정복한 땅에서 지파를 따라 하나님이 주신 기업의 땅을 분배받았다. 가장 나이 많은 유다지파의 족장 갈렙은 여호수아를 찾아와 "이 산지를 내게 주소서"라고 고백하며 제일 먼저 그 기업의 땅을 향해 올라갔다. 그들은 가나안의 남은 자들을 몰아내었고 그리고 그 땅에 정착하고 수고하고 일해야 했다. 12지파는 각기 주신 기업의 땅에 이르러 그 땅을 다스리며 양을 치고 땅을 경작하고 농사하며 살아야 했다. 이것이 하나님이 정하신 법, 약속의 땅의 경제였다.

하나님은 그들에게 하나님의 백성의 삶을 유지하도록 율법을 주셨다. 이스라엘의 율법은 그들을 통치하시는 하나님이 누구신지를 드러낸다. 그 법은 하나님의 의(체데카)를 드러낸다. 악하고 불의한 자에게는 죄를 미워하시는 공의와 심판의 하나님으로, 사회적 약자들에게는 한없이 긍휼하신 하나님의 모습이 드러난다. 하나님은 고아와 과부의 보호자였다. 언제나 약자들의 보호자(고엘)이시며, 그들의 하나님이 되셨다. 일터에서 법을 통해 약자를 보호하셨다. 과수원 모퉁이의 나무 실과와 떨어진 열매와 추수 들판의 떨어진 이삭을 줍지 못하게 했다. 이는 모두 가난한 자들과 약자들을 위해 세우신 하나님의 법이었다.

기업의 땅에 세운 지계표의 경계를 침범하지 못하게 했으며, 하나님이 주신 기업을 아무도 빼앗지 못하게 했다. 혹 원치 않는 채무가 생겨서 빚을 지고, 땅이 팔리고, 가난한 자들이 팔려가 남의 집에 종이 된다고 해도 안식년과 희년이란 자유의 법을 주셔서 그 땅의 경제가 모든 것을 다시 완전히 회복되도록 사회와 경제를 디자인하셨다. 자기 땅에서 자기 손으로 일하며 먹고 살아가도록 하신 것이다. 결코 빼앗기지 않는 세상을 주신 것이다. 이것이 하나님이 디자인 하신 샬롬의 경제였다.

히브리 사람들은 돈을 '케세프(חֶסֶף)', 즉 '은(Silver)'이라고 한다. 고대에 돈의 기원을 잘 설명하는 단어다. 고대에 돈이 생겨난 이유는 물물교환을 하는 과정에서 생기는 문제를 최소화하고, 생산품과 가치의 교환을 공정하게 하기 위한 것이었다. 그렇다. 돈은 우리의 노동력과 수고와 그 생산품에 대한 교환의 도구와 방법이며, 수단이다. 돈은 일터의 평가와 보상에 있어서도 가장 중요한 가치척도가 된다. 예부터 일은 돈벌이로, 일터는 돈벌이 하는 곳으로 이해되었다. 오늘날 일터 경제의 상징은 돈이다.

인간의 타락으로 인하여 우리의 일터에는 엉겅퀴와 가시 떨기가 자란다. 우리가 땀 흘리며 일하는 일터에는 정직한 보상과 열매가 돌아오지 않을 때가 있다. 의롭고 정직한 자들의 수고가 무의로 돌아가게 되는 반칙과 불법과 불의가 판을 치고 있다. 이는 가진 자의 폭력이다. 우리의 노동력의 가치는 평가절하되고, 저평가 되어서 정당한 보상이 되지 못할 때가 많다. 노동력 착취는 강도 짓이다. 모두 인간의 타락 이후에 이 땅의 일터에서 우리가 경험하는 일터의 수고와 고통들이다.

일터의 문제 중의 또 하나는 탈세와 뇌물이다. 고대로부터 오늘까지 동일한 일이 반복되고 있다. 바울은 당시 로마제국의 통치하에 살고 있는 기독교인들에게 세금을 제대로 낼 것을 강조했다. "모든 자에게 줄 것을 주되 조세를 받을 자에게 조세를 바치고 관세를 받을 자에게 관세를 바치고 두려워할 자를 두려워하며 존경할 자를 존경하라"(롬13:7). 기독교를 핍박한 이방 나라의 황제에게 복종하는 의미에서 세금을 내도록 한 것은 오늘날 일터에 선 우리들에게 시사하는 바가 크다. 우리 사회의 비리는 바로 사회 구석구석에 스며든 뇌물의 열매다. 급행료, 떡값, 촌지 등의 다양한 이름을 가지고 있지만 그것은 부정하며 비윤리적이고 불법적이다. 관행으로 변질된 뇌물수수 행위는 우리 사회의 부패의 뿌리가 되고 있다.

사회의 구조악 속에 살고 있는 그리스도인들은 지혜로운 경제활동이 요구된다. 하나님의 뜻을 분별해야 한다. 타락한 세상의 현실을 인정해야 한다. 하나님의 뜻과 현실 가운데 갈등을 치유하며 하나님의 공의와 사랑의 법으로 극복해야 할 것이다. 때로 하나님 나라의 백성으로서 개인적인 희생을 각오하는 결단도 필요할 것이다. 하나님의 백성들은 그 어떤 일터에서도 하나님의 백성답게 살며, 주를 섬기며 합당한 삶을 살 것이다. 결코 사람에게 하듯 일하지 않을 것이다. 모든 일에 주께 하듯 일할 것이다(골3:23).

우리는 일터에서 자기 일을 해야 한다. 바울은 "누구든지 일하기 싫어하거든 먹지도 말게 하라" 하였고, "주 예수 그리스도 안에서 권하기를 조용히 일하여 자기 양식을 먹으라 하노라"고 가르쳤다(살후3:10,12). 우리 자신을 위해 일할 뿐만 아니라 또한 가난한 자들을 위해 일한다. 우리는 일터에서 한 질문 앞에 선다. "어떻게 살 것인가?"

성경적 재정원리

성경적 경제는 에덴의 원형적 경제를 통해 살펴본 내용이지만, 이에 근거하여 성경적 재정원리를 정리해 보면 세 가지로 다음과 같다.

주되심 Lordship

온 세상 만유는 하나님의 것이다. 무에서 유를 만드신 하나님으로 인하여 존재하는 것이기 때문이다. 우리는 먹든지 마시든지 무엇을 하든지 하나님만 섬기도록 부름받았다. 우리의 주는 한 분 뿐이시다. 인간은 하나님 외에 스스로를 보호하기 위한 성을 쌓고, 신을 만들었다. 오늘날 맘몬이 하나님을 대신한 신이 되었다. 그러나 하나님만 우리의 주가 되신다. '우리에게 주신 돈을 섬길 것인가' 아니면 '주신 돈으로 하나님을 섬길 것인가'라는 질문만 남는다. 우리는 결코 돈 앞에 무릎 꿇지 않을 것이다. 도리어 담대할 것이다. 우리는 주신 돈으로 이웃을 사랑하며, 오직 하나님만 섬길 것이다.

관리함 Stewardship

하나님은 우리를 당신이 주신 모든 것들을 다스리는 관리자로 만드셨다(창1:26). 우리가 다스려야 하는 일에는 하나님이 맡기신 재정도 포함된다. 우리는 재정의 청지기요, 관리자다. 에덴의 명령에서는 소극적으로 '지키라(Keep)' 하셨고, 적극적으로 '기경하라(Cultivate)' 하여 재생산 하라고 하신다. 우리는 므나 비유에서 배운다(눅19장). 먼 길을 떠나며 종들에게 므나를 맡긴 주인은 "내가 돌아올 때까지 장사하라"(눅19:13)고 말한다. 우리는 주신 재정을 한 므나를 맡은 어떤 종처럼 잘 보존하기 위해 가서 수건에 싸서 고이 모셔두라는 말이 아니다. 하나님이 맡기신 것임을 기억하고, 그의 뜻을 따라 잘 사용하고 장사하는 것이 잘 보존하는 적극적 순종의 방법이다. 칭찬을 받은 종들 중에는 주인의 한 므나로 열 므나를 남기고, 다른 종은 한 므나로 다섯 므나를 남겼다. 그러나 한 종은 주인은 자신의 돈을 은행에라도 맡겨 한 므나와 함께 이자라도 남기도록 하지 않았냐고 책망을 받았다.

우리 모두는 청지기들이며 하나님으로부터 직분과 은사를 받은 자들이다. 하나님으로부터 받은 직분과 은사는 봉사를 위해 주어졌다. 선한 청지기는 자기의 유익을 구하는 자가 아니라 주인의 유익을 구하는 자다. 누구든지 특별히 재정에 대한 청지기직을 잘 감당한다면 분명히 그는 다른 일들에서도 주인 앞에서 성실하고 충성된 삶을 살아가는 자임에 분명하다. 이처럼 청지기로서 재정관리의 삶은 모든 일에 시금석이 된다.

성경은 그 어디에서도 재물 자체를 악한 것으로 규정하지 않는다. 다만 "돈을 사랑함이 일만 악의 뿌리가 된다"(딤전6:10)고 했다. 돈 자체가 악한 것이 아니라 돈을 사랑하는 인간의 탐욕을 말함이며, 돈을 하나님처럼 여기는 물질 만능, 맘몬 숭배가 악하다는 것이다. 청지기 된 우리는 돈의 올바른 관리자로서 하나님의 뜻을 따라 장사해야 한다. 그리스도인들은 올바른 방법으로 돈을 벌어야 한다. 뇌물이나(출23:8), 거짓 저울(암8:5), 임금의 착취(약5:4) 등 불의한 방법으로 재물을 모아서는 안된다. 건전한 저축과 투자가 아니라 도박과 같은 투기가 되어서는 안될 것이다.

동역함 Partnership

하나님은 우리를 함께 살며, 일하도록 창조하셨다. 하나님은 "사람을 창조하시되 남자와 여자를 창조하시고"(창1:27), "사람이 혼자 사는 것이 좋지 아니하니 내가 그를 위하여 돕는 배필을 지으리라" 하셨다(창2:18). 우리는 일터에서 홀로 일하지 않고 함께 일한다. 우리는 일터에서 이 관계를 지켜가는 청지기로서 일한다. 하나님은 "네 이웃을 네 몸 같이 사랑하라" 하셨다. 그러므로 재정을 관리하는 일에도 함께 살아가게 하신 동역자들과 함께하는 내 자신을 사랑하듯 사랑하며 살아가는 것이다.

● 공유 초대교회는 하나님의 주되심을 인정하며 공유의 가치를 실천했다. 자신이 가진 것을 자기의 것이라 하지 않고 함께 공유하는 방법이다. 필요에 따라 나눠 주며 나아가 공동으로 함께 통용하는 것이다. "믿는 사람이 다 함께 있어 모든 물건을 서로 통용하고 또 재산과 소유를 팔아 각 사람의 필요를 따라 나눠 주며"(행2:44~45). "믿는 무리가 한마음과 한 뜻이 되어 모든 물건을 서로 통용하고 자기 재물을 조금이라도 자기 것이라 하는 이가 하나도 없더라"(행4:32). 성령의 공동체에 나타난 증거였다. 하나님의 성령의 감동하심이 지배하는 모습이다.

이후에 유무상통하는 이들의 삶은 참 믿는 자들의 공동체 표지가 되었다. 당시 초대 공동체가 가졌던 하나님 나라의 표현은 우리시대 자본주의 가치 속에 어떻게 적용할 수 있을지는 여전히 과제로 남는다. 오늘날 일터와 일상에서 시대적 키워드가 된 공유경제는 분명히 유무상통하던 사도행전적 공동체와는 다르지만, 일상과 일터에서 주께서 함께하라 하신 이들과 소유를 공유하는 삶은 시대가치를 넘어 누구보다 우리 그리스도인들에게 시사하는 바가 크다.

　파트너라는 말은 전쟁용어에서 비롯되었다. 전쟁에 함께 참여한 자들이 전쟁을 끝낸 후에 전쟁에서 취한 전리품을 한 몫씩 나누어 가졌다. 그렇다. 파트너들은 목숨을 걸고 함께 싸운 자들로서의 승리의 기쁨과 영광과 함께 기업도 나누어 갖는 것은 마땅한 권리일 것이다. 이스라엘에서 공유의 가치는 가나안 정복사건에서 나타난다. 요단강을 건너가 가나안 족속들과 함께 싸운 이스라엘의 지파들은 약속의 땅에서 지파별로 동일하게 그들의 약속된 기업을 분배받았다. 다윗시대에도 이와 같은 가치들이 그대로 지켜진다. 다윗은 전쟁의 승리 후에 탈취물을 나누는 과정에서도 전쟁에 나간 자와 나가지 않은 자들이 균등하게 나누도록 했다. 다윗은 이런 전례를 만들어서 다윗왕국의 기초로 삼았다. 이와 같은 이스라엘 백성들의 공유는 하나님 나라의 가치를 드러낸다.

　공유는 자신의 모든 것이 하나님께로부터 온 것임을 알지 못하면 행할 수 없는 실천이다. 누가복음 18장에 한 부자 관리의 이야기가 있다. 그는 예수님께 나아와 그가 영생을 얻는 길을 물었다. 주께서 계명을 지키라 말하자 그는 어렸을 때부터 모든 계명을 지켰다고 말했다. 그러나 주님은 여전히 한 가지 부족함을 지적하며 "네게 있는 것을 다 팔아 가난한 자들에게 나눠 주라 그리하면 하늘에서 네게 보화가 있으리라" 하셨다. 그러나 그는 큰 부자이므로 심히 근심하며 돌아갔다. 재물이 많은 부자가 하나님 나라에 들어가는 것이 얼마나 어려운지, 낙타가 바늘 귀로 들어가는 것이 도리어 쉬운 일이라고 빗대어 말씀하셨다. 그리고 이어 나오는 19장에서 누가는 여리고의 세리장 삭개오를 대조하여 소개한다. 세리장 삭개오도 관리요, 만만치 않은 부를 소유한 자였다. 그러나 예수님을 만난 후에 자신의 재산의 절반을 가난한 자들에게, 남의 것을 속여 빼앗은 일이 있다면 네 배로 갚겠다고 말한다(눅19장). 사실 자신의 재산 모두를 내어 놓는다는 고백이다. 주께서 "오늘 구원이 이 집에 이르렀다" 하셨다. 하나님을 만난 자의 삶에는 이렇게 자신의 소유와 돈에 대한 자유함이 일어난다.

● 나눔 바울은 고린도 교회를 향해 편지하면서 극심한 가난 중에 있는 마게도냐 교회가 예루살렘 교회의 기근소식을 듣고 그들을 돕기 위해 연보한 일을 칭찬하며 고린도 교회도 이에 참여하도록 다음과 같은 원리를 가르친다. "우리 주 예수 그리스도의 은혜를 너희가 알거니와 부요하신 이로서 너희를 위하여 가난하게 되심은 그의 가난함으로 말미암아 너희를 부요하게 하려 하심이라... 이제 너희의 넉넉한 것으로 그들의 부족한 것을 보충함은 후에 그들의 넉넉한 것으로 너희의 부족한 것을 보충하여 균등하게 하려 함이라"(고후8:9,14). 나눔은 하나님께서 함께하게 하신 이들과 더불어 살아가는 삶으로 우리 주님께서 보여주신 모범을 따라 평균케 하는 원리를 실천하는 것이다.

● 섬김 이 땅에 하나님은 가진 자와 약한 자들이 함께 살게 하셨다. "가난한 자와 부한 자가 함께 살거니와 그 모두를 지으신 이는 여호와시니라"(잠22:2). 우리에게 주신 돈은 우리만을 위해 주신 것이 아니다. 하나님은 약한 자들을 사랑하며 섬기라고 주신 것이다. 우리는 부자와 나사로 이야기를 안다. 하나님은 그의 집 대문 앞에 있는 가난한 자를 향한 부자의 태도를 보았다. 약한 자와 궁핍한 자와 함께 살게 하는 세상에서 부자는 나사로에게 물 한 잔도 권하지 않았다. 그는 하나님의 나라를 대신하여 영원한 고통 속

에 던져졌다.

"빈곤한 자를 불쌍히 여기는 자는 복이 있는 자니라... 가난한 사람을 학대하는 자는 그를 지으신 이를 멸시하는 자요 궁핍한 사람을 불쌍히 여기는 자는 주를 공경하는 자니라"(잠14:21, 31) 하셨다. 가진 재정으로 이웃을 섬기고 사랑하는 것은 하나님을 사랑하고 경외하는 자의 삶의 표지다. "가난한 자를 불쌍히 여기는 것은 여호와께 꾸어 드리는 것이니 그의 선행을 그에게 갚아 주시리라"(잠19:17). 잠언서 기자는 심지어 가난한 자를 향한 사랑을 '하나님께 꾸어 드리는 것'이라고 가르친다. 하나님은 당신이 우리에게 주신 것으로 우리가 함께 살게 하신 이들을 향하여 어떻게 사용하는지를 보신다. 그리고 우리의 섬김의 손길을 기억하시고 반드시 갚으신다.

주님은 당시 시대의 종교적 사회적 주류세력이라 할 수 있는 제사장과 바리새인과 멸시를 받던 사마리아인을 비교하는 '선한 사마리아인' 비유를 말씀하셨다. 아무 대가를 바라지 않고 적극적인 섬김과 사랑을 실천한 사마리아인을 칭찬하셨다. 그는 강도를 만나 쓰러진 자를 외면하지 않고 구하여 주막으로 데려가 그를 치료하고, 그의 회복을 위한 모든 비용을 감당하겠노라고 말한다. 흩어 구제하여도 더욱 부하게 되는 일이 있나니 과도히 아껴도 가난하게 될 뿐이니라. "구제를 좋아하는 자는 풍족하여질 것이요 남을 윤택하게 하는 자는 자기도 윤택하여지리라"(잠11:24~25). 나눔으로 가난하여 지는 것이 아니라 더욱 부하게 되고, 남을 윤택하게 하면 자신도 윤택하게 되는 원리를 말씀하신다.

시편의 시인은 이 땅에 당신의 사람들의 연합과 동역의 아름다움을 노래한다. "보라 형제가 연합하여 동거함이 어찌 그리 선하고 아름다운고 머리에 있는 보배로운 기름이 수염 곧 아론의 수염에 흘러서 그의 옷깃까지 내림 같고 헐몬의 이슬이 시온의 산들에 내림 같도다 거기서 여호와께서 복을 명령하셨나니 곧 영생이로다"(시133편). 하나님은 더불어 살며 일하는 이들에게 영생의 복을 명하셨다. 그러므로 우리는 가진 것을 나누며 또 베푸는 삶을 살아야 한다.

성경적 재정원리는 진정한 대계명의 실천이다. 재정에 대한 하나님의 '주되심'을 인정하는 삶은 '하나님 사랑'이며, 재정에 대한 '관리함'과 '동역함'을 실행하는 삶은 '이웃사랑'이다. 우리는 하나님께서 우리에게 주신 재정의 주되심을 인정하므로 하나님을 사랑하고 경외하며, 내게 주신 재정을 잘 관리하고, 내게 주신 사람들을 섬기며 함께 나눌 때 구체적인 이웃사랑을 실천한다.

돈에 대한 두 관점
세상적 관점
돈은 만능이다

돈이면 다 된다. 우리는 자주 말한다. 정말 돈만 있으면 모든 것을 할 수 있다고 생각한다. 사실 따지고 보면 우리의 일상에서 경험하는 많은 문제들은 거의 대부분 돈의 결핍 때문에 생긴 문제들이다. 그러므로 돈이 있으면 안되는 게 없다고 실제적으로 느끼게 된다. "뭐든 돈만 있으면!"

돈은 권력이다

돈은 힘이며, 권력이다. 시대 속에서 돈을 가진 자가 그가 부를 가진 만큼 힘과 지위를 갖는다. 21세기에 가시적으로 세상을 움직이는 실제적 권력은 돈을 가진 자이다. 이것은 일상에서 우리가 늘 경험하는 현실이다.

돈은 행복이다

돈은 행복의 이유다. 행복은 우리가 가진 부와 비례한다. 우리가 느끼는 불행은 돈의 결핍 때문이다. 그러므로 "가난하기 때문에 불행하다"고 말하는 것이다.

돈은 목적이다

일은 돈벌이다. 우리가 일하는 것은 돈을 얻고자 하는 것이다. 돈을 가져야 힘을 가지고, 돈을 가져야 하고 싶은 모든 것을 할 수 있고, 돈을 가져야 행복해질 수 있다고 생각한다. 그러므로 우리는 수단 방법을 가리지 않고 부를 소유하고 축적하고자 한다.

돈은 우상이다

돈은 우리를 지배한다. 그러므로 돈은 재화를 넘어서 인격이 되었다. 사람이 돈을 섬긴다는 말이 사실이다. 배금주의 사상이 이 시대를 지배한다. 이미 고대로부터 맘몬은 세계에서 하나님과 비기는 가장 강력한 우상이었다 (눅16:13). 사람이 돈을 만들고 이제는 돈이 사람을 지배하고 급기야 돈을 섬기고 있는 것이다.

성경적 관점

돈은 만능이 아니다

돈으로 할 수 없는 것이 너무 많다. 우리가 만능이라 여기는 돈이 결코 만능이 아님을 본다. 더욱이 돈이 있으면 얻을 수 있는 것들과는 비교할 수 없는 절대적 유익과 가치들은 어느 하나도 결코 돈으로 해결될 수 없음을 깨닫는다. 미국 신학자요, 작가인 피터 리브스(Peter Lives)는 다음과 같이 말한다.

돈으로 사람(Person)을 살 수는 있으나,

그 사람의 마음(Spirit)을 살 수는 없다.

돈으로 호화로운 집(House)을 살 수는 있어도,

행복한 가정(Home)은 살 수 없다.

돈으로 최고급 침대(Bed)는 살 수 있어도,

최상의 달콤한 잠(Sleep)은 살 수 없다.

돈으로 시계(Clock)는 살 수 있어도,

흐르는 시간(Time)은 살 수 없다.

돈으로 책(Book)은 살 수 있어도,

결코 삶의 지혜(Wisdom)는 살 수 없다.

돈으로 지위(Position)는 살 수 있어도,

가슴에서 나오는 존경(Respect)은 살 수 없다.

돈으로 좋은 약(Medicine)은 살 수 있어도,

평생 건강(Health)은 살 수 없다.

돈으로 피(Blood)는 살 수 있어도,

영원한 생명(Life)은 살 수 없다.

돈으로 섹스(Sex)는 살 수 있어도,

진정한 사랑(Love)은 살 수 없다.

돈으로 쾌락(Pleasure)은 살 수 있으나,

마음속 깊은 곳의 기쁨(Delight)은 살 수 없다.

돈으로 맛있는 음식(Food)은 살 수 있지만,

마음이 동하는 식욕(Appetite)은 살 수 없다.

돈으로 화려한 옷(Clothes)은 살 수 있으나,

내면의 참된 아름다움(Beauty)은 살 수 없다.

돈으로 사치(Luxury)를 살 수는 있으나,

전통 깃든 문화(Culture)를 살 수는 없다.

돈으로 편안함(Comfort)을 살 수는 있으나,

평화(Peace)는 살 수 없다.

돈으로 성대한 장례식(Funeral)은 할 수 있지만,

행복한 죽음(Glorious Death)은 살 수 없다.

돈으로 종교(Religion)는 얻을 수 있으나,

소망하는 참된 구원(Salvation)은 얻을 수 없다.

정말 돈으로 모든 것을 살 수 있고, 모든 것을 가능하게 하는 것이라 여기지만, 보다 본질적인 것은 돈이 해결해 주지 못한다.

돈은 권력이 아니다

돈은 우리의 것이 아니다. 하나님이 주신 것이다. 우리는 돈을 관리하는 돈의 청지기이다. 하나님은 우리에게 부를 주심으로 세상과 이웃을 섬기라고 하신 것이다. 돈은 힘이 있다. 그러나 하나님의 주인 되심을 고백해야 한다. 도리어 우리가 그것을 하나님의 영광을 위하여 지배하고 다스려야 한다. 우리의 소유가 많음이 결코 힘이나 권력이 아니다. 그러므로 부를 소유하였다고 남을 지배하려고 해서는 안된다. 도리어 가진 만큼 더 겸손하여 이웃을 위하여 섬겨야 할 것이다. 더 나아가서 돈이 권력이라고 말하는 세상을 향해 우리들의 선포와 도전이 필요한 때다.

돈은 행복이 아니다

돈이 없어 불행한 것이 아니다. 돈은 편리한 삶을 제공한다. 그러나 행복과 등식이 되지 않는다. 그렇다면 많이 가진 자들이 많이 행복하다 할 것이다. 불행한 부자들이 너무 많다. 역설적으로 세계 최빈국들의 국민들이 도리어 부국들보다 행복지수가 높은 것을 본다. 이는 가진 것에 만족하고 즐거워하기 때문이다. 현실적으로 가진 자들이 더 가지려고 한다. 사람의 욕심은 끝이 없다. 그래서 가진 자가 더 큰 마음의 결핍을 경험하고 더 불행을 느끼게되는 것이다. 행복은 결코 돈과 비례하지 않는다.

돈은 목적이 아니다

돈이 목적이 될 수 없고, 되어서도 안된다. 돈이 우리의 목적이 될 때 불행은 시작된다. 그러나 연일 뉴스에 오르내리는 사건사고 속에서 돈을 목적으로 삼은 세상의 불행을 본다. 그들에게 심지어 부부도 없고, 부모 형제도 없고, 친구도 없고 오직 돈이 목적이 된 파괴적인 삶을 본다. 돈은 요긴하다. 그러나 목적이 되어서는 안된다. 우리가 일하는 이유도 돈이 아니다. 우리는 일터에서 일하므로 우리의 필요를 해결한다. 그러나 우리에게는 돈 보다 더 중요한 목적이 있다. 우리는 일터에 하나님과 이웃을 섬기며, 하나님의 나라가 임하게 하기 위해서 일한다. 우리들은 일 자체가 기쁨이고 부름이다. 돈은 목적이 아니라 다만 도구일 뿐이다. 하나님이 잘 사용하라고 주신 우리에게 주신 은사다. 하나님이 기뻐하시는 일에 사용할 것이다.

돈은 우상이 아니다

돈은 결코 우리들의 숭배의 대상이 아니다. 돈이 우상이 될 수도 없고 되어서도 안된다. 도리어 돈을 잘 관리하며 지배해야 한다. 돈은 신이 아니라, 신이 주신 선물이다. 세상을 살아가며 사용하라고 신이 주신 도구일 뿐이다. "그들에게 이르시되 삼가 모든 탐심을 물리치라 사람의 생명이 그 소유의 넉넉한 데 있지 아니하니라"(눅12:15). 사람의 생명과 행복은 물질에서가 아니라 하나님께로부터 오며, 우리의 마음에서 온다.

성경적 재정원리의 7가지 적용
주를 인정하라 Lordship
모든 소유는 주님의 것이다. 땅과 하늘, 그 가운데 충만한 모든 것이 다 하나님의 것이다. 은도 금도 다 내 것이라고 하셨다(시24:1, 학2:8). 모든 것을 주신 분이 하나님이심을 늘 고백하라. 그리고 십일조 생활을 하라. 주재권을 고백하고 훈련하는 가장 중요한 삶이다. 먼저 자신이 가진 육체를 비롯해 동산과 부동산을 포함해 작은 소지품까지 모든 소유를 적어보자. 이 모든 것이 하나님의 주인 되심을 인정하는 '소유권 이전서'를 작성해 보라. 재정관리에 있어서 이런 방법을 통해 하나님의 주인되심을 고백하고 인정하는 일이 가장 먼저 이루어져야 하는 우선순위다. 그리고 재정의 주인이신 하나님께 필요를 구하라. 우리의 삶을 위한 하나님의 공급을 구하며, 미래의 하나님의 나라를 위하여 꿈과 계획을 가지고 내 삶의 주인에게 구하라. 주님은 내 필요와 내 꿈을 아시고 채우실 것이다.

돈을 관리하고 다스려라

하나님은 우리를 지으실 때 지으신 만유를 통치하기를 원하셨다. 우리가 돈을 소유하고 다스려야 한다. 돈을 길들여야 한다. 우리가 돈을 정확하게 소유하지 않으면 돈이 우리를 소유한다. 먼저 자신의 '자산 목록표'를 작성해 보기를 권한다. 우리가 얼마를 가지고 있는지 가진 자산을 정리해 보자. 나의 모든 소유는 하나님께서 맡겨 주신 것이다. 우리는 청지기들이다. 그러므로 돈을 잘 다스린다는 것은 돈을 잘 관리하는 것이다. 돈에 끌려 다니지 않으려면 돈을 계획하여 관리하고 사용해야 한다.

탁월하게 돈을 벌어라

일터는 생산경제의 현장이다. 거룩한 목적이 분명한 노동이어야 한다. 과정에서도 성실하게 일하여 돈을 벌어야 한다. 정직하게 벌어야 한다. 정직한 땀과 노동으로 벌어야 한다. 우리가 얼마의 수입을 필요로 하는지, 내 소득이 어느 정도인지 정확하게 계산해 보는 일이 중요하다. 매년 한 차례 종합 소득세를 신고하는 기회를 통해 내 소득을 확인할 수 있다. 그러나 스스로 자신의 '수입 예산 내역'을 작성해 보기를 권한다. 그리고 자신과 가족의 미래를 위하여, 나아가 하나님이 주신 꿈을 위해 소요되는 전체 재정을 가늠해 보는 일이 필요하다. 이 때 모든 일에 하나님이 동기가 되어야 한다. 주인을 위한 뜻과 목적이 없는 재산 축적은 이보다 허망한 일이 없다. 내 개인적 욕망이 아니라 거룩한 동기를 가지고 수입을 늘리기 위한 지혜를 구하며, 노력하여 자신이 가진 잠재적 가능성을 개발해야 한다. 또한 이 일에 탁월함이 필요하다. 탁월함은 거룩한 목적을 위한 것이다. 이는 하나님을 경외함으로 이웃을 사랑함을 말한다. 우리에게 맡겨 주신 달란트를 묻어두지 말고 관리하되, 지혜롭게 경영하여 이윤을 남겨야 한다. 우리 삶에 물질적인 하나님의 축복을 경험하라. 하나님이 복 주시는 깨끗한 부자, 행복한 부자가 되라(잠10:22).

부정하게 번 돈은 아무리 좋은 일에 사용해도 깨끗해지지 않는다. "창기가 번 돈과 개 같은 자의 소득은 어떤 서원하는 일로든지 네 하나님 여호와의 전에 가져오지 말라 이 둘은 다 네 하나님 여호와께 가증한 것임이니라"(신23:18). 하나님은 우리의 경제행위와 재정사용에 대해 깊은 관심을 가지고 계신다. 잠언 묵상을 하며, 하나님께서 얼마나 우리의 경제행위에 깊은 관심을 가지고 계심을 두려움으로 발견한다. 주께서 특별히 우리가 일터에서 돈을 다루고 거래하는 전 과정을 세밀하게 지켜보신다. 잠언서는 이렇게 말하고 있다. "공평한 저울과 접시 저울은 여호와의 것이요 주머니 속의 저울추도 다 그가 지으신 것이니라"(잠16:11). 모든 저울은 경제행위를 상징한다. 그 모든 것이 하나님의 것이라는 표현에서 우리의 정직한 사용을 요청하신다. 그것이 하나님의 거룩과 완전과 정직, 공의와 정의를 표현해야 하는 것이다.

필요를 계획하고 준비하라

평생을 사는 동안 재정이 필요하다. 생활, 학업, 주택, 여행, 결혼 등 때마다 소용되는 재정적 필요를 생각하고 미리 계획하여야 한다. 월별 생활비는 물론이고, 생애주기를 계산하고 평생을 위해 필요한 '지출 예산 계획표'를 작성해 보기를 권한다. 망대를 세울 비용을 계산하고 준비하지 아니하면 그 뜻을 이루지 못하고 조롱을 받게 되는 것과 같다. 자신과 가족과 자녀들의 필요를 늘 미리 계획하고 준비해야 한다(눅14:28~30). 그리고 무엇보다 겨울을 위하여 준비해야 한다. 개미에게서 지혜를 배워야 한다. 그는 먹을 것을 여름 동안에 예비하며 추수 때 양식을 모은다고 하였다(잠6:6~7). 인생의 겨울은 꼭 온다. 예기치 않는 사고, 원치 않는 실업, 질병, 누구에게도 예외 없이 찾아오는 노후를 위하여 계획을 세우고 준비해야 한다.

주신 것에 감사하라

주신 것에 대하여 감사하라. 그리고 만족해야 한다. "돈을 사랑하지 말고 있는 바를 족한 줄로 알라"(히13:5) 하셨다. 돈은 일만 악의 뿌리라고 한 것은 더 소유하려고 하는 마음 때문이다. 그러므로 하나님께서 내게 주신 것을 계수하며 감사해야 한다. 감사하는 마음이 없다면 많은 탐심에 빠지게 된다. 주신 것에 대하여 작은 것이라도 감사하며 작은 소유 안에서 주님이 주시는 행복과 기쁨을 누릴 줄 알아야 한다.[29] 매일 '감사일기'를 작성해 보길 권한다.

하루에 10개씩 꾸준히 매일 감사의 제목을 적어보면 내 삶에 넘치는 은혜와 하나님이 주신 축복을 발견하게 된다. 감사는 추수해야 한다. 거두지 않으면 내 인생은 텅 빈 곡간이 된다. 감사를 거두면 삶은 행복한 곡간을 가진 삶이 된다. 그때 가난한 중에도 감사할 줄 알며 비굴해 지지 않고, 부한 날에도 결코 자만하지 않게 되고 더욱 주님의 은혜에 가난한 자가 되고 하나님의 의에 더욱 주린 자가 된다(마5:3, 6).

가능하면 빚을 지지 말라

"사랑의 빚 외에는 아무 빚도 지지 말라"(롬13:8) 하셨다. 빚 지면 우리 인생 전체가 돈에 끌려 다니게 되고, 결국 인생의 실패에 이르게 된다.[30] 원하지 않게 빚을 지게 되었다면 무엇보다 하나님께 기도하며 먼저 채무를 해결하는 것이 급선무이다(시37:21). 먼저 '채무 상환 계획표'를 작성해 보아야 한다. 이 것을 작성해 보면 세 가지 유익이 있다. 첫 번째로 지출과 소비습관 등의 재정관리 전반을 점검하게 된다. 재정적 마이너스나 빚을 지게 되었을 때는 반드시 왜 빚을 지게 되었는지 점검해야 한다. 두 번째는 부족함을 발견하고 생활패턴을 수정하는 계기가 된다. 대부분 빚을 지는 이유는 재정훈련의 부족, 잘못된 재정사용 사치와 낭비, 그릇된 삶의 안정 추구 등의 결과다. 우리의 라이프 스타일을 점검하고 소비생활 패턴을 수정해야 한다. 그렇지 않으면 반복적 채무로 돈의 족쇄를 차게 될 수 있다. 계획 없는 신용카드 사용은 치명적이다. 가능하면 잔고가 있는 만큼만 사용할 수 있는 체크카드를 사용하길 권한다. 세 번째는 부채를 계획하여 상환하게 된다. 내가 가진 부채가 얼마나 되는지 기록하고, 구체적인 상환을 위한 계획을 세워야 한다. 언제까지 모든 부채를 상환할 것인지 목표를 세우고, 하나씩 상환하되 먼저 액수가 작은 것부터 처리하면서 작은 기쁨을 경험하게 되길 권한다. 그리고 그 다음 이자율이 높은 것 순으로 해결하는 것이 순서일 것이다. 무엇보다 원칙을 정하라. 가능하면 빚을 지지 않아야 한다.

드림과 나눔의 기쁨을 배우라

돈을 지혜롭게 사용하는 방법을 성경은 좀과 동록이 있는 이 땅이 아니라 하늘에 쌓아 두라고 권한다(마6:19~20). 돈은 도구이다. 돈은 은사이다. 사용하라고 주신 것이다. 먼저 자신과 가족의 필요를 위하여 주신 것이므로 그 필요를 위하여 사용해야 한다(딤전5:8). 그리고 하나님의 영광을 위하여 사용하는 일에 우선순위를 두어야 한다. 먼저 주님이 주신 것을 주님께 돌려드리는 일이다. '드림 나눔 예산 계획'을 작성해 보길 권한다. 재정은 하나님을 위하여 사용해야 한다는 명분과 원칙은 너무 귀하지만, 무계획은 안된다. 반드시 계획하여 사용해야 한다. 특별히 가족과 함께 의논하는 일은 중요하다. 어릴 적부터 자녀들은 부모의 재정원칙을 배우며 자라게 된다. 또한 온 가족이 함께 하나님이 기뻐하시는 일에 참여하는 일이 되기 때문이다. 하나님의 나라와 복음을 위하여 즐거이 드리며, 가난한 이웃들과 필요를 가진 이웃들을 위하여 나눔을 적극 실천해야 한다. 돈을 사랑할 것이 아니라 돈을 사용해야 한다. 가난한 자와 이웃들을 위하여 흩어 나누어 주라. 선한 사업에 부하고 나눠 주기를 즐거워하라고 권면한다.[31] 실천을 위해서는 반드시 재정훈련과 믿음이 필요한 영역이다. 그 결과 하나님께서 우리의 쓸 것, 나눌 것들을 더 넘치도록 풍성히 채워 주심을 경험하게 된다.

칼빈은 부자를 가리켜 '가난한 자를 수종 드는 자' 혹은 '예수님의 대리자'라고 했다.[32] 세상에서는 돈을 많이 가진 자가 부자다. 그러나 하나님 나라의 진정한 부자는 그 돈이 하나님이 주신 것임을 기억하고 돈을 잘 관리하는 자다. 돈은 모두 자신의 행복만을 위해서 사용되어서는 안된다. 다른 사람을 위해 돈이 사용되어야 한다. 돈의 청지기가 되어야 한다. 청지기란 자기의 소유가 아닌 주인의 재화의 관리인, 지배인이라는 뜻이다. 청지기는 헬라어에서 오이코노모스(οἰκονόμος)라고 하는데, '집을 관리하는 자'라는 뜻이다. 이 단어는 '집'을 의미하는 오이코스(οἶκος)와 '관리하다', '돌보다', '나눠주다'라는 뜻의 노모스(νόμος)의 합성어이다. 그리스도인은 하나님께서 주신 돈을 하나님의 청지기로서 분명한 사명감을 가지고 성실하게 지혜롭게 봉사하고 선한 일에 사용해야 한다.

하나님을 사랑하는 데 돈을 사용해야 한다. 하나님을 사랑한다는 구체적이고 행동적인 표현이 사람을 사랑하는 것이다. 부자가 예수님의 대리자로서 행동하지 못할 때 그것은 곧 죄가 된다. 도둑질이란 바로 우리가 사랑하는 마음으로 이웃에게 마땅히 주어야 할 그것을 거절하는 행위를 가리킨다. 탐욕과 이기심에 사로잡혀 부자가 그의 부의 재분배를 거절했을 때 하나님의 도구였던 돈은 결국 신(Mammon)이 되고 인간은 돈의 노예로 전락하게 된다. 즉 사람을 사랑하는데 돈을 사용해야 한다. 충성된 청지기는 돈의 노예가 되지 않고 잘 관리하여 유용하게 쓸 줄 아는 태도를 갖고 있어야 한다. 곧 우리의 보물을 하늘에 쌓아 두는 것(마6:20)으로 흩어 구제하고 널리 이웃에게 유익하도록 사용해야 한다.

성경적 결론

우리는 성경이 말해주는 세상 역사의 종말에 눈을 열어야 한다. 이 세상이 결국 어떻게 될지에 대해 우리의 바른 이해와 관점이 필요하다. 돈이 지배하는 세상, 돈을 가진 거악들을 보면서 우리는 쉽게 낙심하고 절망할 수 있다. 쉽게 돈 앞에 무릎 꿇게 된다. 그러나 성경이 보여주는 종말론적 이해를 가지게 된다면 돈을 힘으로 숭배하는 세상이 결코 최종 승리자가 아님을 우리는 알게 될 것이다.

주되심 Lordship vs. 맘몬주의 Mammonism

"우리 주 하나님이여 영광과 존귀와 권능을 받으시는 것이 합당하오니 주께서 만물을 지으신지라 만물이 주의 뜻대로 있었고 또 지으심을 받았나이다(계4:11), 내가 또 들으니 하늘 위에와 땅 위에와 땅 아래와 바다 위에와 또 그 가운데 모든 피조물이 이르되 보좌에 앉으신 이와 어린 양에게 찬송과 존귀와 영광과 권능을 세세토록 돌릴지어다"(계5:13).

맘몬(Mammon)이라는 단어는 헬라어로 마태복음 6:24에 단 한번 언급되었다. 영어성경(NIV)은 '돈(Money)'이라 했고, 한글 번역은 '재물'이라고 했다. "너희가 하나님과 재물을 겸하여 섬기지 못하느니라"고 말씀하셨다. 맘몬은 고대로부터 하나님을 대신할 정도로 세상이 추앙하는 대상으로 여겨졌다. 오늘날 사람들은 세상을 비즈니스 제국(Business Empire)이라 부르고, 그 제국의 한가운데 맘몬이 신으로 숭배되고 있는 세상이라 말한다. 현대는 거대한 자본의 힘이 지배하는 세상이다. 그 어느 때보다 돈의 힘이 절대화되고, 우상화되고 있는 것이 사실이다. 그러나 우리는 계시록에서 이런 세상의 끝에 대해서 무엇이라 말하고 있는지를 본다. 하나님과 맘몬에 대한 계시록의 최종선언을 기억해야 한다. 맘몬은 없다. 맘몬의 찬송과 영광과 존귀와 권능은 흔적 없이 파할 것이다. 온 세계에 하나님만 찬송과 영광과 존귀와 권능을 받으실 것이며, 오직 하나님의 나라만 설 것이다. 하나님의 주되심을 온전히 회복하게 될 것이며 그의 통치는 영원할 것이다. 모든 이름이 그분의 이름을 불러 높이며, 모든 무릎이 그분 앞에 무릎 꿇게 될 것이다. 모든 족속과 방언과 백성과 나라에서 그리스도의 피로 값 주고 산 흰 옷을 입은 이들이 왕 노릇 하게 될 것이며, 만유가 그분의 보좌 앞에 모여 주를 예배하게 될 것이다(계4~5장).

새로운 성 New City vs. 큰 성 Great City

"힘찬 음성으로 외쳐 이르되 무너졌도다 무너졌도다 큰 성 바벨론이여!... 화 있도다 화 있도다 큰 성, 견고한 성 바벨론이여 한 시간에 네 심판이 이르렀다 하리로다... 큰 성 바벨론이 이같이 비참하게 던져져 결코 다시 보이지 아니하리로다"(계18:2,10,21).

큰 성(Great City) 바벨론은 상업과 비즈니스의 나라다. 이 성은 돈의 왕국이다. 큰 성, 위대한 성이라 칭송을 받는다. 그러나 그 큰 성은 무너진다. 마지막날 하나님의 최종 심판 앞에 놓인다. 비참히 던져지고 완전히 사라져 다시는 보이지 않는다. 큰 성 바벨론의 패망은 이 땅의 모든 보화와 재물과 그 힘과 권세가 불에 타고 사라질 것을 증거 한다(계18~19장). 우리 하나님은 오직 당신의 백성들에게 새 하늘과 새 땅을 주신다. 하늘에서 준비한 거룩한 성 예루살렘, 새로운 성(New City)을 이 땅 위에 내리신다. 우리는 새로운 성에 들어가 살며 보좌 앞에서 그분을 예배하게 될 것이다. 이 소망 가운데 우리는 결코 돈 앞에 무릎 꿇지 않을 것이다. 도리어 담대할 것이다.

우리는 돈 앞에서 두가지 질문에 직면한다. "나는 무엇을 믿는가?", "나는 어떻게 살 것인가?"라는 질문이다. 그 대답은 다음과 같은 키워드 2S로 정리할 수 있을 것이다.

- 섬겨라 Serve 돈을 섬기지 말고, 하나님을 섬기라.
- 저축하라 Save 돈을 이 땅에 쌓지 말고, 저 하늘에 쌓으라.

돈으로 하나님을 섬기고 이웃을 사랑하라. 감리교를 시작한 존 웨슬리가 말했던 돈에 대한 그리스도인의 기본 태도에 대한 가르침을 인용하며 마무리 한다.

"최대한 벌라, 최대한 아끼라, 최대한 주라

(Make all you can, Save all you can, Give all you can)"

◇ 토의질문

1. 돈에 대한 세상적 또는 성경적 관점을 공부하면서 느낀 점은 무엇인가?

2. 돈 때문에 시험에 든 적이 있는가? 내가 돈 때문에 시험에 든 이유는 무엇인가?

3. 7가지 재정원리들 중에, 내게 가장 훈련이 필요한 부분은 무엇인가?

◇ 참고도서

김남순, 2019. 죽기엔 너무 젊고 살기엔 너무 가난하다. 경기: 북스코리아.

김영봉, 2006. 바늘귀를 통과한 부자. 서울: IVP.

로널드 사이더, 1998. 가난한 시대를 사는 부유한 그리스도인. 서울: IVP.

리처드 포스터, 1989. 돈 섹스 권력. 서울: 두란노.

필립 굿차일드, 2013. 돈의 신학. 서울: 대장간.

하워드 데이톤, 2014. 성경적 재정원칙. 서울: 크라운 코리아 출판부.

세계관 소명 문화 영성 돈 리더십 공동체 비전 선교적삶 BAM

06

—

일터와
리더십

—

리더십은 권력도 아니고

명예도 아니며

지위도 아니다

리더십은 영향력이다

어디에서 무엇을 하든지

우리는 모든 곳에서

선한 영향력을 가졌다

우리는 이미 빛이며

소금이기 때문이며

우리는 이미 회복된 지위와

왕적 권세를 가졌으며

하나님의 나라와

그의 통치를 실현하기 위해

모든 곳으로 보내심을 입었기 때문이다

일터와
리더십

성경은 선한 지위와 영향력을 사모하라고 권한다(딤전3:1). 리더십은 지위와 역할과 영향력이다. 하나님은 당신이 지으신 남자와 여자를 위해 에덴이란 일터와 공동체로 만드셨다. 그곳에서 두 사람은 서로의 역할에 따라 선한 영향력을 나누며, 당신의 영광을 위하여 함께 사랑하며 일하며 살게 하셨다. 그러나 인간은 타락했고, 하나님의 형상을 상실했으며, 서로에게 나누었던 영향력은 악했다. 그 이후로 오늘까지 우리가 살고 있는 세계에 나라와 민족, 세대와 영역들에서 수많은 사람들이 하나님의 형상을 잃어버린 리더십들을 경험하며 실망과 좌절, 슬픔과 고통을 끌어안고 신음하고 있다. 지금도 깨어진 우리의 일터와 삶의 자리에 하나님 나라를 세우기 위하여 선한 영향력(Kingdom Influence)의 요청은 절실하다. 우리는 하나님의 나라를 구하는 이 세상에 그리스도 안에서 참된 리더십이 회복된 세상을 꿈꾼다.

우리는 먼저 하나님이 디자인하신 에덴의 원형적 리더십에 대해 함께 살펴본다.

하나님의 디자인: 일터리더십

리더십은 창조주의 창조계획이다. 리더십은 하나님께서 인간을 창조 하시면서 디자인하신 내용이다. "하나님이 이르시되 우리의 형상을 따라 우리의 모양대로 우리가 사람을 만들고 그들로 바다의 물고기와 하늘의 새와 가축과 온 땅과 땅에 기는 모든 것을 다스리게 하자"(창1:26). 하나님은 인간창조의 과정에서 당신의 목적을 수행하도록 사람에게 지위와 권세를 함께 주셨다. 우리는 '다스리는 자', 곧 왕과 리더로 지어졌다. 당신이 만드는 사람에게 당신의 형상을 주시기로 결정하신 것은 마치 바로가 요셉의 손에 자신의 인장 반지를 주어 지위와 권세를 부여하고, 애굽 천하를 통치하며 그의 영향력을 미치도록 맡긴 것과 같다. 아담이 가진 하나님의 형상은 통치자로서의 지위를 상징하며, 권세와 영향력을 함께 가졌다는 의미이다.

주되심 Lordship
리더십은 자신의 삶에 주가 있음을 기억한다

에덴의 리더십으로 세워진 아담은 자신의 삶에 주가 계심을 알고있다. 자신도 창조주 하나님의 피조물의 하나이며, 자신도 창조주의 법 아래 사는 자였기 때문이다. 모든 리더십은 먼저 자신의 삶에 하나님의 주되심을 인정해야 한다. 다윗은 자신이 이스라엘의 왕임에도 하나님께 "My King My God", "하나님은 나의 왕이십니다" 라고 고백한다. 자신이 이스라엘의 왕됨을 모르거나 부인하는 말이 아니다. 자신의 삶에도 왕이 있음을 인정하며, 자신도 하나님의 통치 아래 사는 왕일 뿐이라는 고백이다.

관리함 Stewardship

리더십은 자신이 가진 지위와 책임을 수행한다

왕으로 지어진 사람의 첫 번째 역할은 첫 공동체인 가정을 다스리라는 사명이다. 하나님의 법을 따라 자녀를 가르치고 양육하여 세우는 일이 바로 잘 다스리는 관리자요, 왕으로서의 역할이다. 자녀들이 장성하여 독립하여도 하나님을 주로 섬기며, 주님의 법을 따라 살고 일하며, 선한 영향력을 가지고 살아가도록 어릴 적부터 하나님의 법을 따라 양육해야 한다.

가정에는 무엇보다 가정의 권위자로 세워진 부모가 자신의 지위와 함께 가진 영향력을 잘 사용하는 일이 참으로 중요하다. 이는 마치 모든 공동체에서 지위와 권세를 가진 대표와 공동체 리더들의 역할이 중요한 것과 같다. 하나님께서 우리에게 주신 지위와 권세와 영향력은 자신을 위한 것이 아니라 공동체를 위한 것임을 기억해야 한다. 공동체 가운데 세우신 지위와 공동체를 위해 주신 권세와 은사와 영향력의 관리자로서 책임을 기억하고 잘 관리하며 사용해야 한다.

동역함 Partnership

리더십은 자신의 역할에 따른 삶을 의미한다

하나님은 사람을 피조세계의 통치하는 자, 왕으로 삼으셨다. 하나님의 형상으로 남자와 여자를 만드심으로 모두 하나님의 목적을 수행할 수 있는 사람이 되게 하셨다. 왕으로, 리더십을 가진 존재로 창조하신 것이다. 남자를 여자의 머리로 삼으셨지만, 남자와 여자는 두 사람의 관계 안에서 각기 다른 역할을 가진다. 그러므로 남자와 여자는 자신의 역할에 따라 서로 동역한다.

이는 부부관계에서 남편과 아내로서의 역할, 부자관계에서 부모와 자녀로서의 역할, 또 일터의 동역자로 서로를 섬기는 삶을 의미한다. 하나님은 하나님의 형상을 가진 자로서 서로가 서로에게 영향력을 미치도록 지으셨다. 우리가 하나님이 주신 역할을 다할 때 그곳에 하나님의 통치가 임한다.

우리는 생육하고 번성하고 땅에 충만해야 한다. 그러나 무질서 속에서 생육, 번성, 충만한 상태를 이루라 하신 것이 아니다. 하나님은 질서의 하나님이시다. 우리의 가정에 하나님을 주로 모시고(Lordship), 그 하나님의 다스림을 받는 부모의 권위와 다스림 아래에서, 자녀들은 보호받으며 성장하고, 후에 번성하여 땅 위에서 충만하도록 양육되어야 한다(Stewardship). 이런 가정에서 세대를 계승하여 후손들이 계속 태어나고 자라나, 다른 이들과 서로 협력하며 선한 영향력을 가지고 리더십을 발휘할 사람들이 일어나야 한다(Partnership). 자녀들은 온세상 모든 삶터와 일터로 나아가서 일하는 일꾼들이다. 이들이 바로 세상 모든 나라와 민족과 삶의 모든 영역으로 흩어져서 자신의 영토, 곧 자신에게 주어진 영역에서 자신의 몫을 다하는 자들이 될 것이다. 바로 이것이 하나님이 디자인하신 에덴의 리더십의 내용이다.

에덴의 리더십의 타락과 회복
리더십의 타락과 만유의 고통

만물의 머리로 세워진 아담과 하와의 불순종은 만유의 고통이 되었다. 지금도 만유는 리더십의 타락으로 인한 고통으로 신음하고 있다.

"피조물이 고대하는 바는 하나님의 아들들이 나타나는 것이니 피조물이

허무한 데 굴복하는 것은 자기 뜻이 아니요 오직 굴복하게 하시는 이로 말미암음이라 그 바라는 것은 피조물도 썩어짐의 종 노릇 한 데서 해방되어 하나님의 자녀들의 영광의 자유에 이르는 것이니라 피조물이 다 이제까지 함께 탄식하며 함께 고통을 겪고 있는 것을 우리가 아느니라"(롬8:19~22).

하나님께서 지으신 모든 피조세계에 대한 '정복과 통치'라는 창조명령은 인간이 하나님의 주되심을 인정하며 수행해야 할 명령이며 책무였다. 그러나 사람은 이를 망각하며 실패했다. 그가 가진 영광스런 지위를 상실하며, 만유 가운데 세우신 첫 리더십은 타락하고 무너졌다. 만물을 돌보고 관리하는 자로서의 역할은 커녕 만물을 고통하며 썩어짐에서 종 노릇하게 만들었다. 만유가 리더십의 타락과 더불어 지금까지 탄식하며 고통받고 있는 것이다. 타락한 인간이 정복자와 통치자가 되어서 지배한 세계역사도 이와 같다. 인류역사는 타락한 리더들과 깨어진 리더십의 폐해 속에 신음하고 있다. 그동안 역사 속에서 경험한 정복자와 통치자들에 대한 명암으로 인하여 리더십은 부정적인 뉘앙스를 가지게 되었다. 심지어 누군가가 지위를 추구할 때면 이런 관점에서 우리는 그를 명예욕과 탐욕을 가진 자로 이해했다. 따라서 세워진 그 어떤 권위도 지위도 부정적으로 보게 되었다. 그러나 원형적인 리더십은 그 지위가 갖는 영광과는 비교할 수 없는 수행해야 할 무거운 책무가 따르는 것이었다.

우리는 이제 장차 오실 그리스도의 재림으로 인한 완전한 하나님의 통치와 그 결과인 샬롬을 사모한다. 그리스도 안에서 모든 '피조물이 고대하는 바'는 '하나님의 아들들이 나타나는 것'으로 성취될 것이다. 인류의 역사 속에 인간 리더십의 실패로 인하여 고통받는 만물의 신음과 역사의 아픔에도 불구하고, 이미와 아직 사이에서(Between Already & Not Yet) 우리는 그리스도의 오심으로 인해 회복된 리더십과 회복될 그의 나라를 구한다.

회복된 리더십과 왕 노릇

"일찍이 죽임을 당하사 각 족속과 방언과 백성과 나라 가운데에서 사람들을 피로 사서 하나님께 드리시고 그들로 우리 하나님 앞에서 나라와 제사장들을 삼으셨으니 그들이 땅에서 왕 노릇 하리로다"(계5:9~10).

우리는 모든 민족들 가운데서 그리스도의 죽으심과 당신이 흘리신 보혈로 대속함을 받고 하나님께 바치운 자들이다. 그들이 바로 구원받은 우리들이다. 우리는 우리의 것이 아니다. 하나님의 창조물로서 하나님의 소유이며, 사탄에게 잃은 바 되었다가 그리스도의 생명, 목숨, 그 피 값이 지불되어 다시 대속함을 받은 바 된 존재다. 우리는 이제 다시 하나님의 것이 되었다. 우리는 거룩하게 구별되어 하나님 앞에 서게 되었다. 하나님은 우리에게 잃었던 영광과 지위와 권세를 가지고 다시 살게 하신 것이다. 바로 '나라와 제사장'으로 살도록 하신 것이다. 우리를 '나라와 제사장'으로 삼았다는 말은 우리가 그의 나라요, 제사장들로서 이 땅 위에서 왕 노릇 하게 될 것이다. 이것이 회복된 리더십이다. '왕 노릇(Kingship)'은 창조 때 명하신 정복과 통치자로서의 지위와 사명과 역할의 회복을 의미한다. 이는 다름아닌 왕적권세를 가진 우리들의 '리더십(Leadership)'이다.

하나님께서 세우신 에덴의 디자인에서 '정복과 통치'는 결코 인간의 욕망으로 가득한 정복과 악한 지배를 의미하지 않는다. 만유의 주재시며, 왕의 왕이신 하나님의 성품과 그분의 아름다우심을 반영하고 투영하는 행위를 말한다. 하나님의 형상을 가지고 유일하게 창조된 인간의 인간다운 고유한 리더십 역할이다. 이것이 그리스도 안에서 회복된 하나님의 아들들의 선한 영향력이며, 참된 리더십이다.

회복된 리더십의 특징

주되심 Lordship: 일터의 주재권을 아는 사람

리더는 자신의 가정과 일터에 하나님께서 현존하고 계심을 알고 있다. 하나님께서 통치하시는 가정과 일터의 주인은 눈에 보이는 가장이나 고용주가 아니라 궁극적으로 더 높은 상전이 있음을 인정한다. 그는 하나님이 진정한 모든 삶과 일터의 주인이심을 안다. 또한 자신이 하는 일이 하나님의 일임을 알고 있다.

관리함 Stewardship: 일터의 청지기로 사는 사람

리더는 윗사람이 시키는 일만 하는 수동적인 종이 아니다. 자신이 비록 주인이 아니더라도 주인의식을 가진 자다. 하나님이 그에게 맡기신 자신의 일을 하는 자들이다.

동역함 Partnership: 일터의 동역을 아는 사람

리더는 자신의 하는 일에 비전과 열정이 있고 창의성이 넘치는 자다. 그러나 함께하는 이들과의 다름을 이해하며 더불어 살며 일하는 법을 아는 사람이다. 자신의 하는 일에 그의 신앙과 고백이 담긴다. 그의 일이 예배가 된다. 매사에 긍정적이고 적극적인 태도를 유지한다(마20:26~28).

리더십 정의

그리스도인으로서 '일터'와 '리더십'을 떠올릴 때 먼저 생각해야 할 것은 '영향력'이다. 예수님도 지도자의 '영향력'의 중요성을 아셨기 때문에 먼저 리더십을 갖기 전에 섬김의 중요성을 교훈하셨다. "너희 중에 누구든지 으뜸이 되고자 하는 자는 모든 사람의 종이 되어야 하리라 인자가 온 것은 섬김을 받으려 함이 아니라 도리어 섬기려 하고 자기 목숨을 많은 사람의 대속물로 주려 함이니라"(막10:44~45).

우리가 리더십을 갖기 원한다면, 하워드 버트의 말을 기억해야 할 것이다. "만약 당신이 그리스도를 믿는다면 당신은 사랑하기 위하여 리더가 될 것이다. 그러나 당신이 그리스도 안에 있지 않다면 당신은 리더가 되는 것을 사랑할 것이다."[33] 우리는 더 사랑하기 위하여 리더가 되어야 한다.

잘못된 관점과 태도

리더십 개념에 대해 잘못된 관점과 태도들을 4가지로 구분해 볼 수 있다. 먼저는 개념에 대한 오해다. 리더가 된다는 것을 개인적 지위와 능력을 사용하여 군림하려 하는 것으로 오해하는 경우이다. 성경이 말하고 그리스도께서 보여주신 리더와 리더십을 다시 생각해야 할 것이다. 우리가 가진 힘이 있다면, 결코 군림하고 억압하는 탐욕적인 리더가 되라고 주신 힘이 아니다. 우리에게 주신 힘과 지위는 더 사랑하라고 주신 것이다. 두 번째는 리더십에 대한 잘못된 태도다. 민주적 이상과 평등을 주장하면서 모든 힘과 영향력과 지위와 권위에 반감과 반항적 태도를 가지고 있는 경우다. 하나님이 지으신 대로 인간은 누구든 동일한 존엄과 가치를 지녔다. 사람 위에 사람 없고, 사람

아래 사람 없다. 그러나 하나님은 우리에게 상황에 따라 각기 다른 역할을 주셨다. 가정의 구성원들은 아버지나 자녀들이 모두 인간으로 그 존엄과 가치는 동등하지만, 가정에서는 아이를 가진 아버지의 역할이 있는 것이다. 세 번째는 자신을 간과하는 경우다. 자아 존중감이 약한 사람의 경우에 자신은 내성적이고 소심하며 사람들을 이끌 줄도 모르고, 그런 일을 잘 해낼 자신도 없다고 여기는 이들이 있다. 자신을 과신하는 것도 문제이지만, 자신을 상대적으로 작게 여기는 것도 문제다. 하나님은 우리에게 하나님의 형상을 주셨고, 온 세상을 다스리라 하셨으며, 사명 수행이 가능하도록 동등한 능력과 지혜와 은사를 주셨다는 사실을 불신하는 것이다. 마지막으로 자신의 역할을 포기하는 사람의 경우다. 자신은 사람들을 이끌고 싶지 않다는 것이다. 한 공동체의 리더십이 이런 태도를 가지고 있다고 상상해 보라. 가정에서 아버지가, 회사에서 사장이, 군대에서 장군이, 교회에서 담임목사가, 나라에서 대통령이 이와 같다면 어떤 일이 일어날까. 이는 재앙의 수준이다. 성경적 가치에 따른 바른 리더십에 대한 이해는 매우 중요하다.

리더십 3요소

우리는 리더십의 요소를 일반적으로 리더(Leader), 따르는 자(Follower) 그리고 환경(Circumstance) 이 세 가지로 보기도 하고, 여기에 공동체와 과업목표를 더하여 다섯 가지로 이해하기도 한다. 정리하면, 리더십은 한 공동체에서 리더가 팔로워들과 함께 직면한 환경을 극복하고 목표에 도달하게 하는 기술이나 영향력을 말한다. 여기서 가장 중요한 것은 리더의 역할이다. 리더는 공동체에서 지위나 직책을 가진 자로 이해될 수 있지만, 실제로 공동체에서 어떤 상황을 해결하는 실제적인 영향력을 가진 사람이라고 할 수 있다.

우리는 어떤 리더들이며, 어떤 리더십을 가지고 있는가? 리더십의 영향은 개인과 공동체에서 두 가지 뚜렷한 결과를 만들어 낸다. 하나는 리더십의 역할로 인하여 공동체 혹은 개인의 삶에 역동성이 일어나고 개인과 공동체가 성장하고 변화하는 경우다. 이는 생산적이고 긍정적인 리더십의 영향이다. 그 예로는 성장하는 기업들에서 발견되고, 좋은 교사들과 교실에서 일어나고, 좋은 부모들과 가정에서 경험된다. 그러나 때로는 리더의 역할이 개인과 공동체를 정체시키고 의식과 무의식 가운데 일정한 틀에 가두고 의존적이 되게 하고, 결국 지배적 관계로 고착화되는 경우들이 있다. 이는 폐쇄적이고 부정적인 리더십 영향이다. 이는 정체된 기업들이나, 가부장적 가장이 지배하는 가정 또는 이단들과 같은 공동체에서 발견할 수 있다. 우리는 함께하는 이들에게 잠재력을 자극하여 생명력을 불어 넣고 성장의 역동을 만들어 내는 선한 영향력을 가진 리더들이 되어야 한다. 성경은 종과 같이 겸손함으로 다른 사람을 섬길 때 진정한 영향력을 미치는 리더가 될 것이라 가르친다. 일터의 리더들이여, 하늘 가치를 가진 섬김의 리더가 되라.

일터리더십의 관계와 원리

일터에서의 관계 구조와 그 관계 안에서 실제적으로 적용해야 할 성경적 리더십 원리를 네 가지로 구분해서 생각해 본다.

자기 자신을 다스리는 리더십 Self-Leadership

위인의 생가가 있다는 어느 마을에 대형버스 몇 대가 줄지어 도착했고, 사람들은 우왕좌왕하며 길을 찾고 있었다. 누군가 지나가는 동네 어르신 한 분을 붙들고 묻는다. "이 마을은 위대한 위인이 태어난 곳이라 들었습니다. 그의 생가가 어디에 있나요?" 마을 노인이 그들을 쳐다보더니 "잘못 찾아온 것 같소. 이 마을에는 위인이 태어난 적이 없소. 모두 작은 아기들이었죠." 리더십을 이야기할 때 "리더는 태어나는 것이 아니라 만들어진다(Leaders are made, not born)"라는 말을 한다. 그렇다. 우리 중에 그 누구도 위인으로, 리더로 태어난 사람은 없다. 모두 갓난 아이로 태어나 성장하였고, 그의 생애 동안 영향력을 끼친 이들인 것이다. 그러므로 리더십에 있어서 셀프 리더십, 한 사람 리더의 성장과 자기관리는 가장 중요한 요소다.

예수님은 "네 이웃을 네 자신 같이 사랑하라(Love your neighbor as you love yourselves)" 하셨다(마22:39). 무엇보다 먼저 크고 첫 번째 된 계명인 지극히 하나님을 사랑하는 일은 물론이고 그리고 이웃을 사랑하라 하신 것이다. 그 전제에 '네 자신 같이' 하라고 하셨다. 누구든 자기를 사랑하지 않는 자가 없으니, 마치 이웃을 자신처럼 여기며 사랑하라 하심이다. 그러나 자기 사랑이 이기심과 탐욕과 자기 중심성으로 가득할 뿐 진실로 자기 사랑을 모르는 이들이 많다. 먼저 정직하고 순전하게 하나님이 만드신 자신을 사랑할 줄 아는 사람이어야 한다. 그가 진실로 이웃을 섬기고 사랑하며, 선한 리더십을 미칠 수 있을 것이다. 한 사람 한 사람의 철저한 자기관리는 자신이 속한 일터와 몸담은 팀의 역동을 위해서도 결정적인 요소이다.

리더의 자기관리 리스트는 하나 둘이 아니다. 그 무엇보다 첫 번째는 건강관리다. 하나님이 주신 육체를 건강하게 관리하는 것은 가장 기본적인 모두의 책무다. 건강은 건강할 때 관리되어야 한다. 사후 약방문은 회복에 오랜 시간과 노력이 필요하다. 건강관리가 되지 않으면 모든 것이 멈춘다.

두 번째는 말씀묵상이다. 에덴의 삶은 그분과 그의 말씀과 함께 시작되었다. 동녘의 아침 해가 떠올라 하루 종일 그 긴 하늘을 달려서 저 서쪽 세상 끝에 이를 때까지 세상에는 그 말씀의 울림으로 가득한 하루였을 것이다. 타락 후에 그의 말씀을 듣는 일은 에덴의 그날과 같지 않다. 그러나 하나님은 그의 영의 숨결로 가득한 생명의 말씀을 우리 곁에 주셨다. 아침에 일어나면 그 어떤 날에도 그분의 말씀, 생명양식을 먹고 늘 곁에 두어야 한다. 일터에 선 우리에게 하루를 위한 주의 말씀이 없다면 우리의 하루는 마치 없는 것과 같다. 주의 뜻을 알지 못하고 주님의 명을 받지 못한 종들의 하루는 텅 빈 하루, 공허한 하루가 될 것이다. 주인의 말씀이 없는 종이 무엇을 행할 수 있겠는가. 말씀묵상은 일터에 선 종들의 의식이다. 그것은 하나님의 주되심을 인정하는 삶이리라.

세 번째는 기도생활이다. 기도는 자신의 영적 상태의 시금석과 같다. 만약 리더가 기도에 게으르지 않는다면, 그의 삶의 우선순위가 무엇인지 분명하기 때문이다. 우리들의 분주함과 바쁨이 기도를 게을리하는 이유가 되지 못한다.

우리는 예수님의 기도의 삶을 기억해야 한다. 전능하신 하나님이시지만 이 땅에 육신을 입으시고 사람으로 오사 우리와 같이 되셨고, 평생 하나님을 뜻을 이루며 사시는 동안 기도의 삶을 사셨다. 이른 아침 미명을 깨우고, 기회가 있는 대로 기도의 자리를 찾았으며, 깊은 밤엔 홀로 기도의 동산을 찾으셨다.[34] 이는 우리들의 아픔과 눈물과 필요를 보셨기 때문에 하늘 아버지의 전능하신 손을 구하며 기도하지 않을 수 없었고 또한 모든 일터에 선 우리들을 향한 모범을 보이신 삶이었다. 예수님은 제자들에게 기도를 가르치시고(마6장, 눅11장), 기도의 삶을 훈련하셨고(눅9:28, 22:39), 생애 마지막 밤에도 겟세마네의 차가운 땅에서 통곡과 눈물로 기도의 밤을 보내셨고(히5:7), 마지막 순간 십자가 상에서도 기도로 생을 마치셨다(눅23:46).

사무엘 선지자는 리더의 삶을 기도의 삶이라 한다. "나는 너희를 위하여 기도하기를 쉬는 죄를 여호와 앞에 결단코 범하지 아니하고"(삼상12:23), 사울 왕을 위하여 이스라엘을 위하여 리더의 할 일이 기도임을 말했다. 리더가 기도하기를 쉬는 것은 죄다. 리더의 기도는 자신의 하루의 시작과 마침을 알리는 의식이 되어야 한다. 빌리 그레함은 "기도는 아침의 열쇠요, 저녁의 자물쇠다"라고 했다.[35] 다니엘의 기도, 느헤미야의 기도, 바울의 기도, 많은 영적 리더들이었던 믿음의 선진들의 삶은 우리의 삶을 도전한다. 습관이란 몸에 익숙한 행위로서, 어떤 상황에도 하면 쉽고 하지 않으면 불편한 일이다. 기도가 타성에 젖은 죽은 습관이 되어서는 안된다. 리더의 삶에 있어 기도는 생명의 습관이어야 한다.

세계선교 지도자 프레드 미첼(Fred Mitchell)은 책상 앞에 "너무 바빠서 삶이 황무지로 변하지 않도록 주의하라"[36]는 표어를 늘 붙여 놓았다고 한다. 바쁘다는 이유로 자신을 돌보지 못하면, 삶이 황무지로 변하는 것은 정말 일순간이다. 아래의 글은 개인적으로 오랫동안 사용해 온 나의 자기 점검 리스트이다. 멘티들과 만나 그들의 삶을 도와야 할때, 점검을 위한 질문으로 사용하기도 한다. 자기관리를 위하여 다음과 같은 「7가지 리더십 자기점검 리스트」를 사용하기를 권한다.

예배의 감격이 있는가?

예배의 경외감은 두 가지 감정, 떨림과 기쁨을 동반한다. 개인의 예배, 공동체의 예배 등 어느 곳에서나 예배하는 순간 우리 안에 이 두 감정의 경험, 즉 예배의 감격을 잃지 않아야 한다. 그러나 언제부터인가 우리의 예배가 타성에 젖기 시작하고, 자신의 삶에 진정한 예배를 잃어버린 이들이 많다. 예배 성공이 인생의 성공이다. 이것은 우리가 그분 앞에 살며, 내 영적 생명이 살아있는지를 점검하는 것이다.

붙들린 말씀이 있는가?

하나님의 말씀은 생명이다. 우리는 말씀묵상, 성경읽기, 설교 등을 통해 그분의 말씀이 나를 사로잡는 경험이 있지 않은가? 때로 내가 간절히 붙들어야 할 약속도 있지 않은가. 그러나 때로 오랫동안 말씀에 사로 잡힌 경험도, 간절히 그 말씀을 붙들어 본 경험도 잊고 사는 이들이 많다. 이는 우리가 말씀에 의한 삶을 사는지를 점검하는 것이다.

열망하는 기도가 있는가?

열망하는 기도는 내 소명을 이루기 위한 기도다. 내 일생 놓을 수 없는, 내 일상의 기도에서도 결코 빠질 수 없는 한 마디 나의 소원, 나의 열망이다. 그러나 때로 열정은 식어지고, 눈물은 메마른 채 기도하는 날이 찾아 올 때가 있다. 그러나 우리 맘이 싸늘하게 식어진 그날에도 주님 앞에 엎드려 바로 그 기도를 드리기 시작하면 식어가던 내 중심이 다시 뜨거워 진다. 그런 열망과 기도를 가져야 한다. 이것은 우리가 소명의 삶을 사는지를 점검하는 것이다.

영혼의 찬양이 있는가?

영혼의 찬양은 내 마음 깊은 곳에서 울려나는 노래, 새노래를 말한다. 의미없이 내 입술을 울리는 여느 노래와 같지 않다. 오랫동안 하나님 앞에서 새노래를 부르지 못한 이들이 많다. 때로 찬양의 멜로디 한 소절이 내 영을 흔들고, 노랫말 하나가 내 맘을 새롭게 하는 것을 경험한다. 영혼의 찬양은 천만 번 불러도 다시 새로운 노래다. 어느 날은 바람 결에 들려온 찬양 한 대목이 생명 바람처럼 나를 하나님 앞에 세운다. 이것은 우리의 영이 노래를 잊지 않았는가를 점검하는 것이다.

직면한 문제들이 있는가?

우리는 매일 새로운 환경에 놓인다. 그리고 한 번도 경험해 보지 않은 상황에 놓이고, 한 번도 가보지 않은 길을 가야 한다. 우리의 현실적인 염려, 미래의 불확실함, 다양한 삶의 위기와 두려움들이 찾아온다. 직면한 위기를 유연하게 대처하기도 하지만, 때로 방향과 길을 잃어버린 경우도 있다. 직면한 문제가 있다면 어떻게 해결하려고 하는지, 곁에 나눌 사람이 있는지도 물어야 한다. 이 질문은 우리가 정직하게 아픔에 직면하고, 길을 찾기 위한 질문이다.

읽고 있는 책이 있는가?

리더에게 독서는 중요하다. "A Leader is a Reader(리더는 책 읽는 사람이다)"라는 말이 있다. 모든 책 읽는 사람이 리더는 아닐지라도 모든 리더들은 책을 읽는 사람들이다. 겸손하여 배움에 목마른 삶은 그가 손에 책을 놓지 않는지를 보면 안다. 이 질문은 우리가 여전히 배움과 성장을 위해 노력하고 있는가를 묻는 것이다.

나눌 만한 간증이 있는가?

리더는 풍부한 감성과 경직되지 않는 넓고 부드러운 마음을 가져야 한다. 하나님과 동행하는 삶은 드라마틱한 하나님의 역사를 경험하기도 하지만, 사실은 일상이 늘 감격이다. 자신의 일상과 일터에서 또 다른 이들의 삶을 통해 하나님을 만나고 산다. 그런 정서적 온기와 습기를 가진 사람은 사람을 살린다. 곁에 있는 이들을 격려하고 지친 이들을 달리게 한다. 이 질문은 우리가 경직되지 않는 감성을 가지고 사는지를 점검하는 것이다.

윗사람을 움직이는 리더십 Leading Upward

이러한 리더십은 일터에서 부하직원이 상사를, 약한 사람이 강한 사람을, 아랫사람이 윗사람을 움직이는 것을 말한다. 일반적으로 우리는 리더십이란 위에서 아래로 미치는 영향력이라 생각한다. 그러나 하나님은 우리의 일터와 삶의 자리에서 우리가 맺고 있는 모든 관계 속에서 마땅히 전방향에서 우리의 영향력을 나누며 살기를 원하신다. 우리의 윗사람도 움직일 수 있다. 그러기 위해 이 관계가 가진 메커니즘(Mechanism)을 기억해야 한다. 바로 윗사람과 아랫사람과의 관계에 존재하는 불균등한 힘의 역학(Unequal Power Dynamics)이다. 여기서는 이것이 하나님의 디자인임을 인정하는 팔로워(Follower)의 태도가 매우 중요하다. 상사는 아랫사람의 말과 태도에서 이것을 알 수 있다. 이런 태도가 윗사람의 마음을 얻게 하며, 움직이게 한다.

　일터의 윗사람과의 관계에서 필요한 4가지 도움말(Tip)을 제안한다. 먼저는, 상사에게 정직해야 한다. 그것이 아랫사람이 가진 힘이다. 정직하게 직면하는 것이 결코 쉽지 않지만, 그것이 가장 단순하며 강력한 힘이다. 정직은 약자가 가진 힘이다. 둘째는 상사와의 관계 맺기다. 적극적으로 윗사람과의 관계를 만들어야 한다. 좋은 관계는 상사의 사랑을 받는 길이며, 모든 문제를 해결하는 만능의 열쇠다. 셋째는 상사에 대한 이해. 사람마다 기질에 따라 업무 스타일이 다르다. 윗사람의 스타일을 잘 파악해서 소통하고 응대해야 한다. 마지막으로 업무능력을 증명하는 것이다. 무엇보다 일을 잘해야 한다. 일터에서는 일로 평가를 받는다. 자신에게 주어진 일에 최선을 다하고 상사의 인정을 받아야 한다. 탁월한 업무수행 능력은 기본이다. 우리는 아랫사람으로서 좋은 태도와 함께 이런 관계 기초들을 형성하게 되면, 그 이후에 상사와의 관계에서 많은 일들이 가능하게 된다.

동료들을 움직이는 리더십 Leading Your Peers

　우리는 일터에서 많은 동료들과 함께 일한다. 사실 함께 일하고 있는 동료들에게 영향력을 미치고 그들을 움직이는 일은 가장 힘든 일 중의 하나다. 우리는 동료관계에 존재하는 메커니즘(Mechanism)을 이해해야 한다. 동료들과는 균등한 힘의 역학(Equal Power Dynamics)을 가지고 있다. 그러므로 원치 않게 언제나 서로 경쟁해야 하고, 서로 누가 우월한 지를 겨루어야 한다. 그러나 이때 리더십을 가진 자는 남을 나보다 낮게 여긴다. 경쟁하는 관계에서 남을 더 높여주고 인정하기란 쉽지 않다. 그러나 먼저 남을 인정해야 한다. 이런 태도가 영향력을 갖게 한다.

  동료들과의 관계에서 필요한 4가지 도움말(Tip)을 기억하자. 첫째로, 갈등은 적극적으로 풀어라. 충돌과 갈등이 생겼을 때 그 책임은 전적으로 일방적일 수 없다. 누가 더 큰 원인 제공자인지를 따져서는 결코 문제가 풀리지 않는다. 적극적으로 관계개선을 위해 먼저 용서하거나, 먼저 사과하는 일이 필요하다. 쉽지 않은 일이다. 그러나 갚을 길 없는 자신의 죄와 허물에 대한 탕감을 경험한 예수의 제자들에게는 가능한 일이다. 둘째, 더 많은 대화가 필요하다. 동료들과의 관계는 경쟁관계에 있기 때문에 더 많은 대화가 필요하다. 일하다 보면 동료간에는 알지 못하는 긴장기류로 인해, 혹은 서로를 잘 안다고 생각해서 대화가 줄어든다. 서로가 삶을 나눌 시간은 없고 늘 일 이야기만 하게 된다. 대화 없는 짐작만으로는 반드시 오해를 유발한다. 함께하는 업무에 대해서 대화하고, 서로의 감정에 대해서 이야기하고, 서로의 삶을 깊이 나눌 기회를 만들어야 한다. 셋째, 맡은 일을 철저히 하라. 함께 하는 일에는 어떤 때보다도 최선을 다하고 기여도가 있어야 한다. 협업을 해야 하는 때면 집중하여 전력을 다하고, 결코 어떤 순간에도 핑계하지 말아야 한다. 본래 일이란 하려고 하면 방법이 보이고, 하기가 싫으면 핑계가 보이는 법이다. 마지막으로, 동료가 성공할 수 있도록 도와주라. 내게 손해가 될 때라도 동료가 성공하도록 도와야 한다. 동료의 성공이 결과적으로 나의 성공이다. 이런 마음과 태도를 가진 동료를 혹 처음에는 무시하며 외면할 수 있겠지만,

끝내 모두가 인정하며 아끼고 존중하게 될 것이다.

아랫사람을 움직이는 리더십 Leading Down

리더십이란 아랫사람들과의 관계에서 일어나는 것이라고 여긴다. 상사가 아랫사람에게 직급의 위세, 나이의 차이, 경험의 우위를 앞세워 영향력을 끼치려고 한다면 이는 상명하복의 관계 속에서 고압적인 형태로 나타나게 된다. 그것을 참된 리더십이라고 할 수 없을 것이다. 이 관계에도 존재하는 '불균등한 힘의 역학(Unequal Power Dynamics)'이라는 메커니즘(Mechanism)을 이해해야 한다. 상사가 이런 이해를 가지고 힘이 없는 아랫사람을 대할 때 그들은 상사의 말과 행동에서 감동을 받는다.

아랫 사람들과의 관계에서 필요한 4가지 도움말(Tip)을 제안한다. 먼저, 지배하지 말고 섬기라. 섬김의 리더십(Servant Leadership)을 보여야 한다. 예수님은 제자들이 샌들을 신고 종일 걸으며 온갖 먼지와 더러운 것들이 묻어 있는 발을 씻기신 후에 "내가 주와 또는 선생이 되어 너희 발을 씻었으니... 너희도 행하게 하려 하여 본을 보였노라" 하셨다(요13:14~15). 주님의 모범이었다. 주인과 선생으로, 상사와 선배이기에 그렇게 해야 한다. 둘째, 투명하고 정직해라. 후배들은 다 안다. 그들은 선배들을 여러 각도에서 관찰하고 있으며, 서로 가진 정보를 취합하여 축적된 내용이 생각보다 많다. 아랫 사람들과의 관계에서는 투명하고 정직해야 인정과 존경을 받는다. 셋째, 끝까지 사랑하라. 예수님도 그렇게 하셨다. "세상에 있는 자기 사람들을 사랑하시되 끝까지 사랑하시니라"(요13:1). 사람을 사랑하되 끝까지 사랑하고, 책임을 져야 하는 일에는 무한책임을 지는 사람이 참된 리더다. 마지막으로 자신의 노하우를 전수하라. 선배는 자신의 세월만큼 축적된 경험과 다양한 업무 노하우, 인생에서 겪은 풍상만큼 녹여낸 삶의 엑기스를 후배들에게 전수하는 일은 마땅한 일이다. 이런 상사는 자연스럽게 아랫 사람들의 마음을 얻게 되고, 존경과 영향력을 얻게 될 것이다.

팀 리더십 Team Leadership

팀(TEAM)은 무엇인가? 우리는 같은 일을 함께하는 조직을 팀이라고 한다. 'TEAM'이란 단어의 이니셜로, Together Everyone Achieves More (모두 함께 더 성취하다)라는 말로 설명하기도 한다. 리더십은 바로 이런 팀워크 (Teamwork)에서 드러난다. 팀워크를 위한 기술이 필요하다.

구성

일터는 혼자 일하지 않고, 팀으로 함께 일한다. 팀 구성에 있어서 구성원 각 개인은 먼저 일에 대한 전문성과 능력과 실력을 겸비해야 한다. 팀으로 함께하는 이유는 목적을 가진 팀원들이 함께 일함으로 혼자 일할 때 경험할 수 없는 시너지를 만들고, 보다 더 큰 성취를 이루기 위해서다. 그러므로 일터는 오직 은혜, 오직 사랑으로만 일할 수 없다. 목적성취를 위한 능력과 전문성을 가진 이들이 함께 정한 계약과 원칙에 의하여서 일하는 곳이다.

방향과 목표

리더는 비전을 가져야 한다(Visionary). 리더는 방향과 좌표를 찍는 사람이다(Point-Person). 리더는 자신에게 주어진 권위가 어디로부터 왔는지, 무엇을 위해 주어졌는지를 아는 사람이어야 한다. 그는 목표를 성취하기 위해 한 순간도 그 역할과 책무를 게을리할 수 없는 자의 자리에 있다. 그러므로 리더는 키와 방향타를 함께 가진 자이기에 매우 주도적이어야 한다. 그 과정에 '사람 중심-관계 중심'과 '목적 중심-일 중심'의 상관관계 안에 놓이게 된다. 목적 중심-일 중심이 되면 많은 경우에 관계가 깨지고 사람을 잃게 된다. 사람 중심-관계 중심이 되면, 목표를 잃어버리고 일의 성취는 불가능하게 된다. 목적도, 사람도 중요하며, 관계와 일 모두 소중하다. 리더는 마치 비행기의 조종사처럼 비행하기 위해 먼저 정확한 목적지(Destination)를 결정하고, 두 날개의 균형을 잘 이루며 비행해야 할 것이다.

팀에는 정확한 공통의 비전 및 목표가 부여되어야 한다. 팀원들은 함께 꿈꾸며 비전에 사로잡혀야 한다. 비전과 정확한 목표가 없는 팀은 공허하다. 비전은 열정과 비례한다. 일의 큰 그림을 보여주고 동기와 열정을 부여한다. 과업을 실행시키고, 결과를 얻는 과정에는 팀 전체가 초점을 모으고 집요함으로 승부를 내야 한다. 팀리더의 역할을 다음과 같이 3E로 정리할 수 있다.

● 비전 제시 Envisioning

일의 큰 그림을 그려준다. 성공은 속도가 아니라 방향성이다.

● 동기 부여 Energizing

일의 가치와 의미, 동기를 부여한다. 동기는 열정을 만든다.

● 과업 실행 Enabling

하는 일에 열정을 불어 넣는다. 가지치기는 목표에 집중시킨다.

소통

그라운드에 축구팀이 경기를 하는 것을 본다. 그들은 무엇인가 서로 소리치며 경기를 하고 있다. 코치는 선수들이 서로 더 말을 하면서 경기를 하라고 채근하는 것을 볼 수 있다. 팀워크는 반드시 소통해야 한다. 최선을 다해 제대로 소통한다면, 목적 성취는 빠르고, 팀의 승리 확률은 높아진다. 소통의 가장 중요한 원칙은, 양방향(2 Ways Communication)이라는 것이다. 한 방향 소통은 소통이 아니다. 가능하면 직접 대면하는 것이 좋다. 때로 대면하여 말로 소통할 수 없는 경우도 있다. SNS채팅 등을 통해서도 가능하다. 그러나 직면한 상황 속에서 얼굴을 마주하고 이야기하는 것과는 다르다. 다음 6가지는 소통을 위한 도움말(Tip)이다.

- 인정 칭찬과 격려를 나누라. 서로를 인정하는 가장 좋은 방법은 서로 칭찬하고 격려하는 것이다.
- 경청 들으며 읽으며 나누라. 서로의 표정을 읽으며, 상대의 마음의 소리에 귀를 기울여야 한다.
- 투명 안팎을 드러내 나누라. 서로를 투명하게 드러내야 한다. 속마음도 뒤집어 보여줘야 한다.
- 비판 대안적 비판을 나누라. 서로의 업무를 평가해 주고, 솔루션과 대안을 함께 고민해야 한다.
- 신뢰 예의를 가지고 나누라. 서로 논쟁과 격론을 벌일 때도 상대에 대한 예의를 지켜야 한다.
- 지속 끝까지 인내로 나누라. 서로 포기하지 않고, 서로를 이해하기까지 대화해야 한다.

우리 주님께서는 이 땅에서 참된 리더들을 찾으시고, 훈련하고 세우셨다. 바로 12명의 제자들이다. 제자들은 주님의 보내심을 받은 사도가 되었고, 모든 민족에게로 가서 제자를 삼고 하나님께 속한 리더들을 세우라 하신 말씀을 순종했다(마28:19~20). 제자들도 예수님이 부탁하신 사역에 집중했다(딤후 2:1~2, 요삼1:1~4). 사람이 희망이다. 우리가 좋은 리더들이 되고 또한 우리 일터에서 사람을 찾고 리더로 세워야 한다. 옥스퍼드의 대학의 학장을 지냈던 조지 리들(George Liddell)은 "내게 한 사람을 주소서(Give me a man of God)"라고 늘 기도했다. 하나님의 사람, 바로 그 한 사람이면 족하다.

우리는 사람을 세우고, 세상의 영향력이 되도록 세상으로 파송해야 한다. 2019년 마닐라에서 열린 로잔GWF(Global Workplace Forum)에 참석했다. 그때 로잔의 CEO인 마이클 오(Michael Oh)는 '나는 만났다(I Met Story)'라는 제목의 오프닝 메시지에서 "1%의 목회자들을 보조하기 위해 99%의 성도들이 존재하는 것이 아니다. 목회자들은 99%의 성도들이 일터에서 사역자가 될 수 있도록 돕는 사람들이다"라고 일갈했다. 목회자는 세상이 찾고 있는 하나님의 일꾼들을 세우고 각 나라와 민족 가운데, 각 지역과 영역 가운데로 파송해야 한다.

오늘도 하나님은 한 사람, 참된 리더들을 찾고 계신다.[37] 오늘 이 시대도 사람을 찾는다. 이는 참된 영향력에 대한 갈망이다. 우리는 하나님이 원하시는 바로 그 때(Right Time), 바로 그 자리(Right Place), 바로 그 사람(Right Person)이 되기를 사모해야 한다.

한 마을에 어린 소년 하나가 길을 지나가다가 마을 어른들이 멱살을 잡고 크게 다투는 모습을 목격했다. 이 마을에는 비가 올 때마다 마을 어귀 동네로 들어가는 길에 형성된 물웅덩이로 인해 잦은 다툼이 일어났다. 달리던 차가 물웅덩이를 지나가면서 더러운 물을 튀기고 길 가던 동네 사람들이 그 오물을 뒤집어 쓰는 일이 종종 일어났기 때문이다.

이 소년은 이 문제를 해결하고 싶은 마음이 들었다. 마침 소년의 아버지는 벽돌공장을 하고 있었다. 소년은 아버지를 찾아가 부탁했다. 방과 후에 1시간씩 아버지가 시키는 무슨 일이든 할테니 그 대가로 하루에 벽돌 두 장씩을 달라고 했다. 그래서 아버지와 약속한 대로 꾸준히 방과 후에 아버지의 공장에서 한 시간씩 일했다. 그리고는 매일 벽돌 두 장을 가지고 사라졌다. 어디에 사용하는지 묻지 않겠다고 했지만, 몹시 궁금해하던 아버지는 열 흘쯤 지난 어느 날 아들의 뒤를 밟았다. 아들을 뒤따르던 아버지는 마을 어귀 길에 형성된 물웅덩이를 메꾸는데 아들이 그 벽돌을 사용하고 있는 것을 보았다.

그 일 후에, 소년의 아버지는 동네 사람들을 모아 회의를 열었고 그 마을 어른들이 십시일반 재정을 각출하고 마을 길을 포장하게 되었다. 이후에는 비가 오는 그 어느 날에도 다시는 마을 어른들이 멱살잡이 하는 흉한 일은 일어나지 않게 되었다.

누가 이 마을의 참된 리더인가? 이 사건을 통해 참된 영향력, 리더십을 가진 사람이 드러났다. 누구인가? 바로 작은 소년이다. 마을 이장도 아니고, 마을 유지나, 원로들도 아니었다. 이 작은 소년이 이 마을의 왕의 영향력을 가진 리더십이었다.

우리는 늘 지위가 주어져야 리더가 될 수 있다고 생각한다. 우리는 영향력을 미칠 수 있는 자리에 있지 않아서 아무 일도 할 수 없다고도 생각한다. 그래서 때로 더 높은 지위를 가지려고 한다. 그러나 그런 높은 지위에 이르면 더 큰 힘을 가지게 될 순 있겠지만, 자신의 작은 자리에서도 영향력을 드러내지 못했던 사람은 그런 지위를 갖게 된다 하더라도 그런 영향력을 드러낼 수 없다. 도리어 자신을 위하여 그 권세를 사용할 뿐이다. 리더십은 권력도 아니고, 명예도 아니며, 지위도 아니다. 리더십은 영향력이다. 어디에서 무엇을 하든지, 우리는 모든 곳에서 선한 영향력을 가졌다. 우리는 이미 빛이며, 소금이기 때문이다. 우리는 이미 회복된 지위와 왕적 권세를 가졌으며, 하나님의 나라와 그의 통치를 실현하기 위해 모든 곳으로 보내심을 입었기 때문이다.

우리가 선 곳, 그곳은 거룩한 곳이다. 기도로 그 땅과 민족, 그 영역과 자리, 공동체를 품자. 하나님의 마음과 뜻을 품고 우리를 보내신 일터에 서자. 내가 선 일터를 향한 하나님의 소원을 내 맘에 품고 일하자. 머지않아 그곳에 하나님의 나라가 이루어지는 것을 보게 될 것이다.

Right Time, Right Place, Right Person.
바로 그때, 바로 그 자리, 바로 그 사람.

◇ 토의질문

1. 나는 성경적 리더십 원리를 충분히 이해했는가? 리더십에 대한 오해는 없는가?

2. 나의 리더십을 아래의 질문과 함께 점검하고 함께 나누어 보자.

    먼저, 나는 자신을 잘 다스리고 관리하고 있는가?

    나는 내 위에 하나님이 세우신 권위와 건강한 관계를 갖고 있는가?

    나는 함께 일하는 동료들을 겸손하고 진실하게 대하는가?

    나는 내 권위 아래 사람들을 얼마나 사랑하고 섬기는가?

3. 나는 나의 일터에서 어떻게 팀 리더십을 세워가고 있는가?

◇ 참고도서

고든 맥도날드, 2004. 내면세계의 질서와 영적성장. 서울: IVP.

리처드 포스터, 1989. 돈 섹스 권력. 서울: 두란노.

리치 마샬, 2005. 왕의 사역: GOD@WORK. 서울: 서로사랑.

제임스C. 헌터, 2005. 서번트 리더십. 서울: 시대의 창.

하워드 맘스태드 외, 2003. 리더십, 사명을 성취하는 힘. 서울: 예수전도단.

세계관 소명 문화 영성 돈 리더십 공동체 비전 선교적삶 BAM

07

———

일터와
공동체

———

BAM
BASIC

하나님의 창조 디자인에서

생명체의 존재방식은

결코 '홀로'가 아니라 '함께'였다

하나님은 우리를 공동체로 존재케 하셨다

그렇다

하나님은 우리가 공동체로 사는 것을

'선하다' '아름답다' 하시며

매우 기뻐하신다

공동체는 하나님의 디자인이다

07

일터와
공동체

오늘날 세계는 포스트 모더니즘의 영향과 더불어 상대주의와 개인주의 영성이 시대를 지배하고 있다. 사회는 점점 개인화되고, 공동체는 점점 와해 되고 있다. 가장 친밀한 혈연 공동체도 대가족에서 핵가족으로 이동하며 친족 혈연 공동체가 소멸되고 있다. 산업화 이후에 사람들은 자신이 태어난 곳을 떠나 다른 도시로 이주하기 시작했고, 세계화의 결과로 다른 나라로 이주가 시작되었다. 이로 인하여 다양한 가족유형들이 등장하였으며, 이로 인하여 가장 기본적인 가족 공동체마저도 변화에 직면했다. 또한 온라인의 발달과 더불어 신유목민(Neo-Nomad)과 같은 이동성의 라이프 스타일은 우리들의 거주문화의 변화와 함께 더욱 피상적 이웃관계를 형성하게 되었다. 우리는 한 아파트에 거주하고 있지만 이웃을 서로 잘 알지 못한다. 또한 그들에게서 어떤 일이 일어나는지 관심도 없다. 이렇게 이웃을 잃어버리고 살아가는 고립된 삶을 인하여 이 세상은 점점 파편화, 조각화 되고 있다. 오늘날 세계는 국가 간에도, 기업과 기업 간에도, 직장내의 동료들 사이에서도 자신의 생존을 위해 치열한 무한경쟁으로 치닫고 있다. 이러한 현실 속에서 그리스도인들도 일터와 삶의 자리에서 이웃사랑의 계명과 그리스도의 제자도를 실천하기란 정말 쉽지 않은 현실이다. 이런 시대정신과 현실적 문제로 인하여 더불어 사는 공동체적 삶과 가치가 머물 자리가 점점 더 없어지고 있다.

오늘날 산 위에 있는 빛들의 공동체로서 어둔 세상 앞에 드러나야 할 교회도 세상을 향한 영향력을 잃어가고 있는 이유 중의 하나는 공동체성이 약화되고 있기 때문이다. 이처럼 우리가 공동체성을 상실하고, 우리의 삶과 일터에서도 공동체적 가치들이 사라져 가는 것은 사회적 위기가 아닐 수 없다. 하나님은 사람을 사회적 존재들로 지으셨고 이 땅에서 공동체로 존재하며 살아가게 하셨기 때문이다. 우리 인간은 공동체를 떠나서 결코 존재할 수 없다. 우리들이 공동체 안에서 태어나서 보호받고, 배우고 성장하며, 사랑하고 일하며, 요람에서 무덤까지 공동체로 살게 하셨다. 우리는 공동체로 살며 세상 속에서 하나님의 나라를 드러내기 때문이다.

창조주 하나님께서 디자인하신 최초의 공동체, 에덴의 그 원형적 이야기 속에서 공동체성의 근원을 살피며, 참된 공동체성 회복을 위한 원리들을 정리하려고 한다. 우리 일터와 삶의 자리에서 잊혀져 가고 사라져 가는 우리 존재의 본질인 참된 공동체성을 회복하는 기회가 될 것이다.

하나님의 디자인: 공동체

"하나님이 이르시되 우리의 형상을 따라 우리의 모양대로 우리가 사람을 만들고 그들로 바다의 물고기와 하늘의 새와 가축과 온 땅과 땅에 기는 모든 것을 다스리게 하자 하시고 하나님이 자기 형상 곧 하나님의 형상대로 사람을 창조하시되 남자와 여자를 창조하시고 하나님이 그들에게 복을 주시며”(창1:26~27).

창조주 하나님은 인간창조 과정에서 그 계획을 의논하고 동역하며 실행하시는 삼위 하나님의 모습을 계시하신다. 하나님은 삼위 하나님의 형상을 닮은 남자와 여자를 만드신 것이다. 하나님의 창조 디자인에서 생명체의 존재방식은 결코 ‘홀로’가 아니라 ‘함께’였다. 하나님은 우리를 공동체로 존재케 하셨다. “여호와 하나님이 이르시되 사람이 혼자 사는 것이 좋지 아니하니 내가 그를 위하여 돕는 배필을 지으리라 하시니라”(창2:18). 홀로 존재하는 것이 ‘좋지 아니하다(לא טוב It is not good)’ 하셨다. 당신이 지으신 모든 만물을 보시고 7번이나 “하나님이 보시기에 좋았더라(טוב It was good)”(창1:4,10,12,18, 21,25,31) 하셨다. 그러나 사람이 혼자 사는 것만은 ‘좋지 아니하다’ 하신 것이다. 실제로 7번째 하나님의 탄성은 그를 위하여 돕는 배필을 지어 함께 살게 하신 후에 이루어진 것이다. “하나님이 지으신 그 모든 것을 보시니 보시기에 심히 좋았더라(טוב מאוד It was very good)” 하셨다(창1:31). 성경에서 하나님은 또 한번 공동체를 보시고 감탄사를 발하신 적이 있다. “보라 형제가 연합하여 동거함이 어찌 그리 선하고 아름다운고”(시133:1). 시편의 시인은 공동체를 보시고 기뻐하시는 창조주 하나님의 탄성을 기록한다. 그렇다. 하나님은 우리가 공동체로 사는 것을 ‘선하다’, ‘아름답다’ 하시며 매우 기뻐하신다. 공동체는 하나님의 디자인이다.

하나님은 아담에게 파트너를 주실 때 아담을 먼저 만드시고 후에 아담의 갈빗대로 여자를 만드셨다. “여호와 하나님이 아담에게서 취하신 그 갈빗대로 여자를 만드시고 그를 아담에게로 이끌어 오시니"(창2:22). 하나님은 아담의 몸에서 그의 돕는 배필을 취하였으며, 그와 함께하게 하셨다. 하와가 아담을 돕는 배필(Partner)로 함께하게 되었을 때 분명 존재적으로 둘이지만, 본래 그들은 하나였던 것이다. 그 둘이 하나임을 결코 잊지 못하도록 하나님은 그의 배필을 지으실 때 한 존재로부터 취하신 것이었다. 아담은 이를 "내 뼈 중의 뼈요 살 중의 살이라"(창2:23)고 노래했다. 그의 돕는 배필로서 그의 아내의 근원을 묘사한 것이지만, 이는 두 사람의 하나됨과 친밀함에 대한 노래다. 이와 같은 두 사람의 친밀함을 우리는 삼위 하나님의 존재적 신비에서 확인한다.

삼위일체 하나님은 사람을 지으실 때 이렇게 당신의 형상을 투영하고 반영하여 우리를 지으셨다. "이러므로 남자가 부모를 떠나 그의 아내와 합하여 둘이 한 몸을 이룰지로다"(창2:24). 하나님은 아담과 그의 돕는 배필 그의 아내와 함께 서로 사랑하며 하나되어 가족 공동체로 삶을 영위하게 하신 것이다. 이것이 하나님께서 인간 창조 때 디자인하신 사람의 사회성이다. 송인규는 그의 책 『성경은 공동체에 대해 무엇을 말하는가?』에서 하나님은 사람을 지으실 때 삼위이신 당신의 형상을 따라 공동체로 지으셨고, 사람에게 '상보성', '친밀성', '합일성' 이 세가지를 주셨다고 말한다.[38] 하나님은 사람이 공동체 속에서 살되, 서로를 돕고 보완하며, 서로 사랑하며 친밀하고, 서로 하나되어 존재하게 하신 것이다. 아담은 그의 일터 에덴에서 그의 돕는 배필과 함께 일한다. 에덴은 가족 공동체이며 또한 일터 공동체다. 우리는 하나님께서 창조하신 에덴 공동체가 다음 세 가지의 모습과 함께 존재하고 있는 것을 확인한다.

주되심 Lordship: 공동체는 하나님의 주되심을 기억한다

에덴의 공동체는 하나님의 창조계획과 의도였다. 하나님은 공동체에 당신의 삼위의 신비를 투영하고 반영하였으며, 공동체는 그 존재에 창조주이신 삼위 하나님의 형상을 품었다. 첫 공동체는 주되신 하나님을 위해 존재하며, 그분이 디자인하신 일터 에덴에서 함께 일하며 자신을 지으신 주를 기뻐하며 예배하고, 삼위 하나님의 아름다우심을 드러내도록 디자인 되었다. 에덴 공동체는 창조과정에 계시된 삼위 하나님처럼 함께 일하며 동일한 주를 경외한다.

관리함 Stewardship: 공동체는 위임과 책임을 수행한다

에덴의 공동체는 위임과 책임을 가졌다. 그들이 창조된 창조주의 목적에 따른 만유를 맡기신 하나님의 위임과 책임이다. 창조주 하나님께서 당신의 형상을 주시며 맡기신 일은 피조세계를 다스리는 일이었다. 공동체로 존재하며 명을 순종해야 했다. 공동체는 그 위임을 수행하는 과정에 하나님께서 그들에게 허락된 것과 금하신 것이 있음을 기억해야 했다. 아담과 하와는 자신들에게 허락된 모든 동산의 나무 실과를 먹고, 에덴에 허락된 자유를 맘껏 향유하며, 함께 하나님이 만드신 피조물을 돌보며, 맡기신 동산을 경작하며 농사했다. 또한 선악을 알게 하는 나무의 실과를 금하신 하나님의 말씀을 순종함으로 그들이 하나님의 청지기됨을 고백해야 했다.

동역함 Partnership: 공동체는 연합과 동역을 기뻐한다

에덴의 공동체는 창조주의 디자인 안에서 사람을 더불어 살게하심을 기뻐한다. 창조주는 우리가 홀로 사는 것을 좋지 않게 여기시고, 우리에게 돕는 자를 주셨다. 이는 우리에게 돕는 자가 필요하기 때문이다. 이는 공동체로 존재케 하신 하나님의 축복이다. 서로 상대를 "뼈 중의 뼈요 살 중의 살이라"고 노래하며, 사랑하며 서로 존귀하게 여기며 또한 서로에게 유익함을 고백한다. 일터에서 함께 일하는 동료들은 동일한 당신의 형상을 가진 자들로서 하나님께서 우리 곁에 두심으로 우리와 더불어 살며 일하게 하신 이들이다. 공동체는 이 사실을 기뻐하며 그들의 존재에 담긴 하나님의 선하심과 아름다우심을 공동체로 살며 드러낸다.

창조주가 만드신 에덴은 통전적이며, 통합적인 공동체였다. 최초의 공동체는 남편과 아내로 구성된 가족 공동체였다. 가족 공동체는 하나님께서 자신들을 지으신 목적을 따라 일하는 일터 공동체였으며 또한 사명 공동체였다. 또한 에덴은 함께 살고 함께 일하며 함께 하나님을 섬기는 예배 공동체요, 신앙 공동체였다. 또한 에덴은 배움의 공동체였다. 남편과 아내는 함께 일하며 서로 돕고 서로에게서 배운다. 자녀들은 부모로부터 대와 대를 이어가며 생존법을 배우고, 하나님을 향한 신앙과 존재적 사명을 계승하는 배움의 공동체였다. 에덴의 공동체는 가족이며 일터였고, 교회이며 학교였던 것이다. 에덴의 공동체는 이런 다양성들이 결코 분리되어 존재하지 않았으며, 매우 전인적이며 통합적이었다.

에덴 공동체의 타락
주되심 Lordship: 타락한 공동체는 하나님의 주되심을 거역한다

공동체에서 창조주 하나님의 주되심이 무너지면 공동체의 모든 근간이 무너진다. 에덴에서 아담과 하와는 하나님이 세우신 공동체의 법을 망각하고 하나님을 거역하였다. 그들에게 주신 하나님의 형상과 지혜와 능력과 자유를 하나님의 통치 아래에서 벗어나 도리어 하나님과 동등됨을 취하려는 목적으로 사용했다. 공동체는 창조주의 법을 거역하며 창조주의 권위에 도전하며 영원히 에덴에서 쫓겨난다. 에덴을 상실한 공동체는 이 땅에서 하나님을 경외하지 않으며, 하나님 없는 문화를 세우고, 하나님 없는 행복을 추구한다. 오늘날 이 땅의 모든 공동체의 문화와 영성의 본질이 바로 그것이다.

관리함 Stewardship: 타락한 공동체는 위임과 책임을 상실한다

공동체는 창조주께서 위임하신 사명과 본분을 망각했으며 그들의 영광스런 책임을 간과했다. 그들은 하나님의 형상과 만물의 관리자의 지위를 가볍게 여기고 창조주의 영광에 오르려 할 때 하나님의 형상은 물론이고 하나님께서 주신 영광스런 지위도 모두 잃었다. 하나님의 형상을 잃어버린 그들은 하나님의 위임을 수행할 수 없는 자들이 되었다. 그 결과 공동체는 일터에서 하나님의 선하심과 아름다우심을 투영하고 반영하여 드러내는 일이 아니라 그들의 욕망을 따라 만유를 고통하며 신음하게 하고, 파괴하는 자들로 존재한다. 오늘날 생태계의 파괴는 바로 그것이다.

동역함 Partnership: 타락한 공동체는 연합과 동역을 거절한다

공동체는 창조주께서 서로 돕고 더불어 살도록 디자인하신 복된 삶과 그 의도를 왜곡하고 거절한다. 서로 도와 서로를 유익하게 하기를 원하셨던 창조주의 기대를 저버리고 그들은 협력하여 창조주를 거스렸으며, 그들은 협력하여 주인의 사랑을 떠났다. 공동체는 하나님을 기쁘시게 하지 못하며 또한 그들의 존재에 담긴 하나님의 선하심과 아름다우심을 왜곡시키며, 하나님의 사랑과 의와 선하심을 온전하게 드러내지 못할 뿐 아니라 오히려 그들의 미움과 추함과 악함만 드러낸다. 우리가 모든 공동체 속에서 경험하는 사람이라는 존재와 그 관계의 고통이 바로 그것이다.

타락한 공동체의 결과 창3~4장

공동체의 타락은 창조된 하나님의 디자인의 파괴를 가져온다. 모든 삶이 뒤틀려 버렸으며, 이에 따른 고통을 수반한다. 가족 공동체의 삶에도 죄의 결과인 죽음과 저주가 임한다. 가족 공동체의 생육, 번성, 충만의 과정은 고통을 수반한다. 하와는 해산의 고통을 경험한다. 가족 공동체에서 가장 기쁜 새생명을 얻는 과정에서 그들은 죽음같은 고통을 겪어야 했다. 또 공동체는 에덴이라는 복된 일터를 잃어버렸다. 공동체의 불순종의 결과로 모든 일터에서 그들의 경작과 수고는 고통을 경험한다. 일터 공동체가 깨어진 결과였다. 이들은 가족 안에서 또 일터 안에서 아름다운 배움의 공동체의 모습도 상실한다. 일터에서 서로 경쟁한다. 심지어 가족 공동체 안에서 하나님께 제사하는 과정에서도 그들은 서로를 시기하고 미워한다. 끝내 서로에 대한 분노의 결과는 인류 최초의 살인으로 귀결된다. 바로 이것이 타락한 공동체의 모습이다(창4:1~15).

가인의 공동체 창4:16~24

성경은 에덴의 공동체 그 이후를 가인의 공동체로 묘사한다. 가인의 공동체는 공동체 타락의 전형이다. 이들의 모습은 "가인이 여호와 앞을 떠나서 에덴 동쪽 놋 땅에 거주하더니"라는 말로 시작된다(16절). 가인의 공동체는 하나님 앞을 떠났다. 에덴 동쪽 놋 땅을 거주지로 삼았다. 가인의 공동체가 그들의 가정과 일터에서 세워가는 문화는 오늘날 세상 문화를 드러낸다.

가인의 공동체에서 가족의 모습은 불순종의 상징이다. 라멕의 결혼과정에서 일부일처가 아니라 일부다처로 창조의 시스템을 깨트린다. 이들은 '하나님 앞을 떠나서' 하나님의 주되심(Lordship)을 버린다. 생육-번성-충만을 이루기 위하여 이들은 자신의 법으로 성취하려고 한다. 가인의 공동체는 하나님의 보호와 안전의 약속을 신뢰하지 않는다. 가인이 동생 아벨을 죽인 죄로 말미암아 어디를 가든지 피의 복수에 대한 두려움으로 고통할 때 하나님은 "그렇지 아니하다"라고 하셨다(창4:15). 그러나 그들은 축성을 통해 스스로 안전대책을 세우고, 이 두려움을 극복하려고 한다. "가인이 성을 쌓고" 그 성의 이름은 에녹성이다. 이들이 스스로의 힘으로 자신을 보호하는 방어기능을 만들어 내고, 나아가 스스로의 힘으로 정복과 통치를 이루기 위한 것이다. 이렇게 인류의 축성문화, 도시문화가 시작된다. 에덴을 떠난 공동체의 축성과 도시문화는 인류의 불순종과 하나님을 대적하는 공동체의 모습으로 아주 상징적이다. 후에 그 정점은 바벨탑을 쌓는 일로 나타난다.

가인의 공동체에서 관리함(Stewardship)의 방식은 일터의 다양성으로 드러난다. 그들은 가족 공동체의 집단 생존을 위한 양식 생산 방식이 자연의 수렵과 채집에서 농경과 목축으로 변화했다. 이는 야발의 유목으로 묘사된다

(20절). 그들은 짐승을 잡아와 가축을 기르며 자신의 소유와 부의 축적을 도모한다. 그들은 일터에서 신앙을 통해 풍요와 다산을 구하며 종교적 공동체의 모습을 시작한다. 유발을 통해 음악이 시작된다. 그는 수금과 퉁소라는 악기를 잡는 자의 조상이 된다(21절). 음악은 자신들의 문화의 향유만 아니라, 제의를 위한 도구이기도 했다. 두발가인은 구리와 쇠로 여러가지 기구를 만든다(22절). 도구문명이 시작되었다. 이는 단순한 농사와 작업과 사냥을 위한 도구를 넘어 그들의 소유와 탐심을 위해 정복을 위한 무기의 개발로 이어진다. 가인 공동체의 온 세상을 통치하는 방식의 변화들이 라멕의 선언으로 드러난다. "아다와 씰라여 내 목소리를 들으라 라멕의 아내들이여 내 말을 들으라 나의 상처로 말미암아 내가 사람을 죽였고 나의 상함으로 말미암아 소년을 죽였도다 가인을 위하여는 벌이 칠 배일진대 라멕을 위하여는 벌이 칠십칠 배이리로다"(23~24절). 이들이 가진 탐욕과 폭력성은 라멕의 선언에서 묘사된다. 이것이 가인의 공동체의 깨어진 동역함(Partnership)의 모습이다.

하나님의 공동체 회복의 꿈

하나님은 이 땅에 당신이 만드신 공동체의 회복을 원하신다. 하나님은 깨어지는 그 순간 회복을 계획하셨다. 그것이 구속 계획으로 나타난다(창3:15). 그 복음의 약속은 셋을 통해 이어지고 하나님의 이름을 부르는 거룩한 가족 공동체를 통해 흘러간다.

"아담이 다시 자기 아내와 동침하매 그가 아들을 낳아 그의 이름을 셋이라 하였으니 이는 하나님이 내게 가인이 죽인 아벨 대신에 다른 씨를 주셨다

함이며 셋도 아들을 낳고 그의 이름을 에노스라 하였으며 그 때 사람들이 비로소 여호와의 이름을 불렀더라"(창4:25~26).

우리는 아담의 회복을 본다. "이는 하나님이 내게... 씨를 주셨다"는 그의 고백 속에 하나님의 주되심(Lordship)과 "씨"를 통한 하나님의 구원의 약속에 대한 소망을 발견한다. 아담의 주되심의 고백과 소망은 셋을 통해 가족과 신앙 공동체의 대를 이어간다. 그리고 그들의 영향력은 그 시대 사람들 가운데 드러난다. "그 때 사람들이 비로소 여호와의 이름을 불렀더라" 이는 가족 공동체가 가진 신앙 공동체의 모습이며, 그들의 일터에서의 삶이 무엇인지를 그대로 드러낸다. 후에 노아의 가족과 아브라함의 언약을 통해 구체적으로 표현된다. 그것이 바로 하나님 나라의 회복, 곧 공동체 회복의 꿈이며, 하나님의 백성을 통한 선교의 내용이다.

구약성경의 공동체

구약 성경에서는 공동체를 회중으로 표현했다. 구약에서 '회중'은 두 가지 단어 '카할(קָהָל)'과 '에다(עֵדָה)'라는 단어가 사용되었는데, 둘 다 '하나님의 백성들의 모임'을 뜻한다. '카할'은 부르심을 입은 무리, 소집된 무리를 의미하는데 '여호와의 총회'(신23:2~8, 대상28:8), '이스라엘 온 회중'(레16:17), '이스라엘 총회'(신31:30) 등으로 사용되었다. 주로 전쟁을 위한 집회로서, 성전(Holy War) 개념과 관계해서 이해해야 한다. 그러므로 카할은 만군의 주 여호와의 군대이다. '카할'의 강조점은 '부름'에 있다.

'부름'에 강조를 가진 '카할'과 비교하여 '에다'는 '모임'에 강조점을 둔 말이라고 할 수 있다. '모임'(시1:5), '신들의 모임'(시82:1) 등에 사용되었고, 많은 곳에서 '에다'는 제의 공동체적 개념으로 사용된다(왕상8:14,22). 이스라엘 회중은 시내 산에서 하나님의 임재 가운데 율법을 받아 계약 공동체로서, 하나님만 섬기는 예배 공동체가 된다(신9:10, 10:4). 이스라엘은 하나님의 '카할'이며 '에다'였다.

이스라엘은 만민 가운데서 구별하신 선민 공동체다. 이들은 하나님의 목적과 영광을 위하여 구별하신 거룩한 백성이며, 하나님을 위하여 만민 앞에 선 제사장 민족이다(출19:5~6). 이 백성의 거룩은 선민 공동체 이스라엘의 공적 책무였다. 하나님은 특별한 당신의 은총으로 구별한 이스라엘을 세상과 만민 앞에 드러내길 원하신다. 이들은 만민을 위해 예비된 복의 근원이요, 열방을 위한 복의 통로가 되기 위해 부름을 받은 거룩한 신앙 공동체였으며 또한 열방에 하나님과 하나님의 하신 일을 드러내는 선교 공동체였다.

그러나 이스라엘은 자신의 선택된 영광에 취하고 자아도취 나르시즘에 빠졌다. 그들은 율법의 가르침을 버렸다. 결국 하나님의 주되심을 잊고, 그들의 책무를 간과하고, 더불어 사는 삶을 버렸다. 이스라엘 공동체는 자신들이 만민 가운데서 구별되고 선택된 이유를 잊었다. 결국 요나서가 보여주는 것처럼 이스라엘 공동체는 하나님이 주신 선민의 책무를 잊은 폐쇄적인 민족주의가 되었다. 결국 이스라엘 공동체는 공적책임과 공공성을 상실하고 패망했다. 그러나 하나님의 공동체 회복의 열망은 멈추지 않는다. 하나님은 다윗의 후손으로 메시아를 보내실 것을 선지자를 통해 약속하신다. 다윗의 후손이요, 의와 평강의 왕이신 메시아가 오시는 날, 하나님의 백성은 다시 회복될 것이라는 약속과 소망을 주신다(렘31:33, 호2:23).

신약성경의 공동체

신약성경의 첫 장은 약속하신 메시아의 세상이 시작 되었음을 선언한다. "아브라함과 다윗의 자손 예수 그리스도의 계보라"(마1:1). 그가 이 땅에 오심에 대한 선언이다. 예수님은 약속하신 그리스도시며 그의 백성을 위하여 세상에 오신 하나님의 아들이시다. 이제 새로운 공동체, 하나님의 백성을 회복하실 것을 선언하는 것이다. 이는 만민의 왕되신 하나님을 위한 새 백성이다. 이제 예수 그리스도와 그의 복음은 만민에게 선포된다(막16:15, 마28:19~20). 당신의 백성, 새이스라엘, 새언약의 백성들인 교회 공동체의 시작을 알리신다. 예수 그리스도는 베드로의 신앙고백을 들으시고, "내가 이 반석 위에 내 교회를 세우리니 음부의 권세가 이기지 못하리라" 하셨다(마16:18).

신약에서 하나님의 백성들인 공동체는 '교회(ἐκκλεσία 에클레시아)'라는 말로 사용되었는데, 헬라사회에서 대중, 집회, 부름 받은 자들의 모임을 의미한다. 부르심을 인해 목적을 가지고 모인 회중을 의미한다. 교회는 하나님의 목적을 가진 그의 백성들의 공동체(the Community of His People)다. 신약의 에클레시아는 그리스도 안에서 죄와 사망과 어둠에서 의와 생명과 빛으로 부름받은 신앙 공동체로서 새로운 목적을 갖는다. 교회 공동체는 동일한 신앙 고백과 영원한 가치를 위해 모인 공동체라는 점에서 여타 다른 목적이나 지연이나 혈연과 같은 공동체들보다 더 친밀한 사랑의 공동체를 형성할 수 있을 뿐만 아니라 더 강한 결속력을 가지고 공동의 목적을 성취해 갈 수 있다. "교회는 자기 회원들이 아닌 사람들의 유익을 위해 존재하는 유일한 사회다(The Church is the only society that exists for the benefit those who are not its members)"라고 했던 영국 캔터베리의 대주교 윌리엄 템플(William Temple)의 말처럼, 교회는 세상을 사랑하기 위해 세상에 존재하는 공동체다. 이는 구약의 예언을 따라 그리스도께서 이 땅에 오심을 통해 이루어진 하나님의 꿈이었다. 이스라엘을 넘어 만민에게 이루어지는 하나님의 나라다. 교회 공동체의 꿈은 하나님의 꿈이며, 하나님 나라의 꿈이다.

공동체로서의 지역교회

하나님은 당신의 공동체 회복의 꿈을 예수 그리스도를 보내시고 이 땅에 교회를 세우심으로 성취하신다. 이 땅 위에 존재하는 교회는 하나님의 공동체의 꿈이다. 지역교회는 하나님께서 꿈꾸시는 완성된 완전한 공동체는 아니다. 아직 땅 위의 교회는 전투적 교회이다. 지역교회는 원수 사탄과 죄의 영향력에서 완전히 벗어버리지 못하고 멈춤 없는 영적 전투 한가운데 놓여 있다. 갈등과 유혹과 시험과 위기 속에서 영적전투를 거듭하고 있다. 그러나 그리스도의 몸 된 교회는 이미 하나님의 약속의 성취와 장차 완성될 나라를 꿈꾸는 이 땅 위에 영광스러운 하나님의 공동체임에는 부인할 수 없다. 지역교회 공동체는 다음과 같은 정체성을 가지고 있다.

교회는 유기적 공동체다

지역교회는 생명력이 넘치는 유기적 공동체다. 교회는 죽은 조직이 아니라, 생명이 살아있는 공동체다. 교회는 살아있는 그리스도의 몸으로서, 머리이신 그리스도를 중심으로 생명과 성령으로 모든 지체들이 연결되어 서로 상합하고 협력하며 함께 그리스도의 몸을 세워간다. 건강한 교회는 성장하고 또 성숙해 간다.

교회는 포괄적 공동체다

지역교회는 차별과 제한이 없는 포괄적 공동체다. 교회는 남녀노소 빈부귀천, 유무식, 민족과 인종을 넘어선다. 그리스도의 피로 맺은 새언약 안에서 먼 데 있는 사람과 가까운 데 있는 이들이 하나가 되어 함께한다. 계시록에 완성된 하늘교회의 모습을 기록하고 있다. 교회는 '하늘 보좌 앞에 모인 각 나라와 족속과 백성과 방언에서 아무도 능히 셀 수 없는 흰옷을 입은 큰 무리'로 지칭된다.

교회는 예배 공동체다

지역교회는 하나님을 향한 예배 공동체다. 구약교회인 이스라엘은 반드시 1년에 세 차례 어디에 흩어져 살든지 성전에 예배와 축제를 위해 모여야 했다. 또 매 안식일에 모여야 했고, 매일 상번제를 드려야 했으며, 하루에 세 번씩 성전을 향하여 기도했다. 신약교회는 안식일의 주인이신 그리스도께서 부활하신 날인 주일에 공동예배로 모여 예배한다. 교회는 하나님을 예배하는 예배 공동체다.

교회는 선교 공동체다

지역교회는 세상을 향한 선교 공동체다. 교회의 주인이신 하나님은 선교하시는 하나님이시다. 교회는 하나님의 선교의 결과와 열매이며 또한 세상을 향한 하나님의 선교의 전략적인 교두보다. 선교하시는 하나님은 이 땅에 교회를 세우시고, 교회를 통해서 교회와 함께 선교하신다. 교회는 세상의 빛이며, 어둠 속에서 감출 수 없는 빛들의 공동체로서 산 위에 있는 동네다.

교회는 종말론적 공동체다

지역교회는 예수님의 초림을 통해 이 땅에 세워지고, 예수님의 재림을 사모하는 종말론적 공동체다. 교회는 그리스도의 초림과 더불어 이미(Already) 임한 그러나 아직(But Not Yet) 완성되지 않은 하나님의 나라다. 세상에 존재하는 교회의 상태는 전투적이며, 종말론적인 존재적 긴장을 가지고 있다. 그러나 영광스러운 신부로 준비되고 그리스도 앞에 나타날 것이다. 마지막 날에 이루어질 아름다운 교회 공동체를 사모하자.

에덴의 공동체 원리와 일터

신앙 공동체 Lordship

공동체는 하나님의 주되심(Lordship)을 인정해야 한다. 모든 공동체의 주인은 하나님이시다. 그러므로 모든 공동체가 이 사실을 인정해야 할 것이다. 그러나 오늘날 우리가 교회를 제외하고 모든 삶의 자리와 일터에서 주되심을 공동체적으로 인정하고 실현하는 일은 어려운 일이다. 우리가 몸담은 대부분 삶의 자리는 비그리스도인들과 함께 일하고 있기 때문이다. 그러나 그곳에서 믿는 자들이 가진 삶의 태도는 중요하다. 우리 삶에서 그분의 주되심을 인정하는 주재권을 간과하거나 잃어버려서는 안된다. 개인적으로 모든 업무 속에서 하나님의 개입과 능력과 도우심을 구할 수 있다. 어떤 회사는 신앙고백을 가진 일터 공동체로서, 매일 아침마다 모여 예배하는 곳도 있다. 그러나 분명한 것은 그러할지라도 일터가 지역교회가 될 수는 없다. 교회 공동체와 일터 공동체는 서로 목적이 다르기 때문이다. 일터에서 목적한 업무는 하지 않고 모여서 종일 기도하고 찬양하며 예배만 드릴 수 없기 때문이다. 우리가 처한 일터가 어떤 환경이든지 상관없이 각 개인의 차원에서 고백과 삶이 필요하다. 바라기는 자신의 일터와 함께하는 모든 동료들이 일터의 주되신 하나님을 인정하게 되기를 바라는 소망으로 일해야 할 것이다. 먼저 우리가 일터의 주인이 하나님이심을 인정하는 삶을 살아야 한다. 또한 우리가 일터에서 맺는 모든 관계, 자신의 신앙에 따른 업무의 태도와 내용, 행하는 모든 일들은 하나님을 섬기는 그 자신만의 예배가 된다. 나아가 온 세상의 주 되신 하나님의 정의와 샬롬을 실천하는 청지기로서의 의지와 수고를 통해 함께 일하는 이들과 만나는 사람들에게 선한 영향력으로 드러나게 될 것이다.

동역 공동체 Partnership

일터 공동체는 일하기 위해 모인 공동체다. 그러므로 시너지를 극대화하기 위해 깊은 동역이 필요하다. 동역을 위해 에덴의 원리를 배운다. 아담과 하와가 누렸던 친밀한 교제와 사랑의 나눔을 빼놓을 수 없다. 우리는 일터에 함께 하는 이들을 사랑하며, 더불어 사는 삶을 실천해야 할 것이다. 일터에서의 더불어 사는 삶을 위해 다음 두 가지의 삶을 제안한다. 그것은 친밀한 교제-코이노니아(κοινωνία)와 사랑의 나눔-디아코니아(διακονία)의 실천이다.

친밀한 교제-코이노니아

일터에서 공유할 수 있는 코이노니아는 두 가지가 있다. 하나는 지식의 코이노니아이며 또 하나는 경험의 코이노니아이다. 이 두 가지는 한 공동체를 세워가는 좋은 방법이 될 것이다.

　● 지식의 코이노니아 지식의 코이노니아가 필요하다. 공동체 구성원이 가진 유무형의 모든 지식은 공동체의 잠재적 자산이다. 우리는 우리가 가진 지식과 정보를 공유한다. 일터에서 업무와 효율을 극대화 하기 위한 모든 지식을 공유하고, 고민하고 개발하며 또한 그 내용을 전수해야 한다. 일터의 지식은 개인적인 것이기 보다 공동체의 목적을 성취하기 위한 공동체의 자산이다. 공동체 목적을 위해 필요한 지적 자산은 가르침과 배움과 연구와 축적을 통해 확대 재생산 되어야 한다. 그리고 사람들이 공동체를 통해 삶의 성숙은 물론이고 지식적 전문성의 영역에서도 성장해야 한다.

　● 경험의 코이노니아 우리는 공동체로서 함께하는 모든 동료들의 삶의 기쁨과 슬픔에 함께해야 한다. 지나온 삶의 많은 아픔도 기쁨도 공동체로 함께 나눈다. 약한 자들을 품어주고 끌어주고 일으켜 주어야 한다. 서로를 깊이 이해할 때 하나됨을 방해하는 모든 갈등과 소모전을 줄일 수 있다. 우리가 일터에서 경험하고 있는 다양한 감정들도 나누며 함께 격려하며 극복해내야 한다. 우리가 직면한 문제와 위기, 역경과 고난에 함께한다. 우리는 직면한 문제와 함께 씨름하며 방법을 찾아내고, 극복해야 할 상대와 선의의 경쟁을 벌이며 공동체는 결속력을 갖게 된다. 실로 전우가 된다. 공동체가 목표를 함께 성취하고 함께 승리의 축제를 경험할 때 하나됨과 하나임을 알게 된다.

사랑의 나눔-디아코니아

　일터에서 이루어지는 디아코니아, 사랑의 나눔을 위해 세 가지를 제안한다. 우리는 조건없는 그리스도의 사랑을 받은 자들로서 우리가 가진 재정과 재능과 역할의 나눔을 통해 공동체를 섬길수 있다.

● 재정의 나눔 우리의 재정은 유형적이다. 소유의 나눔에 있어 재정은 상징적이다. 재정을 통한 우리의 섬김은 공동체 안에 우리의 사랑과 마음을 표현하는 방편으로 그 어떤 것보다 함의 하는 바가 크다.

● 재능의 나눔 우리의 재능은 무형적이다. 재능은 무형이나 아주 유효한 것이다. 각자의 재능을 기꺼이 나눌 때 공동체 안에 벽들이 무너지고 관계가 개선되고, 요긴한 필요들이 해결되고 기쁨이 더해진다.

● 역할의 나눔 우리의 역할은 기능적이다. 역할의 나눔은 구체적이며 실제적이다. 공동체 안에서 각 사람에게 부여된 역할은 섬김을 위한 것이어야 한다. 때로 어떤 역할은 소수의 특권처럼 독점되는 경우가 있는데 장차 문제가 된다. 공동체는 지위와 역할을 공유하는 과정을 통해 함께 성장해 간다.

우리는 일터에서 디아코니아, 사랑의 섬김과 나눔을 통해 구체적인 이웃 사랑을 실천하며 공동체로 사는 행복을 경험한다.

사역 공동체 Stewardship: Business As Mission

우리는 일터의 청지기들이다. 우리는 하나님의 소명을 따라 일한다. 그곳에서 하나님이 주신 일터에서 맡기신 역할을 수행하며 하나님 사랑과 이웃 사랑을 실천한다.

모범적인 사례 중의 하나인 핸즈커피 이야기다. 핸즈는 신앙 공동체, 동역 공동체 그리고 사역 공동체의 원리를 잘 적용한 한 사례라고 할 수 있다. 진경도 대표는 "우리는 즐겁고 복된 일터를 만들고 BAM 기업을 세운다"라는 회사의 비전선언문을 만들었다. 그리고 핸즈 공동체의 비전을 성취하기 위하여 다음 도표와 같은 두 기둥을 세우고, 실천사항 6가지를 만들었다.

핸즈는 먼저 창조사명과 선교사명이란 두 개의 기둥을 세웠다. 창조사명을 수행하기 위하여 '즐겁고 복된 일터'를 만드는 일과 선교사명을 수행하기 위하여 'BAM 기업'을 세우는 일을 결정했다. 먼저 즐겁고 복된 일터를 만들기 위하여서는 직원과 가맹점주의 생계 문제를 해결하는 일을 첫 번째로 꼽았다.

즐겁고 복된 일터 창조 사명 창1:28	BAM 기업 선교 사명 행1:8
복의 근원 직원과 가맹점주의 생계	소유권을 드림 예배, 기도 공동체
인재양성 직원의 성장, 자아실현의 장	직장 복음화, 제자화 진정한 복, 성장
정직, 투명한 경영 사회기여, 빛과 소금	직접 선교에 드려짐

그리고 직원들이 성장하고 자아를 실현할 수 있는 기회를 제공해야 한다고 생각했고, 더 나아가 정직하고 투명한 경영을 통하여 사회에 기여하고 빛과 소금이 되어야만 한다고 했다. 또 선교사명을 수행하기 위하여 먼저 주재권을 인정하는 기업이 되는 일을 첫 번째로 꼽았다. 그리고 직장에서 복음화와 제자화가 이루어져야 하며 그리고 적극적으로 직접 선교에 드려져야 한다고 생각한다. 이를 실천하기 위해 매일 예배를 드리며, 제자훈련을 하고 또직원 중에는 해외로 파견되어 선교사의 카페 오픈을 섬기기도 했으며, 회사

는 특별한 목적을 가진 해외사업부를 세웠다.[39]

　길버트 빌지키언은 "인간을 향한 하나님의 꿈은 무엇인가? 그것은 공동체다"라고 말했다.[40] 우리가 일터에서 꿈꿔야 할 내용은 공동체 비전이다. 그것은 나의 비전이 아닌 하나님의 이상을 실현하려고 하는 열망일 것이다. 우리를 두신 곳이 어디든지 우리는 그곳에서 하나님이 만드신 에덴의 공동체 디자인을 기억해야 한다. 오늘 우리시대는 모든 공동체들이 전문화되고 분화된 기능을 따라 더욱 작게 나누어지고 있다. 그러나 하나님은 우리를 공동체로 살게 하셨음을 기억하며 에덴의 원리를 실현할 것이다. 하나님이 디자인하신 에덴의 원리인 '주되심', '관리함', '동역함'을 기억하며, 그곳에서 우리는 가족처럼 함께 사랑하며, 일터처럼 함께 섬기고 일하며, 학교처럼 함께 가르치고 배우며, 교회처럼 하나님을 예배하며 섬길 것이다. 그곳에 하나님의 꿈이 이루어지는 것을 보게 될 것이라 확신한다.

　우리는 내 삶의 목표와 이상 중에 공동체의 꿈이 있는지를 물어야 한다. 내 생애 최고의 공동체를 꿈꾸게 되기를 원한다. 가족 공동체인 가정에서, 신앙 공동체인 교회와 선교단체에서, 일터 공동체인 직장에서 에덴의 디자인을 기억하며 우리의 기도와 소망과 수고와 헌신이 드려질 때 우리는 하나님의 꿈, 하나님의 나라를 이루어 바로 내 삶에 이루어지는 영광을 보게 될 것이다.

내 생애 최고의 공동체를 꿈꾸며
세상을 감동시키는 새로운 일터 공동체를 갈망하며

◇ **토의질문**

1. 가정, 교회, 일터 등에서 내가 경험했던 최고의 공동체와 최악의 공동체에 대해
이야기해 보자.

2. 내 생애 최고의 공동체를 세우기 위한 꿈이 있는가? 있다면 나의 공동체에 대한
꿈을 나누어 보자.

3. 내가 속한 일터 공동체를 세우기 위해 나는 구체적으로 무엇을 어떻게 준비해야
할지 생각해 보자.

◇ **참고도서**

게르하르트 로핑크, 1985. 예수는 어떤 공동체를 원했나?. 서울: 분도출판사.

길버트 빌지키언, 1998. 공동체 101. 서울: 두란노.

데이비드 반드루넨, 2012. 하나님의 두 나라 국민으로 살아가기. 서울: 부흥과 개혁사.

디트리히 본회퍼, 2016. 성도의 공동생활. 서울: 복있는 사람.

송인규, 1996. 성경은 공동체에 대해 무엇을 말하는가?. 서울: IVP.

이장로, 2020. 일터에서 그리스도인으로 사는 길. 서울: 두란노.

죠셉 마이어즈, 2010. 유기적 공동체. 서울: SFC.

폴 스티븐스, 2001. 21C를 위한 평신도 신학. 서울: IVP.

하워드 스나이더, 1988. 새포도주는 새부대에. 서울: 생명의 말씀사.

세계관　소명　문화　영성　돈　리더십　공동체　비전　선교적삶　BAM

08

일터와
비전

BAM
BASIC

우리는 오늘도 깨어진

세상 한가운데서

하나님의 구속을 기다린다

이것이 우리의 비전이다

참된 비전은

성경적 세계관에 뿌리를 내리고

과거와 현재를 정확하게 직시하고

우리의 일터와 미래를 향한다

그렇다

일터의 참된 비전이란

일터에 선 우리들이

그리스도 안에서 바라며 그려보는

우리의 일터와

다가온 하나님 나라에 대한 소망이다

08

일터와
비전

보는 것은 인생을 결정한다. 그러므로 무엇을 보느냐는 참 중요하다. 비전은 세계관과 같이 '보는 것'에 관한 것이다. 세계관이 '세상의 현재를 보는 눈'이라면, 비전은 '세상의 미래를 보는 눈'이다. 세계관은 '세상의 현재를 보는 관점'이고, 비전은 '세상의 미래를 위한 소망'이라고 말할 수 있을 것이다. 성경적 세계관은 창조-타락-구속의 3가지 키워드를 통해 설명된다. 창조된 세상은 인간의 불순종과 더불어 깨어졌으며 우리는 오늘도 깨어진 세상 한가운데서 하나님의 구속을 기다린다. 이것이 우리의 비전이다. 참된 비전은 성경적 세계관에 뿌리를 내리고 과거와 현재를 정확하게 직시하며 우리의 일터와 미래를 향한다. 그렇다. 일터의 참된 비전이란, 일터에 선 우리들이 그리스도 안에서 바라며 그려보는 우리의 일터와 다가온 하나님 나라에 대한 소망이다.

선지자 요엘도 하나님의 영을 부어주시는 날 이 땅의 모든 세대는 그리스도 메시아에 의하여 회복된 세상에 대한 비전을 가진 사람들이 될 것이라 예언했다. "그 후에 내가 내 영을 만민에게 부어 주리니 너희 자녀들이 장래 일을 말할 것이며 너희 늙은이는 꿈을 꾸며 너희 젊은이는 이상을 볼 것이며 그때 내가 또 내 영을 남종과 여종에게 부어 줄 것이며"(욜2:28~29). 우리는 모두 비전을 가져야 한다. 주의 성령에 의하여 온 교회의 모든 세대와 함께 꿈꾸며 고백하며 열망하는 비전의 공동체가 되어야 할 것이다.

잠언에 보면, "묵시가 없으면 백성이 방자히 행하거니와"(잠29:18)라고 했다. KJV에서는 "Where there is no vision, the people perish"라고 번역했다. 비전이 없다면 백성들이 통제 불가능하게 되며 결국 망하게 된다는 말이다. 우리에게 비전이 없다면 슬픈 일이다. 한 나라와 백성들도 그러하고, 공동체는 물론이며 개인의 삶도 동일하다. 비전이 없는 개인과 가정, 교회는 물론이며 우리의 일터도 절망이다. 우리는 하나님이 주신 참된 비전으로 우리의 삶의 자리와 일터에 서야 한다.

비전은 그리스도의 백성들인 우리 모두의 것이다. 비전은 교회에서 사역하는 전임사역자들의 전유물이 아니다. 참된 비전은 그리스도 안에 있는 모든 이들이 꿈꾸는 세상이며, 이루어지기를 열망하는 미래다. 아쉽게도 교회 안의 사역자들만 자주 비전을 말한다. 그러나 일터에 선 우리 서로에게서는 듣지 못하고 있다. 하나님께서 각 사람을 부르시고 보내신 일터에 서서 각 개인에게 주신 하나님 나라의 비전을 품고 그 나라의 영광을 꿈꾸게 되길 기대한다.

예수께서 이 세상에 오셔서 당신이 성취하고 완성하고자 하시는 비전을 보여주신다. 나사렛 회당에 들어가셨을 때 읽으시며 선언하셨던 내용이다. 이사야 61장의 말씀이다. 나는 이 61장의 비전을 기억하기 위해 '육일비전'이라 말한다. 실제로 6일동안 열심히 일하라 하신 우리들의 '일터비전'이기 때문이다.

"그들은 오래 황폐하였던 곳을 다시 쌓을 것이며 옛부터 무너진 곳을 다시 일으킬 것이며 황폐한 성읍 곧 대대로 무너져 있던 것들을 중수할 것이며, 외인은 서서 너희 양 떼를 칠 것이요. 이방사람은 너희 농부와 포도원지기가 될 것이나 오직 너희는 여호와의 제사장이라 일컬음을 받을 것이라 사람들이 너희를 우리 하나님의 봉사자라 할 것이며 너희가 이방 나라들의 재물을 먹으며 그들의 영광을 얻어 자랑할 것이니라"(사61:4~6). 육일비전을 꿈꾸며 우리의 비전을 다시 세우기 위해 먼저 하나님께서 온 세상을 만드시며 계획하신 원형적인 에덴의 비전부터 살펴본다.

하나님의 디자인: 에덴의 비전

"여호와 하나님이 동방의 에덴에 동산을 창설하시고 그 지으신 사람을 거기 두시니라 여호와 하나님이 그 땅에서 보기에 아름답고 먹기에 좋은 나무가 나게 하시니 동산 가운데에는 생명 나무와 선악을 알게 하는 나무도 있더라 강이 에덴에서 흘러 나와 동산을 적시고 거기서부터 갈라져 네 근원이 되었으니 첫째의 이름은 비손이라 금이 있는 하윌라 온 땅을 둘렀으며 그 땅의 금은 순금이요 그곳에는 베델리엄과 호마노도 있으며 둘째 강의 이름은 기혼이라 구스 온 땅을 둘렀고 셋째 강의 이름은 힛데겔이라 앗수르 동쪽으로 흘렀으며 넷째 강은 유브라데더라"(창2:8~14).

하나님이 창설하신 에덴은 태초의 하나님의 비전이다. 하나님은 온 세상

만유를 만드신 창조주이시다. 만유를 만드신 하나님은 인간을 창조하시고 온 세상에 자유롭게 흩어 놓지 않으셨다. 먼저 하나님은 당신이 만드신 세계 가운데 한 곳을 구별하고 동산을 만드셨다. 그리고 하나님은 만드신 사람을 그곳에 두시고, 거기서 삶을 시작하도록 하신다. 그곳이 바로 '동방의 에덴' 즉 '에덴 동산'이다. 창조기사에는 인간의 최초의 거주지로 결정된 에덴의 모습이 그려져 있다. 창세기는 하나님이 만드신 아름다운 동산에 대한 사실적인 묘사만 아니라 하나님이 만드신 세상에 대한 비전이 그려져 있다.

주되심 Lordship: 하나님은 동산의 창설자이며 주인이시다

"여호와 하나님이 동방의 에덴에 동산을 창설하시고 그 지으신 사람을 거기 두시니라"(8절). 하나님은 만유의 창조주이시며, 에덴 동산의 소유주이시다. 성경은 하나님께서 온 우주를 창조하신 하나님일 뿐만 아니라 동방의 에덴에 동산을 창설하시며, 당신이 그곳의 주인이심을 분명히 한다. 하나님은 사람이 생육하고 번성하여 당신이 만드신 온 땅에 충만하고, 당신이 만드신 모든 것들을 정복하고 다스리도록 축복하셨다. 그러나 최초의 사람이 번성하여 온 땅으로 흩어지기 전에 에덴 동산에서 당신과 함께 거하며, 아담과 하와와 또 그의 가족들이 함께 하나님의 주되심을 인정하며, 하나님을 기뻐하고 즐거워하며 배우며 일하며 살아가도록 계획하신 것이다. 에덴의 예배는 주를 인정하고 즐거워하는 그들의 삶이었다.

관리함 Stewardship: 사람은 일하며 존재의 의미를 확인한다

"그 지으신 사람을 거기 두시니라"(8절). 하나님은 인간을 당신이 만드신 에덴에 두셨다. 에덴에 두신 사람의 구체적인 사명은 본문의 에덴에 대한 묘사가 끝나면서 바로 이어진다. "여호와 하나님이 그 사람을 이끌어 에덴 동산에 두어 그것을 경작하며 지키게 하시고"(15절). 사람으로 에덴 동산에서 다만 생존하도록 하신 것이 아니라 사람이 창조된 목적을 따라 살도록 그곳에 두신 것이다. "모든 것을 다스리게 하자"(창1:26). 하나님은 당신이 지으신 사람들이 생육하고 번성하여 온 땅에 흩어져 충만하게 되어서 당신의 목적을 따라 피조세계를 잘 다스리게 되길 원하셨다. "거기 두시니라", "그 사람을 이끌어 에덴 동산에 두어" 이 두 구절에서 발견하는 하나님의 모습은 사람을 위해 대단히 의도적이고 주도적이다. 그것은 사람이 먼저 에덴 동산에서 살며 구체적으로 하나님과 함께 그들이 할 일을 배우며 실행하는 법을 숙달하게 되기를 원하신 것이다. 하나님의 목적인 사명 수행의 내용으로 그 구체적인 방법은 에덴 동산을 '경작하고 지키는 일'이었다. 에덴의 첫 사람은 하나님이 맡기신 동산에서 자신의 일을 하며 자신의 존재 의미를 발견한다. 아담은 그가 하는 일을 통해 그의 사명을 구체화하고, 주께서 명하신 일을 즐거워 한다. 에덴의 일은 인간의 존재의 의미이며, 삶의 기쁨이었다.

동역함 Partnership: 사람은 하나님과 사람과 함께 일한다

"여호와 하나님이 흙으로 각종 들짐승과 공중의 각종 새를 지으시고 아담이 무엇이라고 부르나 보시려고 그것들을 그에게로 이끌어 가시니 아담이 각 생물을 부르는 것이 곧 그 이름이 되었더라"(19절). 하나님이 가르쳐 주신 에덴의 일은 먼저 하나님과의 동역이었다. 하나님은 하나씩 하나씩 아담에게 일을 맡기시고 일을 가르치신다. 아담은 하나님과 함께 일하는 법을 배워가며 그의 역할을 익히기 시작한다. 각종 들짐승과 공중의 새들을 만드신 분은 하나님이시지만 그들의 이름을 지은 것은 아담이다. 이렇게 아담은 하나님과 동역하며, 자신에게 주신 하나님의 형상으로 만물을 다스린다. 하나님은 당신과 동역하는 법을 가르치신 다음에 아담과 함께 할 '돕는 배필'을 만드신다. 그리고 그와 함께 동역하는 법을 가르치신다. 아담은 하나님이 주신 사람을 사랑하며, 동역하며, 더불어 사는 행복을 누린다.

향유함 Enjoyment: 사람은 에덴에서 생명과 풍요를 누린다

"여호와 하나님이 그 땅에서 보기에 아름답고 먹기에 좋은 나무가 나게 하시니 동산 가운데에는 생명 나무와 선악을 알게 하는 나무도 있더라 강이 에덴에서 흘러 나와 동산을 적시고 거기서부터 갈라져 네 근원이 되었으니"(9~10절). 이는 세상과 인간을 풍요롭게 하시는 하나님의 완전한 공급을 의미한다. 하나님은 에덴에 당신의 생명과 풍요로 충만하게 하신다. 하나님은 동산에 먹기에만 좋은 나무가 아니라 보기에도 아름다운 나무들이 자라게 하셨다. 이는 입을 만족케 하고, 위장에 포만감을 가져다 주는 생존양식을 위한 것만 아니라 눈과 전 존재의 만족과 향유를 위한 장치였다. 또한 동산 중앙에는 먹을 수 있는 것과 먹지 못하는 두 나무를 두셨다. 선악을 알게 하는 나무는 엄격하게 금함으로 그들의 생명을 보존하고, 생명 나무는 자유롭게 취함으로 자신들의 생명을 풍요롭게 하는 나무였다. "강이 에덴에서 흘러 나와 동산을 적시고 거기서부터 갈라져 네 근원이 되었으니"(10절). 에덴은 풍성한 샘의 근원이다. 에덴의 샘은 흘러 넘쳐 동산을 적시며 풍요롭게 한다. 하나님은 에덴 동산이 근원이 되어 그 곳에서 네

개의 강이 흘러가게 하셨는데, 그 강들로 인해 온 세상에 당신의 풍요와 충만한 생명으로 가득하게 하신 것이다. 에덴은 창조주 하나님을 인하여 사람과 자연이 어우러져 샬롬을 누린다.

깨어진 에덴과 회복의 비전

에덴의 비전은 온 세상을 향한 하나님의 주권과 기쁘신 뜻을 드러낸다. 우리는 하나님께서 디자인하신 에덴의 아름다움에 대한 창세기의 묘사를 읽으며 상상만으로도 행복해진다. 에덴에 동산을 만들어 인간에게 내어 주신 하나님의 선하고 아름다우신 뜻은 우리 인간의 최고의 행복이었다.

깨어진 에덴

에덴의 축복과 영광은 인간의 불순종으로 말미암아 깨어진다. 인간은 사탄의 유혹에 넘어져 선악을 알게 하는 나무의 열매를 먹었다. 이는 불순종을 넘어 하나님의 주되심에 대한 인간의 도전과 반역이었다. 하나님이 세우신 모든 창조의 디자인과 세상의 샬롬은 깨어졌다. 하나님의 형상과 사명을 상실한 인간은, 노동과 출산의 고통이 시작되고, 더불어 사는 법을 잊어버렸다. 사람은 서로 책임을 전가하게 되었으며, 그들의 관계에는 미움과 갈등, 분열과 고통이 더하여졌다. 인간은 영원한 사망과 저주를, 만유는 고통과 탄식을 경험하게 되었다.

"너희 눈이 밝아져 하나님과 같이 되어 선악을 알 줄 하나님이 아심이니라" (창3:5)고 했던 뱀의 말처럼, 하나님도 인간존재의 변화를 인정하신다. "보라

이 사람이 선악을 아는 일에 우리 중 하나 같이 되었으니… 하나님이 그 사람을 쫓아내시고 에덴 동산 동쪽에 그룹들과 두루 도는 불 칼을 두어 생명 나무의 길을 지키게 하시니라"(창3:22,24). 인간은 동산에서 향유하던 모든 것을 상실하게 되었고 에덴으로부터 완전히 축출되었다. 인간은 이제 스스로 선과 악을 결정짓는 하나님처럼 되었다. 인간이 하나님이 된 것이 아니다. 하나님처럼 되었다는 말은 자신의 존재의 주인이신 창조주 하나님을 대신하여 스스로 하나님 행세를 하게 되었음을 의미한다. 인간은 스스로 모든 선과 악의 결정자 행세를 하며 사는 자가 된 것이다. 이것이 하나님이 지으신 인간의 죽음이었으며, 인류에게 내려진 파멸과 저주였다. 그러므로 타락 이후에 깨어진 세상에서의 인간의 모든 삶은 하나로 귀결된다. 그것은 하나님의 주되심의 왜곡이다. 그 결과로 우리의 일터는 샬롬을 잃어버렸다. 스스로 하나님을 대신하고 살아가는 인간의 삶에 남은 것은 경쟁과 갈등, 불법과 불의, 실망과 좌절이며 종말에는 회한과 탄식으로 가득하게 된 것이다.

회복의 비전

일터의 비전은 온 세상 모든 나라와 민족과 모든 영역과 삶의 자리에서 주되심의 회복이다. 지금도 공중권세 잡고 온 세상의 주인으로 행세하는 원수 사탄과 이 땅에 하나님보다 높아진 모든 거짓된 것들로부터의 완전한 회복이다. 창세기의 실패는 계시록에서 회복된다. 그 회복의 비전은 사도요한에 의하여 이렇게 그려진다. "내가 또 들으니 하늘 위에와 땅 위에와 땅 아래와 바다 위에와 또 그 가운데 모든 피조물이 이르되 보좌에 앉으신 이와 어린양에게 찬송과 존귀와 영광과 권능을 세세토록 돌릴지어다하니 네 생물이 이르되 아멘 하고 장로들은 엎드려 경배하더라"(계5:13~14).

끝날에 모든 족속과 방언과 백성과 나라에서 그리스도로 인하여 회복된 자들과 모든 피조물들은 하나님을 예배하게 된다. 그날에 오직 하나님만 주 되시며, 오직 하나님만 영원토록 기뻐하고 즐거워하며, 오직 하나님만 찬양 과 영광을 받으실 것이다. 회복의 비전은 하나님의 주되심과 그의 통치를 회 복하고, 에덴의 샬롬을 온전히 회복하는 것이다.

하나님 나라의 비전
하나님의 비전과 하나님 나라

성경은 그 시작에서부터 끝까지 하나님의 나라에 대한 이야기로 가득하 다. 하나님은 에덴에서 당신의 나라를 계획하셨다. 그러나 당신이 통치하시 던 나라는 깨졌고, 성경에는 온통 하나님 나라를 회복하시려는 하나님의 비 전과 열정으로 충만하다. 하나님의 비전은 하나님의 나라에 대한 이야기로 드라마틱하게 그려지고 있다. 초림하신 예수 그리스도의 메시지의 중심 주 제도 하나님의 나라였다(마4:17, 눅4:43, 행1:3). 주님의 비유의 중심 주제도 하나 님의 나라이고(마13장), 주기도문에서 강조되는 기도도 하나님의 나라가 임 하는 것이다(마6:10). 공관 복음서에는 '하나님의 나라', '천국'이라는 용어가 빈번히 사용될 정도로 하나님의 나라는 성경의 중요한 중심 주제다(마태 56 회, 마가 21회, 누가 46회).

하나님의 나라는 일반적으로 나라의 3요소인 영토, 백성, 통치로 설명할 수 있다. 하나님의 나라에서는 영토와 백성도 중요하지만, 그 나라의 역동성을 설명하는 통치를 중심으로 이해된다. 다음 도표와 같이 성경에 나타난 하나님 나라 스토리를 3요소를 중심으로 요약 정리해 볼 수 있다.

시대구분 3요소	영토	백성	통치
에덴 원형인 하나님 나라	에덴	아담과 하와	선악과 금지
타락 깨어진 하나님 나라	에덴	불순종한 아담과 하와	선악과를 먹음 거절과 반역
아브라함 약속된 하나님 나라	땅-가나안	씨-아브라함과 그의 후손	복-하나님
다윗 나타난 하나님 나라	이스라엘	이스라엘	다윗의 고백 나의 왕 하나님
선지자 예언된 하나님 나라	이스라엘	이스라엘	다윗의 후손 의와 평강의 왕
초림 성취된 하나님 나라	땅 끝까지	영접 하는 자	예수 그리스도
재림 완성된 하나님 나라	새 하늘과 새 땅	새 예루살렘	예수 그리스도

하나님 나라는 왕이 소유한 영토와 백성보다 왕이 통치하는 상태가 중요하다. 하나님의 나라는 하나님께서 온전하게 통치하시는 상태이다. 그의 백성은 그의 주와 왕되심을 인정하며, 그분의 통치 아래에서 샬롬을 누리게 될 것이다. 샬롬은 하나님의 완전한 통치 아래에서 그의 백성들이 절대 안전과 절대 공급하심 가운데 평안을 누리는 상태를 말한다. 하나님 나라는 구약의

예언을 따라 예수님의 초림과 함께 이미 임하였다. 하나님의 나라는 "이미 너희 가운데 있다(the kingdom of God is within you)"하셨다(눅17:21, 마12:28). 예수님의 십자가와 부활하심으로 죽음의 권세를 꺾으셨으며, 사탄은 이미 패하였다. 이 십자가와 부활의 복음을 전하는 일은 주님의 재림까지 계속될 것이다. 우리는 그리스도의 재림과 더불어 완전히 승리할 것이며, 하나님의 나라는 온 세계 모든 족속들에게 완전히 임하게 될 것이다.

이미와 아직 사이 Between Already & Not Yet

그리스도의 초림과 재림 사이에 살고 있는 우리는 삶의 모든 영역에서 긴장과 대립을 경험한다. 하나님의 나라와 사탄의 나라의 대립과 충돌이다. C.S.루이스는 이 사실을 다음과 같이 말한다. "우주에는 중립지대란 없다. 단한 평의 땅, 단 1초의 시간에 대해서도 하나님은 자신의 권리를 주장하시고, 사탄도 거기에 대항해서 자기의 권리를 주장하고 있는 것이다"[41] 그러나 반드시 그리스도는 초림과 재림을 통하여 사탄의 지배로부터 모든 열방을 구원하며, 사탄의 지배에서 승리를 얻으실 것이며, 하나님의 나라를 회복하실 것이다. 우리는 초림과 재림 사이에서 이 땅 위에 그리스도의 남은 고난을 담당하고 인내하며 분투하며 소망 가운데 살며 헌신해야 할 것이다. 이를 정리하면 다음과 같다.

- 초림 무형적, 숨겨진 방식, 사탄의 권세를 깨트림, 죽음과 부활, 구세주로 오심
- 재림 유형적, 공개적 방식, 사탄의 나라의 멸망, 충만한 영광, 심판주로 오심

그의 나라는 그리스도의 초림을 통해 성취되고, 재림을 통해 완성될 것이다.

- ● 현재성 그리스도의 초림과 더불어 이미 임한 하나님의 나라(눅17:21)
- ● 미래성 그리스도의 재림과 더불어 아직 완성되지 않은 하나님의 나라

이미 임한 하나님의 나라와 아직 완성되지 않는 나라, 이 둘 사이에 긴장이 존재하며 그곳에 교회, 바로 우리들의 역할과 순종이 요청된다.

교회의 역할 계1~3장, 계12:17, 골1:23~29

하나님은 교회와 더불어 열방에 대한 하나님의 선교를 계속하신다. 그리스도는 승천하시며 우리에게 대위임령(the Great Mandate)을 주셨다. 복음서와 사도행전에서 예수님의 위임령이 5번이나 반복하여 기록되어 있다(마28:18~20, 막16:15~20, 눅24:44~49, 요20:21~23, 행1:8). 교회는 모든 족속의 구원과 하나님 나라를 완성하시려는 하나님의 목적의 성취를 위해 순종하고 헌신해야 한다.

마지막 때 세상은 더 악해지고, 악의 세력들은 더욱 공격적이 될 것이며, 당신의 백성들은 고난을 받을 것이다. 그러나 우리의 최후 승리는 결정되었고, 열방의 모든 족속에게 복음은 증거될 것이다(시22:27, 사49:6, 마24:14, 계7:9, 15:4). 그러므로 교회는 하나님 나라 완성의 비전을 품고, 소망 가운데 그리스도께서 다시 오실 때까지 인내하며 순결과 믿음을 지키고, 선한 싸움을 싸우며, 그리스도의 지상대명을 이루어가야 한다.

나의 비전 세우기와 이루기

비전을 세우기: 에덴의 비전을 적용하라

주되심을 회복하라

나의 일터의 주인은 하나님이시다. 그러나 내가 선 일터는 하나님이 디자인하신 에덴이 아니다. 나의 일터는 분명 깨어진 에덴일 것이다. 주님을 경외하지 않는 세속사회와 일터에서 우리가 가져야할 비전은 하나님의 주되심을 회복하는 것이다. 모든 이들이 그곳을 창설하신 주되신 하나님을 기억하고 하나님을 경외하는 것이다. 내가 할 수 있는 일은 내가 먼저 그분의 주되심을 삶으로 고백하는 일이다. 나의 일터가 주님의 나라가 되길 구하는 것이다. 주님의 통치를 구하는 것이다. 먼저 내 삶을 예배로 드려야 한다. 나의 비전을 세우기 위해 점검할 것이 있다.

> 나의 비전은 나를 위한 것인가? 주를 위한 것인가?

청지기로 살아가라

하나님은 우리를 일터로 보내시며 각자에게 사명을 주셨다. 일터에서 하나님께서 내게 맡기신 일을 확인하고, 그 일을 할 것이다. 우리는 에덴에서 당신의 동산을 지키고 돌보며 경작하고 생산하도록 세워졌다. 그러므로 우리는 우리가 하는 일의 생산적인 청지기들이 되어야 한다. 우리는 일터에서 성실과 정직으로 일하며, 하나님과 사람 앞에 부끄럽지 않는 자들로 인정되어야 한다. 사람에게 하듯 하지 말고 주께 하듯 하라 하신 말씀을 따라 일할 것이다. 맡겨진 일에 가장 효율적이고 경제적인 방법을 찾아 가장 탁월한 일꾼들이 되어야 한다. 우리는 하나님의 형상을 가진 자들로 우리가 일하는 과정에서 하나님의 성품을 투영하고 반영하며, 하나님 나라의 가치를 적용해야 한다. 또한 우리가 하는 일에는 우리에게 책무로서 주어진 피조세계를 돌보며 관리하라 하신 말씀을 적용하고, 생태계를 보존하고 지켜가기 위해 힘쓰며 노력해야 할 것이다. 나의 비전을 세우기 위해 점검할 것이 있다.

나는 나의 비전의 주인공인가? 청지기인가?

연합하며 세워가라

하나님은 내게 동역자를 주신다. 나를 보내신 일터에서 내가 홀로 일하도록 버려두지 않으신다. 우리가 어느 곳에서든 주께서 보내신 뜻을 이루기 위해 무엇인가 시작하려고 하면 대부분 이런 세 가지가 보인다. 나의 부족함, 상황의 어려움 그리고 혼자라는 사실이다. 그러나 내 약함과 부족함을 아시는 하나님은 나를 위한 최고의 동역자를 예비하시고 계심을 믿어야 한다. 다만 주께서 주신 비전을 포기하지 않고, 기도하며 나와 함께 일할 이들을 찾아야 할 것이다. 그때, 하나님의 손에 이끌려 오는 "내 뼈 중의 뼈요 내 살 중의 살이라" 고백할 그들을 보게 될 것이다. 그리고 사람을 멀리서 찾지 말 것이다. 하나님의 섭리 가운데 이미 내 곁에 두신 사람들을 귀하게 여겨야 한다. 동지들은 항상 내 곁에 가까이 있다. 그리고 주신 이들과 함께 하는 법을 배워야 한다. 힘든 일이다. 다름은 수용하고 다양성은 존중해야 한다. 무엇보다 하나님이 주신 이들임을 믿으며, 서로 약점을 가졌으나 서로가 서로를 온전케 한다는 사실을 믿어야 한다. 그때 한 팀이 될 것이다. 나의 비전을 세우기 위해 점검할 것이 있다.

나는 홀로 일하려 하는가? 함께 일하려 하는가?

하나님을 신뢰하라

하나님은 일터에서 모든 것들을 주신다. 하나님은 일터에서 일할 수 있는 모든 자원들을 준비해 두셨으며 또한 일터를 통해 내가 누리며 향유할 수 있는 모든 것들을 공급해 주신다. 하나님께서 내게 일터 에덴을 주실 때는 하나님에 의하여 모든 것들이 예비되어 있음을 믿어야 할 것이다. 그러나 나의 일터 에덴에서 발견한 현실은 완전함이 아니라 불완전함이고, 충만함이 아니라 결핍과 부족함일 것이다. 그러나 실망하지 말아야 한다. 우리가 무엇이든 필요를 따라 주께 구하면 그가 공급하실 것이다. 우리에게는 무한자원이신 하나님과 하나님께서 이미 내게 그 일을 감당하라 주신 은사와 열정이 있다는 사실을 잊지 말아야 한다. 또한 일터에는 이미 하나님이 두신 솔루션과 예비된 자원이 있음을 신뢰해야 한다. 묵상해 보라. 하나님이 에덴에 두신 자원은 에덴을 적시는 것에 끝나지 않는다. 에덴의 샘과 강은 네 줄기로 뻗어나가 동서남북, 모든 세계와 민족과 열방을 적시고 그곳에 풍성한 생명들이 살아나는 역사를 꿈꾸시던 하나님의 비전이었다. 이 비전은 후에 에스겔의 환상에서도 성전 문지방에서 터져 나온 샘이 유대 광야를 적시고 염해를 살리고 온 땅을 치유하는 역사가 일어나게 하는 모습으로 그려졌다. 하나님의 비전은 우리의 일터에 있고, 그 비전을 성취하기 위한 자원도 우리의 일터에 있음을 믿어야 한다. 또한 그 비전에 필요한 자원은 비전을 주신 하나님께서 공급하실 것이다. 나의 비전을 세우기 위해 점검할 것이 있다.

나는 나의 자원만 믿는가? 하나님의 공급을 믿는가?

비전을 이루기 위하여: 비전의 사람들을 묵상하라

느헤미야: 기도하며 계획하며 성취하라

느헤미야는 페르시아 수산궁에서 왕의 술관원, 즉 왕의 최측근으로 당시 최고의 권력자 곁에 선 자였다. 그의 조국은 비록 망했으나 자신의 민족과 그 회복을 잊지 않고 있었다. 아닥사스다 왕 제20년, 기슬르월에 그의 형제 중 하나니가 유다와 예루살렘을 다녀와서 그로부터 그 땅의 소식을 전해 듣게 된다. "큰 환란을 당하고 능욕을 받으며 예루살렘 성은 허물어지고 성문들은 불탔다"하는 소식이었다. 그는 그 소식을 듣는 날로부터 수 일 동안 울고 슬퍼하고 결심하고 하나님께 금식하며 기도하기 시작했다. 느헤미야는 자신이 이루어야 할 예루살렘의 회복과 재건에 대한 비전을 품었다. 그의 결심과 기도와 함께 하나님께서 일하시기 시작했다. 그 후 그는 왕의 술관원이라는 지위에 올라 왕을 더 가까이에 모시게 되었고, 왕에게 청을 하여 결국 유대의 총독으로 파견을 받게 되었다. 우리도 품은 비전을 위해 기도해야 한다. 그 때 길이 열린다.

그는 비전을 성취하기 위해 무엇을 해야 할지 알고 있는 탁월한 리더였다. 예루살렘에 이르자 그 밤에 은밀하게 상황을 리서치하기 시작했다. 은밀하게 조사하고, 세밀하게 계획하고, 사람들과 의논하고, 동기를 부여하고, 협력을 이끌어 냈다. 느헤미야가 비전을 수행하는 과정을 배워야 한다. 그는 철저한 준비와 함께 역사적인 대공사를 진행했다. 물론 예상했던 많은 적들, 위험, 방해, 반대에 부딪쳤다. 그러나 그의 계획이 완성될 때까지 낙심하지 않았고, 그들은 함께 싸우며 일했다. 느헤미야는 포기하지 않으며 결코 뒤로 물러가지 않는 지도자였다. 52일 동안 성벽 공사를 끝내는 대역사를 만든다.

그 성을 완성할 때까지 일꾼들은 한 손에는 병기를 잡고, 한 손으로 일을 하며 성을 완공했다고 기록하고 있다. 성이 완공된 후에 수문 앞 광장에 모여 이스라엘 백성들이 에스라와 함께 말씀을 받고 예배하는 모습을 보는 느헤미야의 벅찬 마음은 가눌 길이 없었을 것이다. 12년 동안 느헤미야는 그가 꿈꾸던 일을 이루기까지 쉼 없이 그리고 하나님과 사람 앞에 부끄럽지 않게 일했다. 그의 삶과 고백은 이 한 구절에 모두 요약되어 있다.

> "내 하나님이여 내가 이 백성을 위하여 행한
> 모든 일을 기억하사 내게 은혜를 베푸시옵소서"(느5:19).

예수님: 비전을 양식 삼고 살아라

복음서에는 예수님의 비전을 성취하시는 모습과 열정을 증거하는 내용들로 가득하다. 수가성에서 사마리아 여인을 만나시던 날, 오래 묵은 땅 사마리아가 회복되는 것을 보시며 기뻐하시던 일은 그의 비전성취의 열정을 볼 수 있는 한 사건이다. 예수님은 긴 행로에 지쳐 목이 마르셔서 물 길러 온 사마리아 여인에게 물 한 잔을 달라며 청한다. 그렇게 대화가 시작되어 사마리아 여인은 구원을 받게 된다. 여인은 동네로 들어가 사람들에게 예수님 소식을 전하고 마을 사람들은 우물가로 모여든다. 이 때 먹을 것을 구하러 마을로 들어갔던 제자들이 돌아와 시장한 예수님을 위해 빵을 내밀 때 예수님은 이렇게 말씀하신다. "내게는 너희가 알지 못하는 먹을 양식이 있느니라"(요 4:32). 제자들은 누가 잡수실 것을 드렸나보다 생각했지만, 주님의 양식은 하늘 아버지의 비전과 그 뜻을 이루는 것이었다. "나의 양식은 나를 보내신 이의 뜻을 행하며 그의 일을 온전히 이루는 이것이니라"(34절)하셨다.

예수님은 단 한순간도 아버지의 보내신 뜻, 구속의 비전을 망각한 적이 없다. 때가 이르러 십자가를 목전에 두고 계실 때 이렇게 기도하신다. "아버지여 때가 이르렀사오니 아들을 영화롭게 하사 아들로 아버지를 영화롭게 하게 하옵소서"(요17:1). 예수님은 당신이 아버지의 뜻을 성취하여 아버지를 영화롭게 하는 순간을 일생 열망하며 기다리셨던 것이다. 그것은 다름아닌 십자가를 지는 일이었다. 십자가 위에서 아버지의 비전을 성취하기 위해 당신을 온전히 드리는 그 죽음의 순간, 자신이 가장 영화롭게 되는 순간이라 고백하신다. 주기도문은 다만 기도가 아니라 당신의 비전을 향한 삶이었으며 열망이었다. "하늘에 계신 우리 아버지여 이름이 거룩히 여김을 받으시오며 나라가 임하시오며 뜻이 하늘에서 이루어진 것 같이 땅에서도 이루어지이다"(마6:9~10).

"Thy Kingdom Come. Thy Will Be Done"
주의 나라가 임하길, 주의 뜻이 이루어지길

바울: 부르심의 상을 위해 끝까지 달려라

바울의 부름받은 이후의 삶은 한 마디로 자기 부인의 삶이었다. 생의 끝 무렵, 로마의 옥중에서 쓴 빌립보 성도들을 향한 편지에서 그는 자신의 인생을 아직도 달음질하는 삶이라 표현한다. "내가 이미 얻었다 함도 아니요 온전히 이루었다 함도 아니라 오직 내가 그리스도 예수께 잡힌 바 된 그것을 잡으려고 달려가노라 형제들아 나는 아직 내가 잡은 줄로 여기지 아니하고 오직 한 일 즉 뒤에 있는 것은 잊어버리고 앞에 있는 것을 잡으려고 푯대를 향하여 그리스도 예수 안에서 하나님이 위에서 부르신 부름의 상을 위하여 달려가노라"(빌3:12~14). 그는 자신의 비전을 성취하는 과정에 오늘까지 이룬 사실과 자신을 부정한다. "뒤에 있는 것은 잊어버리고 앞에 있는 것을 잡으려고"하며 더욱 집요하게 아직도 잡지 못한 것을 향하여 달려간다. 비전을 성취하기 위해 우리가 가져야 할 집요함일 것이다.

바울의 달음질은 하나님이 좌표였다. 그를 부르시고 부르심을 완성하는 날에 그를 칭찬하실 하나님만 바라보았다. 바울의 마지막 편지라고 전해지는 디모데에게 보낸 두 번째 편지에서 그의 생에 끝날 날이 가까운 것을 직감하며, 자신의 지난 삶을 반추하며 확신한다. "전제와 같이 내가 벌써 부어지고 나의 떠날 시각이 가까웠도다 나는 선한 싸움을 싸우고 나의 달려갈 길을 마치고 믿음을 지켰으니 이제 후로는 나를 위하여 의의 면류관이 예비되었으므로 주 곧 의로우신 재판장이 그날에 내게 주실 것이며 내게만 아니라 주의 나타나심을 사모하는 모든 자에게도니라"(딤후4:6~8). 그의 삶은 하나님의 부르심을 성취하는 일에 온전히 전제의 제사로 부어진 것이다. 선한 싸움을 싸웠고, 그의 달려갈 길을 마쳤고, 믿음을 지켰다고 고백한다. 그는 그의 달음질을 한순간도 멈추지 않았다. 모두 끝낸 것이다. 이제 하나님께서 주시는 의의 면류관을 받을 일만 남았다. 바울의 삶이 우리의 삶이 되고, 바울의 마지막 확신에 찬 고백이 우리의 고백이 되길. 비전을 가진 자, 그 비전을 성취하며 살아가는 우리 삶의 마지막 모습이 되어야 할 것이다.

일터비전과 하나님 나라

성경의 마지막 두 장(계21~22장)에서 우리는 하나님의 선교완성의 비전을 발견한다. 잃어버린 에덴의 모습이 다시 회복된다. 처음 하늘과 처음 땅과 두려움의 바다는 존재하지 않는다. 이제 새 하늘과 새 땅, 새 예루살렘이며, 그 백성들의 샬롬이다. 마치 태초의 에덴 동산처럼, 하나님의 장막이 준비된다. 하나님이 그 백성과 함께 거하신다. "그들은 하나님의 백성이 되고 하나님은 친히 그들과 함께 계셔서 모든 눈물을 그 눈에서 닦아 주시니"(계21:3~4) 우리는 모든 원수들로부터 자유를 얻게 될 것이며, 죄와 사망과 모든 인간의 고통은 사라진다. 하나님의 선언이 들린다. "내가 만물을 새롭게 하노라"(5절)

"또 내가 새 하늘과 새 땅을 보니 처음 하늘과 처음 땅이 없어졌고 바다도 다시 있지 않더라 또 내가 보매 거룩한 성 새 예루살렘이 하나님께로부터 하늘에서 내려오니 그 준비한 것이 신부가 남편을 위하여 단장한 것 같더라 내가 들으니 보좌에서 큰 음성이 나서 이르되 보라 하나님의 장막이 사람들과 함께 있으매 하나님이 그들과 함께 계시리니 그들은 하나님의 백성이 되고 하나님은 친히 그들과 함께 계셔서 모든 눈물을 그 눈에서 닦아 주시니 다시는 사망이 없고 애통하는 것이나 곡하는 것이나 아픈 것이 다시 있지 아니하리니 처음 것들이 다 지나갔음이러라 보좌에 앉으신 이가 이르시되 보라 내가 만물을 새롭게 하노라 하시고 또 이르시되 이 말은 신실하고 참되니 기록하라 하시고 또 내게 말씀하시되 이루었도다 나는 알파와 오메가요 처음과 마지막이라"(계21:1~6).

완성: 연속성과 불연속성[42]

오늘 우리의 삶은 이 땅의 삶으로 끝날 것인가? 그 나라에서도 연속될 것인가? 계시록에는 장차 완성될 나라에서의 삶을 소개한다. 보좌에서 들리는 많은 물 소리와도 같은 큰 우렛 소리와도 같은 보좌의 음성이 들린다. "할렐루야 주 우리 하나님 곧 전능하신 이가 통치하시도다 우리가 즐거워하고 크게 기뻐하며 그에게 영광을 돌리세 어린 양의 혼인 기약이 이르렀고 그의 아내가 자신을 준비하였으므로 그에게 빛나고 깨끗한 세마포 옷을 입도록 허락하셨으니 이 세마포 옷은 성도들의 옳은 행실이로다"(계19:6~8). 어린 양 혼인잔치에 신부된 우리들이 입을 옷에 관한 설명이다. 우리가 그날에 입을 옷은 "성도들의 옳은 행실"이다. 우리의 이 땅의 삶은 하나님 앞에 기억되어진다.

여기서 우리의 질문은 가득하게 일어난다. 하나님의 나라에서 우리의 삶은 이 땅에서 가진 가정과 가족과 함께 살아가며, 우리의 직업과 일터에서 함께 하던 동료들과 그곳에서 일할 것인가? 성경은 우리가 궁금한 만큼 자세하게 이 사실을 설명하지 않는다. 이 땅의 가족이 다시 가족이 되어 살고, 이 땅의 일터에서 만난 동료들과 함께 일하지는 않을 것이다. 우리가 행하던 모든 직업이 그대로 존재할지도 분명하게 알 수 없다. 우리의 삶의 가치들은 존속될 것이다. 분명한 묘사는 신부의 옷은 우리들의 직업이 아니라 우리의 옳은 행실이라고 했다. 우리가 추구한 삶의 가치들이 지속되는 것이다. 그리고 확신하는 바는 이 땅에서 살아가는 모든 삶과 일들은 그 나라에서 더 온전하게 더 거룩하게, 더 영광스럽게 지속될 것이다.

반지의 제왕을 쓴 톨킨의 『니글의 이파리』[43]는 우리에게 소망을 준다. 이 땅에서 사람들을 위로할 크고 멋진 숲을 가진 나무를 그리려 하던 화가의 꿈은 그의 생명이 다하여 그 큰 나무에 고작 이파리 하나 밖에 그리지 못하고 미완성의 아쉬움을 남기며 끝이 났다. 그러나 미완성의 삶으로 죽어간 화가의 삶은 그렇게 끝나지 않았다. 하나님의 나라에서 니글은 그의 꿈이 완성되어 숲을 가진 큰 나무가 존재하는 것을 발견한다. 큰 나무 앞에 선 니글은 "이것은 선물이야"라고 탄성을 발한다. 그렇다. 우리가 가진 비전과 이 땅에서의 삶은 그의 나라가 완성되는 날, 그곳에서 아름다운 삶과 모든 소망들이 완성되고, 하나님께 기억되어졌음을 발견하게 될 것이다.

계시록 21장에서 사도 요한은 장차 이루어질 새 예루살렘에 대해 길게 묘사한다. 그리고 마지막에 그곳으로 들어갈 자들, 그 백성들이 소개된다. "만국이 그 빛 가운데 다니고 땅의 왕들이 자기 영광을 가지고 그리로 들어가리라... 사람들이 만국의 영광과 존귀를 가지고 그리로 들어가겠고 무엇이든지 속된 것이나 가증한 일 또는 거짓말하는 자는 결코 그리로 들어가지 못하되 오직 어린 양의 생명책에 기록된 자들만 들어가리라"(계21:24, 26~27). 새 예루살렘의 백성들은 모두 어린양의 생명책에 기록된 자들이다. 이들은 '땅의 왕들'로 묘사된다. 이들은 바로 우리들이다. 창조 때 우리가 이 땅의 일터, 하나님이 보내신 모든 나라와 민족과 모든 영역에서 그곳을 '다스리는 자'로 세워졌기 때문이며 또한 그리스도 안에서 다시 회복된 우리들의 지위이다(계1:5~6, 5:9~10).

이 땅의 왕들이 가진 '자기 영광', '만국의 영광과 존귀'는 무엇인가? 우리가 이 땅에서 행한 모든 수고와 그 열매다. 그곳에는 모든 죄와 거짓과 불의와 가증하고 속된 것들은 들어가지 못할 것이다. 그러나 우리는 들어간다. 하나님의 나라를 세우는 일터의 왕들로서 우리가 일터에서 행한 모든 수고, 자신의 영광을 가지고 그곳으로 들어간다. 우리는 주님과 함께 영원토록 왕 노릇 할 것이다.

하나님 나라의 상상력이 필요하다

우리가 가진 비전과 현실은 언제나 괴리가 있다. 그 괴리는 우리를 절망케하는 이유다. 아무것도 목표하지 않는다면 낙심할 일도 없다. 우리가 목표하는 일은 최후 승리와 완성이 확정된 일이다. 낙심하지 말 것이다. 그때 그 나라의 상상력이 필요하다. 우리가 그 나라의 비전에 붙들리게 된다면, 아무리 현실이 절망이어도 낙망하지 않고 도리어 열망하게 될 것이다. 일터에 선 우리에게 지금 필요한 것은 바로 내가 선 일터에 완성될 하나님 나라와 그 나라의 상상력이다.

기대함으로 살아가라 Living in Expectation

우리는 치열한 일터의 삶을 어떻게 살까? 칠흑 같은 깊은 밤에도 여전히 아침이 올 것을 기대함처럼, 우리는 그 나라의 완성의 비전으로 오늘을 살아갈 것이다. 계시록의 비전은 우리에게 소망을 준다. 우리가 살고 있는 처음 하늘과 처음 땅은 간데 없고, 새 하늘과 새 땅 그리고 새 예루살렘이 임할 것이다. 우리는 선교 완성의 비전을 기대함으로 오늘을 살 것이다. 일터의 비전은 나의 꿈을 넘어 하나님의 꿈이며, 하나님 나라의 꿈이다.

우리가 오늘도 하나님의 비전이라 부르는 나의 야망과 욕심을 이루려고 하지는 않는지, 두려움으로 오늘도 일터에선 우리의 치열한 삶을 돌아본다. 마무리 하며 『정글북』을 쓴 러디어드 키플링은 세 아이의 아버지로서 12살 된 자신의 아들을 위해 쓴 「만약에」라는 유명한 시를 소개하며 마무리 한다.[44] 다음 기도와 같이 일터에서 꿈꾸며 작은 일에서부터 시작하며, 하나님을 위해 자신을 드릴 수 있기를 기대한다.

하나님,

만약에 꿈을 갖더라도 그 꿈의 노예가 되지 않을 수 있다면

만약에 기준을 가지더라도 그 기준이 목적이 되지 않게 된다면

만약에 성공과 실패를 만나더라도

그 두 가지가 인생의 전부가 아닌 걸 알 수 있다면

만약에 정직치 못한 이들이 진실을 왜곡하더라도 분별하고 참아낼 수 있다면

만약에 인생을 바쳐 이룬 일들이 무너지더라도

다시 바닥부터 일으켜 세우고 도전할 수 있다면

만약에 가장 낮은 자들과 이야기하면서도 덕을 지킬 수 있고,

왕과 함께 걸어도 겸손함을 잃지 않을 수 있다면

만약에 이 세상에 살아가지만, 이 세상에 속하지 않을 수 있다면,

만약에 하나님께서 이루어 가시는 이미 시작되었지만 완성되지 않은

하나님 나라의 작은 벽돌이 될 수 있다면,

저의 작은 삶의 예배로 하나님께서 영광 받으실 수 있다면,

그리고 하나님 나라의 회복에 작게 동참할 수 있다면,

하나님, 만약에 하나님의 뜻이라면...

이렇게 저의 삶을 통해 일하시기를 기도합니다.

◇ **토의질문**

1. 나의 일터에서 꿈꾸는 비전은 무엇인가? 하나님의 비전과 일치하는가? 그것은 어떻게 알 수 있는가?

2. 나의 비전을 이루기 위해 나는 오늘 어떻게 살고 있는가? 부족한 것은 무엇인가? 어떻게 해결하려고 하는가?

3. 성경에 나타난 비전의 사람들을 묵상하며 배워야 할 점은 무엇인가? 또 내가 롤모델로 삼고 달려가는 사람이 있다면 함께 나눠 보자.

◇ **참고도서**

리차드 미들턴 외, 1987. 그리스도인의 비전. 서울: IVP.

마일즈 먼로, 2009. 비전의 힘. 서울: 프리셉트.

신갈렙, 2010. 하늘의 기업가 비즈너리. 서울: 규장.

폴 스티브스, 2006. 하나님의 사업을 꿈꾸는 CEO. 서울: IVP.

한종수, 2013. 비전의 크기가 인생의 크기를 결정한다. 서울: 두란노.

황성주, 2010. 킹덤드림. 서울: 규장.

세계관 소명 문화 영성 돈 리더십 공동체 비전 선교적삶 BAM

09

—

일터와
선교적 삶

BAM
BASIC

우리는

일터에서 선교하시는 하나님께서

그리스도를 세상에 보내심과 같이

그리스도께서 세상으로

우리를 보내신 뜻을 기억해야 한다

선교적 삶은 자신의 일과 직업을

창조주께서 주신 소명으로 여기며

자신의 일터에서

하나님의 영광을 위한

예배의 삶을 통해

하나님과 그의 나라와 그의 복음을

드러내는 삶이다

09

일터와
선교적 삶

Missio Dei! 하나님은 선교하시는 하나님이시다. 교회는 하나님의 선교에 부르심을 받은 공동체이며, 우리는 하나님의 선교에 부르심을 받은 동역자들이다. 우리 모두가 하나님의 선교에 동참한다. 현대선교는 더 이상 보내는 자와 가는 자로 구분되는 '가라 그렇지 않으면 보내라(Go or Send)'라는 모토에 머물지 않는다. 우리는 지난 세계 선교 역사 속에서 모두가 가야하는 공동체로서 부름을 기억하지만, 모두가 갈 수 없기 때문에 이 모토와 함께 선교했다. 그 과정 속에 시간이 흐르며, 우리의 선교는 가는 자와 가지 않는 자들로 굳어지고 말았다. 그러나 이제 우리가 살고 있는 세계와 선교적 상황은 극적인 변화를 경험하고 있다. 지난 세기와 시대와는 완전히 다른 상황이다. 이제 우리는 모두가 자신이 있는 곳에서 선교하는 시대를 맞이했다.

하나님의 디자인: Missio Dei
구약의 선교

"내가 너로 여자와 원수가 되게 하고 네 후손도 여자의 후손과 원수가 되게 하리니 여자의 후손은 네 머리를 상하게 할 것이요 너는 그의 발꿈치를 상하게 할 것이니라"(창3:15). 하나님은 인간이 범죄한 순간 바로 인간을 넘어지게 한 뱀을 저주한 후에 인간을 구속하기 위한 말씀을 먼저 주신다. 이는 인간이 죄의 결과로 인한 심판 사실을 말씀하시는 것보다 앞서 기록되어 있다. 하나님의 인간 구속은 이토록 하나님의 마음의 열망이다. 이는 하나님의 선교 마스터 플랜이다.

우리는 이를 '원시복음(Proto-Gospel)'이라 부르기도 한다. 이 내용에는 인간이 지은 죄를 해결하는 방법으로서 뱀에 의하여 여자의 후손의 발꿈치가 상하는 사건, 즉 그리스도의 죽음 이야기가 예언되어져 있다. 또한 여자의 후손이 뱀의 머리를 상하게 함으로, 인간의 죄의 결과인 죽음을 이기시고 부활하심으로 인간의 사망을 해결하는 그리스도의 모습이 예언되어져 있다. 하나님은 이렇게 인간을 구속 곧 회복하심으로 당신의 잃어버린 백성을 되찾고, 당신의 영광을 회복하실 것이다. 하나님의 선교에 있어서 가장 결정적인 비전이 예언되어졌다.

하나님의 이 구속계획은 아브라함을 부르시고 그와 언약을 맺으며 구체화된다. 여자의 후손을 보내시고 하나님의 구속을 완성하기 위한 한 사람을 선택하신다. "너는 너의 고향과 친척과 아버지의 집을 떠나 내가 네게 보여 줄 땅으로 가라 내가 너로 큰 민족을 이루고 네게 복을 주어 네 이름을 창대하게 하리니 너는 복이 될지라 너를 축복하는 자에게는 내가 복을 내리고 너를 저주하는 자에게는 내가 저주하리니 땅의 모든 족속이 너로 말미암아 복을 얻을 것이라 하신지라"(창12:1~3). 아브라함의 언약에는 땅, 씨, 복이라는 3가지 중요한 키워드가 있다. 땅은 약속하신 가나안 땅이며, 씨는 이삭으로서 장차 그의 후손으로 오실 그리스도를 의미하며, 복은 이들을 복의 근원으로 삼아 모든 민족과 열방을 구원하며 복주시기 위한 선교하시는 하나님의 주도적인 은혜의 언약이었다.

아브라함과 맺으신 언약에 의하여 하나님은 아브라함 후손들을 당신의 백성으로 택하신다. "세계가 다 내게 속하였나니 너희가 내 말을 잘 듣고 내 언약을 지키면 너희는 모든 민족 중에서 내 소유가 되겠고 너희가 내게 대하여 제사장 나라가 되며 거룩한 백성이 되리라"(출19:5~6). 이스라엘은 출애굽과 함께 시내산에서 하나님의 거룩한 백성들로 제사장 나라로 세움을 입는다. 이스라엘은 열방 가운데 구별하여 하나님의 목적을 위하여 따로 세운 거룩한 백성들이요, 하나님의 목적인 온 세상 모든 민족의 구원을 위한 제사장 민족이었다. 이들은 구별된 삶을 살며 '하나님의 백성다움(Being Mission)'을 통해 열방의 제사장 나라가 되며 이로써 '선교적 사역(Doing Mission)'을 감당할 수 있었다.

하나님은 이들 백성에게 이 일을 위한 조건적 행위로써 당신의 언약을 지킬 것을 요청하신다. 시내산 언약을 통해 "하나님은 그들의 하나님이 되시고, 그들은 하나님의 백성이라" 선포되었다. 하나님은 그의 백성에게 십계명과 율법을 주신다. 그들에게 주어진 율법과 계명은 그 백성됨을 유지하는 구체적인 실천 내용이었다. 그의 백성들이 열방과 구별되어 하나님의 백성다움을 유지하는 담보였다. 이미 출애굽의 과정 가운데 당신의 백성들에게 하나님이 행하신 일들을 통해 그들의 하나님의 하나님되심과 그들의 백성으로 살며 누리는 복이 열방 가운데 선포되었다.

하나님은 그 백성들을 택하시고 역사 속에서 그의 백성들을 통하여 만민에게 하나님을 드러내신다. 심지어 그들의 불순종과 실패에도 불구하고 끝까지 인내하시며 언약을 성취하시며, 그들을 구원하시는 하나님의 긍휼과 열심을 열방에 나타내셨다.

신약의 선교

구약의 언약과 선지자를 통해 하나님께서 약속하신 아브라함과 다윗의 자손 그리스도께서 세상에 오셨다.[45] 이제 그리스도 안에서 모든 언약과 율법은 성취되고 누구든지 그를 믿는 자들은 구원을 얻게 될 것이다. 그리스도는 구약의 이스라엘을 선택하심처럼 신약의 교회를 세우시고 열방을 구원하신다. "아버지께서 나를 세상에 보내신 것 같이 나도 그들을 세상에 보내었고 또 그들을 위하여 내가 나를 거룩하게 하오니 이는 그들도 진리로 거룩함을 얻게 하려 함이니이다"(요 17:18~19). 그리스도는 우리를 진리로 거룩하게 하시고, 우리를 세상으로 보내신다. '아버지께서 당신을 세상에' 보내심과 같이 '우리를 세상으로' 보내신다. 우리는 오늘 세상 가운데 다만 생존하는 것이 아니라 그의 보내심을 받아 존재하는 것이다. 우리는 일터에서 선교하시는 하나님께서 그리스도를 세상에 보내심과 같이, 그리스도께서 세상으로 우리를 보내신 뜻을 기억해야 한다. 우리가 선 삶터와 일터에서 그 영광스러운 보내신 책무를 이행해야 할 것이다. 그 사명이 바로 선교적 삶이다.

"너희는 택하신 족속이요 왕 같은 제사장들이요 거룩한 나라요 그의 소유가 된 백성이니 이는 너희를 어두운 데서 불러 내어 그의 기이한 빛에 들어가게 하신 이의 아름다운 덕을 선포하게 하려 하심이라 너희가 전에는 백성이 아니더니 이제는 하나님의 백성이요 전에는 긍휼을 얻지 못하였더니 이제는 긍휼을 얻은 자니라"(벧전2:9~10).

우리는 먼저 "오직 너희를 부르신 거룩한 이처럼 너희도 모든 행실에 거룩한 자가 되라"(벧전1:15)하신 말씀을 따라 세상 속에서 '그의 백성다움을 지켜가는 일'을 해야한다(Being Mission). 나아가 우리를 긍휼히 여기시고 우리를 어둠과 죽음과 저주로부터 불러내어 그의 기이한 빛 가운데 살게 하신 '그의 아름다움을 전하는 일'을 해야 한다(Doing Mission). 이것이 선교의 하나님께서 원하시는 선교적 삶이다.

성경적 세계관과 선교

● 선교는 창조-타락-구속의 틀을 통해 이해 되어야 한다. 선교는 하나님의 구속, 곧 회복이다.

● 하나님의 창조세계와 모든 영역이 그분의 통치 아래에서 그의 영광을 회복하는 것이다.

● 선교의 목적은 모든 족속이 그의 영광을 바라보며 그분을 예배케 하는 것이다.

● 선교는 모든 성도들의 소명이다. 하나님은 우리를 당신의 나라의 비전을 위하여 부르셨다.

● 선교는 교회의 존재 이유다. 하나님은 이 땅에 교회를 세우시고 선교하신다.

● 선교의 주체는 하나님이시다. 역사 속에 인간은 실패해도 지금도 하나님은 선교하신다.

세계화와 일터의 변화
민족들의 이동과 협력의 동기 Motivation

오늘날 전 세계는 하나의 마을, 지구촌(Global Village)이 되었다. 다양한 배경을 가진 사람들이 서로 다른 나라와 문화들로 이동해 오고 또 가고 있는데, 직장, 학업, 결혼 등 모두 삶과 비즈니스 등의 동기 때문이다. 모두가 자신의 비즈니스의 과정에서 생산자와 공급자로, 구매자와 판매자로서 교류하며 이동하고 만나고 있다. 이 모두 비즈니스의 활동과 결과다.

우리가 주목해 봐야 하는 것은 세계화(Globalization)의 과정에서 거대도시(Mega City)들의 등장이다. 이는 비즈니스의 힘과 그 영향력을 보여주는 상징적 사건이다. 1800년도에 3개, 1950년에는 70개로, 2011년에는 770개로 늘어나고 있는 인구 백만이 넘는 거대도시들의 등장은 비즈니스 세상의 영향력과 세계의 변화를 한마디로 증명한다. 모든 민족들이 도시로 몰려들어 비즈니스 활동 안에서 하나가 되고 있는 것이다. 현재 전 세계 디아스포라의 숫자는 2012년 통계가 2억이 훨씬 넘는다. 약 6천만에 이르는 난민의 문제도 국제적으로 최근 더욱 심각한 이슈로 떠오르고 있다. 세계의 모든 민족들이 이동하고 있다. 이들의 모든 이동의 동기가 자신의 현실적 생존과 미래의 희망이라는 삶의 문제이며, 그 터전인 비즈니스와 직결되어 있다. 우리는 지금 우리가 일하고 있는 현장에서 이미 땅끝을 만나고 있다. 코로나 이후 오늘날 세계선교에 있어서 디아스포라와 난민 이슈는 뜨거운 관심과 전략적 의제가 되고 있다.

비즈니스 구조 안에 있는 삶 Structure

비즈니스는 요람에서 무덤까지 우리들의 삶의 모든 영역을 장악했다. 특별히 우리 삶의 시작과 마침을 의미하는 출산과 장례는 우리 민족 문화 속에서 삶의 희로애락을 공동체와 나누는 상징적 내용이라 할 수 있다. 한국이 산업화 사회로 진입해 들어와도 여전히 이 두 가지는 가족과 친척과 친구들, 신앙 공동체 혹은 마을 공동체들이 기쁨과 슬픔을 함께 공유하는 공동체적 사랑과 협력의 구체적인 내용이었다. 그러나 이제는 출산과 장례마저도 비즈니스 구조 안에 들어갔다. 아이가 태어나면 가족 공동체의 돌봄이 아니라 바로 조리원에 맡겨져 비즈니스 구조 안에서 서비스를 받는다. 출생만 아니라 죽음도 마찬가지다. 장례 비즈니스는 전 세계적인 추세다. 이제 장례는 마을 공동체가 아니라 바로 상조회라는 비즈니스 구조 안에서 처리된다. 우리나라의 대학에서 '장례 비즈니스 경영학과'가 생겨나고, 매년 장례 비즈니스 교류를 위하여 세계적인 대규모 박람회가 열리고 있다. 우리의 삶은 요람에서 무덤까지 완벽하게 소비, 생산, 판매, 투자라는 비즈니스 구조 안에서 살아가고 있는 것이다.

모든 직업과 영역을 설명하는 논리 Logic

비즈니스는 비즈니스적인 사회 문화 구조 속에서 우리들의 모든 직업과 영역들을 설명하는 논리가 되었다. 우리는 그동안 '영역선교'의 관점에서 '비즈니스'를 이해하고 설명하였다. 그러나 이제 모든 영역은 비즈니스 구조와 논리 안에서 하나의 세계로 통합되고 또 설명된다. 예를 들면, 과거의 교육은 선생이 학생을 가르치고 담당하는 사제의 신뢰와 사랑을 중심으로 존재하였다. 그러나 오늘날 교육의 장은 선생이 교육 전반을 담당하고 관리하지 않는다. 학교라는 시스템이 교육을 책임지는 과정 안에서 교사는 하나의 직업적인 역할에 불과하다. 공교육이든 사교육이든 모두 비즈니스가 되었다. 교사는 비즈니스 구조 안에서 가르친다. 학생들도 비즈니스 구조 안에서 배우고 있다. 학교 교육 서비스의 제공 여부는 학생의 학비 납부에 의해 결정된다. 이제 학생이 학비를 내지 않고 교사에게 교육 서비스를 받는다는 것은 불가능해졌다. 교육 구조 안에서 선생은 고용된 직원과 노동자가 되었고, 학생과 부모는 고객이 되었다. 교사들은 노조를 결성한지 이미 오래다. 과거 우리가 생각하던 순수한 '교육'은 이제 비즈니스의 핵심 단어인 '경영'과 '시장'이란 말과 함께 설명되고 있다. 미국은 아시아 특히 한국을 교육수출의 가장 큰 시장이라고 여기고 있다. '교육시장'의 개방은 국제 무역의 협정 FTA의 핫이슈로 거론되고 있다.

이처럼 다른 모든 직업들도 교육과 동일한 비즈니스 개념 안에서 이해되고 설명된다. 의사도 간호사도 비즈니스 구조 안에서 의료 서비스를 행한다. 의사와 간호사는 병원의 의료 시스템 안에 존재하며, 환자의 의료 서비스 제공의 결정은 환자의 비용 부담의 유무에 따른다. 억울한 사람들의 법적 도움을 제공하는 직업인 변호사도 동일한 비즈니스 구조 안에서 의뢰인들에게 법률적 서비스를 행한다. 특별히 이 영역에서 이제 사람들은 유전무죄 무전유죄라는 말을 실감하고 있다. 심지어 음악, 문학, 미술, 영화 등의 모든 예술의 영역도 이제는 비즈니스 구조 안에 존재한다. 예술가들은 배고프다는 말은 옛말이다. 비즈니스 안에서 그들의 예술행위가 담겨지고, 평가되고, 거래가 형성되고 있으며, 사람들의 예술 문화의 향유도 이렇게 비즈니스화 되어 거래된다. 예술은 이제 경영이라는 말을 함께 '예술경영'이라 쓴다. 현대의 엔터테인먼트는 거대한 비즈니스 산업이다. 우리 사회의 모든 영역은 이제 비즈니스 구조 안에 있다. 오늘날 '비즈니스'라는 개념은 단지 '사업', 혹은 '기업 활동'을 일컫는 말만이 아니다. 우리들의 모든 직업과 영역들을 이해하고 설명하는 논리다.

사람들의 라이프 스타일 Culture

비즈니스는 우리들의 세계관과 삶의 방식을 형성하고 지배하고 있다. 예수회의 사제이며, 세인트루이스 대학에서 철학을 가르치고 있는 존 캐버너는 그의 책『소비사회를 사는 그리스도인』에서 오늘의 비즈니스 세상에 대해 다음과 같이 이야기 한다. "소비주의는 실재의 체계인 동시에 종교의 역할을 하기 때문에 우리의 개인적, 사회적 삶의 모든 영역을 잠식해 버렸다. 소비주의와 상품이 중심이 되는 삶의 형식은 우리의 다양한 경험이 그렇듯 그 형식 속에서, 그 형식을 통해, 그 형식과 더불어 살아가는 통합적인 단일체로 이해해야 한다. 소비주의가 어떤 식으로 우리 삶의 구석구석을 차지하고 있는지 이해하고 싶다면 그것을 하나의 총체적인 세계관으로 보아야 한다"[46]라고 말했다. 비즈니스는 사람들에게 동일한 세계관을 형성하게 만들고, 동일한 행동 방식(Life Style)을 갖고 살게 한다. 우리가 직면하고, 생각하고, 결정하고, 행동하고, 관계를 맺으며, 크고 작은 일들 속에서 일희일비하게 하며 우리들의 삶의 전과정을 지배하고 있다. 과거에는 나라와 민족과 지역마다 각기 다른 고유한 문화를 가지고 살고 있었다. 그러나 글로벌 마케팅은 각기 다른 나라에 살면서도 같은 브랜드의 옷을 입고, 같은 브랜드의 음료를 마시며, 같은 음악을 듣고 살게 한다. 비즈니스는 우리를 새롭게 연결하고 결속시키며 새로운 문화를 창조하고 있다. 비즈니스는 오늘 이 시대의 언어요, 코드며 문화다.

로마제국 같은 비즈니스 세계 Empire

로마제국은 길과 도시로 설명된다. "모든 길은 로마로 통한다"는 말처럼 로마제국의 영토에는 도시와 도시를 연결하는 이름하여 '로마대로(Roman Road)'가 만들어져 로마제국을 서로 연결하였다. 그 길을 통해 군사적인 이동(Campaign)은 물론이요, 물류와 상인들과 문화가 서로 교류하였다. 당연히 제국 안에 있는 다양한 정복지의 모든 문화들은 길을 따라 도시로 모여들어 도시들은 다문화의 상징이 되었고, 도시에서 다양한 민족들과 문화는 서로 전달되고, 교류하고, 혼합되고 또 발전하게 되었다. 그런 의미에서 도시 로마는 제국의 심장이었으며, 길은 제국의 동맥이었다.

오늘날의 비즈니스 세계는 마치 1세기 당시의 로마제국과 비슷하다. 현대의 비즈니스는 로마제국의 길과 같다. 그 길, 즉 비즈니스는 자연스럽게 전 세계를 하나로 연결하고 또한 모든 대륙과 국가에 거대도시들을 형성하고 있다. 또한 비즈니스는 이런 거대도시들 속에 함께 다문화 사회와 세상을 만들어내고 있다. 오늘날 모든 영역에서 세계화를 주도하고 있는 비즈니스는 이렇게 세계를 거대한 하나의 제국으로 만들어 내고 있다. 세계 모든 사람들을 비즈니스 안에서 동일한 세계관을 갖게 하고, 동일한 가치척도와 동일한 언어를 사용하며, 동일한 문화코드와 생활 방식을 가지게 하고 있다. 오늘의 비즈니스는 세상을 하나의 제국으로 만들고, 이 시대의 보편문화로 자리를 잡았다.

오늘 우리가 사는 세상, 비즈니스 세계와 삶의 현장(Context) 한가운데에서 우리의 선교(Mission)를 생각하고, 그 방법(Strategy)과 메시지(Gospel)를 생각해야 한다. 그것은 우리의 삶을 담보로 한 메시지일 것이다. 그것이 바로 선교적 삶(Missional Life)이다.

로잔의 선언과 선교적 삶

「로잔II, 마닐라 선언의 제6항. 증인들」 부분이다. 그 내용을 찬찬히 살펴보자.

"전도자이신 하나님은 그의 백성에게 하나님과 함께 일하는 자"(고후 6:1)가 되는 특권을 주신다. 하나님 없이는 우리가 증거할 수 없지만 하나님께서는 일반적으로 우리를 통해서 증거하기를 원하시기 때문에 몇몇 사람들은 전도자, 선교사, 목사가 되도록 부르시면서 아울러 온 교회가 모든 성도들이 다 증거자가 되도록 부르신다.

특권으로 받은 목사와 교사의 사명은 하나님의 백성을 성숙한 자로 이끌고 (골1:28) 그들이 사역을 감당할 수 있도록 그들을 양육시키는 일이다(엡4:11~12). 목회자들은 사역을 독점할 것이 아니라 오히려 다른 사람들로 하여금 그들이 받은 은사를 사용하도록 격려하고, 제자 삼는 일을 할 수 있도록 훈련함으로써 사역을 증폭시켜야 한다. 교역자가 평신도를 지배하는 것은 교회 역사에 있어서 커다란 악이었다. 이는 하나님이 의도하신 평신도나 교역자들의 역할을 제대로 하지 못하게 하고 또 교역자의 일을 좌절시키고 교회를 약화시켜, 마침내 복음전파의 방해가 되었다. 무엇보다도 이것은 근본적으로 비성서적이다. 그러므로 여러 세기 동안 "믿는 자 모두의 제사장직"을 주장해 온 우리는 이제도 믿는 자 모두가 사역자임을 주장한다.

우리는 어린이와 젊은이들이 교회의 예배를 풍요롭게 하고 열심과 믿음으로 전도함을 인하여 감사한다. 제자도와 전도에 있어 그들을 훈련하여, 그들로 하여금 자기 세대의 이웃을 전도할 수 있도록 해야 한다. 하나님은 남자나 여자나 다 똑같이 하나님의 형상을 지닌 자로 창조하셨고(창1:26~27), 그리스도 안에서 차별이 없이 받아들이시며(갈3:28), 아들에게나 딸에게나 다같이, 모든 육체에 당신의 성령을 부어 주셨다(행2:17~18). 그리고 또 성령께서 남자와 같이 여자들에게도 은사를 주시기 때문에, 은사를 활용할 기회가 모두에게 주어져야 한다. 우리는 여성들이 남긴 찬란한 선교 역사의 기록을 찬양한다. 그리고 하나님께서 오늘날에도 여성들이 그런 역할을 감당하도록 부르신다고 확신한다. 여성들이 어떤 형태의 지도력을 가져야 할 것인가에 대해서는 여러 이견(異見)이 있겠지만 세계 복음화를 위해서는 여성도 동역자가 되어야 한다는 데에는 모두 동의한다. 이는 하나님이 의도하시는 바이며, 남자나 여자나 모두가 적절한 훈련을 받을 수 있도록 되어야만 한다.

남녀 평신도에 의한 증거는 지역교회를 통해서 뿐만 아니라 가정이나 직장에서의 친교를 통해서도 이루어진다. 가정이 없는 자나 직장이 없는 자도 모두 증인이 되라는 명령을 함께 받은 것이다. 우리의 일차적인 책임은 친구, 친척, 이웃, 동료에게 증거하는 일이다. 가정에서의 전도는 기혼자에게든 미혼자에게든 자연스럽게 할 수 있다. 기독교 가정은 결혼, 성, 가정에 대한 하나님의 표준을 제시해야 할 뿐 아니라 상처 입은 사람들에게 사랑과 평화의 피난처를 제공해 주어야 하며, 우리의 가정은 복음에 관하여 말할 때도 교회에는 나가지 않으려는 불신의 이웃이 편안함을 느끼게 하는 곳이 되어야 한다.

평신도 전도를 위한 또 하나의 상황은 직장이다. 대부분의 그리스도인들이 깨어 있는 시간의 절반을 여기서 보내기 때문이다. 또한 직업이란 하나님의 소명이기 때문이다. 그리스도인들은 입술의 언어, 일관성 있는 근면, 정직, 신중성, 직장에서의 정의에 대한 관심 및 특히 다른 사람들이 그들이 하는 일의 내용을 보고 그것이 하나님의 영광을 위하여 행해지고 있다는 사실을 볼 때 그리스도를 증거할 수 있게 된다.

우리는 평신도의 사역, 특히 여성과 젊은이들의 사역을 실망시킨 일에 대하여 회개한다. 앞으로는 그리스도를 따르는 모든 사람들이 정당하고 자연스럽게 증인으로서 자기 역할을 하도록 격려할 것을 다짐한다. 참된 전도는 가슴 속에 그리스도의 사랑이 넘쳐날 때 이루어진다. 바로 이런 이유 때문에 전도는 예외 없이 하나님의 모든 백성에게 속한 일이다."[47]

오늘날 비그리스도인은 '기독교인들은 이기적이다'라고 생각한다. 한

장로님께 들은 이야기다. 비그리스도인 한 사람이 장로님께 이렇게 말했다. "장로님은 크리스천 같지 않습니다." 그 말을 들으며, 장로님은 무척 속이 상해서 정말 화가 날 뻔 했다고 한다. 그러나 후에 그 말은 그리스도인들의 이기적인 모습과는 같지 않다는 말임을 알게 되었다고 한다. 그 말이 칭찬이라는 사실을 알고 화는 가라앉았지만 몹시 쓸쓸했다고 한다. 세상에는 아직 복음이 전해지지 않은 미전도 종족도 있지만, 복음이 잘못 전해진 오전도 종족도 있다. 이 모두 우리들이 삶의 현장인 일터에서 복음을 복음되지 못하게 한 결과인 것이다. 미전도 종족보다 오전도 종족 선교가 더 힘들다. 이미 굳어진 첫인상을 다시 고쳐 새롭게 하는 일에는 정말 특별한 각오와 헌신이 아니고는 바로 잡기 어렵다. 그야말로 먼저 디톡스 작업부터 해야 하는 일이니 말이다. 레디컬한 복음을 살아 무엇이 참 복음인지, 예수의 제자는 어떤 삶인지를 보여 주어야 한다.

일터에는 두 종류의 사람들이 있다. 하나는 정직하게 성실하게 일하는 사람이고 또 하나는 머리를 쓰며 요령을 부리며 일하는 사람이다. 직장에서 일하며 퇴근 시간이 기다려지는 사람이라면 그의 일터의 삶은 분명하다. 퇴근 시간이 오기를 기다리며 일하는 사람은 최선을 다하지 않는 사람이다. 일을 능동적으로 하지 않는 사람이며 시키는 대로 일하는 것에 만족한다. 그러나 우리 그리스도인들은 열심히 하는 것은 기본이고, 자신이 속한 직장의 유익을 위해 일하며, 맡겨진 일을 어떻게 더 잘할까 생각하며 최선을 다해야 한다. 주께 하듯 일하는 자여야 한다. 그때, 자신이 하는 일도 재미와 보람을 느끼게 될 것이다. 교회에는 최선을 다하고 직장 일은 남의 일처럼 여겨서는 안된다. 어쩌면 가족들과 함께하는 집안일보다, 형제들과 함께하는 교회 일보다, 불신 동료들과 함께 일하는 직장에서는 더 열심히 일해야 한다. 가정과 교회에서도 존경받아야 하겠지만, 직장에서 더 존경을 받는 사람이 되어야 한다. 일터에서 살아야 하는 선교적 삶이란 삶이 있는 선교, 삶의 선교가 되어야 한다는 말이다. 그의 삶이 복음이어야 한다.

일터와 제자도

일터에는 그리스도의 삶을 따르는 참 제자들이 필요하다. 선교적 삶은 우리들의 제자도에 있다.

제자도 Discipleship

예수 제자란 예수를 따르는 자들이다. 그러므로 제자도는 그리스도 예수께서 출생으로부터 죽음에 이르기까지 전생애를 통해 보여주신 가르침과 삶을 사랑하며 따르는 삶이다. 이는 우리가 살펴 보았던 창조주의 디자인인 에덴의 삶의 원리를 사는 것이기도 하다. 그리스도의 제자로서 가장 중요한 우선 순위는 그의 주되심(Lordship)의 신앙고백이다. 그리고 그에 따른 청지기로서의 삶(Stewardship)을 살아가며, 모든 이웃들과 피조세계 속에서 더불어 살 줄 아는 삶(Partnership)이 필요하다.

존 스토트는 그의 책 『제자도:The Radical Disciple』의 부제를 '잃어버린 우리의 소명(Some neglected aspects of our calling)'이라고 말했다.[48] 우리들의 삶의 자리에서 제자도를 산다는 것은 간과했던 본연의 소명을 되찾는 일이다. 존 스토트는 그의 책에서 다음과 같은 제자도의 특징 8가지를 꼽았다.

● 불순응 Non-conformity

세상에 오염되지 않고 거룩함을 지키며 산다.

● 닮음 Christlikeness

그리스도의 형상을 본받는 자가 된다.

● 성숙 Maturity

성장이 아닌 깊이를 더한 삶의 성숙을 추구한다.

● 창조세계를 돌봄 Creation Care

자연의 신격화나 파괴의 두 극단을 피하고, 주를 사랑하듯 피조세계를
돌보는 청지기로 산다.

● 단순한 삶 Simplicity

소유에 대한 탐심을 버리고 단순함을 추구한다.

● 균형 Balance

개인적 삶과 공동체 교제, 예배와 일, 순례자와 시민으로 균형있게 산다.

● 의존 Dependence

하나님의 자비와 그 은혜에 의존하고 또 서로 의지하며 산다.

● 죽음 Death

생명을 얻기 위해 죽음에 이르는 역설의 삶을 산다.

제자훈련과 재생산

예수님의 제자도는 단순히 그의 교훈만을 따르는 것이 아니라 그의 비전
과 삶과 남기신 유지에 헌신하는 것이다. 예수님의 공생애는 세계복음화를
위하여 소수의 제자들을 선택하고, 훈련하는 일에 집중하셨다. 그리고 제자

들에게 마지막 대위임령을 남기셨다. "너희는 가서 모든 민족을 제자로 삼아 아버지와 아들과 성령의 이름으로 세례를 베풀고 내가 너희에게 분부한 모든 것을 가르쳐 지키게 하라"(마28:19~20). 우리는 주께서 보내시는 모든 민족과 영역으로 나아가 그리스도의 제자들로 살며 대위임령에 헌신해야 한다.

바울은 디모데에게 권면하며, 영적 4세대를 언급한다. 바울의 통찰에 의하면 제자 훈련과 재생산은 바울-디모데-충성된 사람들-또 다른 사람들에게 이르러야 하는 일이다. "내 아들아 그러므로 너는 그리스도 예수 안에 있는 은혜 가운데서 강하고 또 네가 많은 증인 앞에서 내게 들은 바를 충성된 사람들에게 부탁하라 그들이 또 다른 사람들을 가르칠 수 있으리라 너는 그리스도 예수의 좋은 병사로 나와 함께 고난을 받으라"(딤후2:1~3). 먼저 자신이 그리스도 안에서 강한 자가 되어야 하고, 그리스도의 좋은 군사로 훈련되어야 하는 것이다. 우리는 먼저 그리스도의 제자가 되고, 제자 삼는 자가 되어야 한다. 제자 삼는 재생산의 삶은 일터에서도 동일하다. 우리의 삶의 전과정을 통한 삶의 모범을 통해 우리 삶에 제자가 일어나야 한다.

일터와 일상의 제자 삼기

그리스도의 제자들은 보내심을 받음으로 '사도(ἀπόστολος apostolos)'라 불린다. "아버지께서 나를 보내신 것 같이 나도 너희를 보내노라"(요17:18, 20:21). 주님께서 우리를 보내신 세상은 우리가 함께하는 사람들, 관계 또 문제와 일터를 말하는 것이다. 그 가운데로 보내신 것이다. 주께서 세상으로 가라 하신 것은 지금 내 일상과 일터를 두고 어디론가 가야한다는 말이 아니다. 세상은 바로 우리가 매일 반복하는 일터와 삶과 일상에 있다.

우리를 보내시는 하나님의 방법은 먼저 자신과의 친밀함(Intimacy)을 누리게 하는 것이다. 하나님과의 친밀함이 우리의 힘이며 능력이 된다. 우리는 그 관계의 친밀함을 통하여 하나님의 사랑을 누리고, 권능을 받고 주신 과업을 수행할 수 있다. 두 번째로 공동체와의 관계에서는 다양하게 존재하게 하시고, 동시에 연합(Diversity in Unity)하게 하신다. 그래서 우리는 보내신 일터와 삶의 현장에서 성육신적 삶(Incarnational Living)을 살아야 한다. 우리는 말씀이 육신이 되어 우리 가운데 오신 그리스도의 모범을 따라 세상으로 들어가 그들과 하나가 되어 함께한다. 함께 일하는 일터에서 일어나는 자연스러운 삶의 공유는 복음 전도와 제자 삼기로 흘러가게 될 것이다. 그 단계들은 다음과 같이 정리해 볼 수 있다.

- 삶의 모범
  업무공유, 솔선수범, 섬김, 정직, 정의, 성실 등
- 삶의 나눔
  기쁨과 슬픔 공감, 고난과 역경 공유 등
- 활동 공유
  사내활동, 취미생활, 봉사활동 등
- 복음 전도
  신앙고백, 신앙간증, 복음전도
- 제자 삼기
  신앙양육-훈련, 동역, 파송

일터는 일하는 현장이며, 참 제자를 세우는 좋은 기회의 자리다. 일터현장은 말과 지식과 정보를 공유하는 장을 넘어 삶의 모범과 실천이 수반되는 살아있는 곳이다. 그리스도께서 제자들과 함께하며 삶의 자리에서 그의 교훈을 살며 보여주신 것처럼, 우리도 구체적으로 사랑하며 일하며 제자를 삼아야 한다. "사람이 등불을 켜서 말 아래에 두지 아니하고 등경 위에 두나니 이러므로 집 안 모든 사람에게 비치느니라"(마5:14~15). 일터현장에서 정직한 예수 제자들의 삶에는 자연스럽게 제자들이 일어난다. 함께 일하는 동료들이 그를 주목하기 때문에 자연스러운 삶은 공유되고, 배움과 따름이 일어난다. 먼저 그리스도의 제자가 되고 제자가 일어나는 그 현장에 하나님 나라가 임하는 것을 보게 될 것이다.

창조세계의 돌봄

영국의 애니메이션 작가인 스티브 커츠(Steve Cutts)가 「MAN」이라는 환경 관련 애니메이션을 발표했다. 그 내용은 한 사람이 지구의 통치자로 행세하며 피조세계를 마음껏 향유하는 듯 보이지만, 끝내 탐욕과 파괴에 의해 그는 쓰레기 더미 꼭대기의 왕좌에 앉아 심판을 받는 장면으로 끝이난다. 그는 짧은 영상에서 어떻게 사람이 지구와 피조세계를 파괴하는지를 그렸다. 이는 피조세계에서 자행되는 타락한 인간의 폭력과 욕망, 무지와 우매함이며, 자멸하는 타락한 인간의 모습이다. 최근 전세계적인 COVID-19 팬데믹은 지구환경의 파괴와 재앙을 전세계가 몸으로 겪으며 큰 대가를 지불하고 배움을 얻는 시간이었다. 오늘날 세계가 겪고 있는 지구 온난화와 환경의 위기로 생물의 다양성이 사라져 가고, 실제적으로 21세기가 인류의 마지막 세기라고들 말한다. 마크 라이너스(Mark Lynas)의 책 『6도의 악몽 Six Degrees』은 지구 온난화의 결과로 1~6℃까지, 1℃씩 지구의 온도가 상승할 때 예측되는 세계적인 재앙의 현상들을 과학적 증거와 자료들을 모아 그 심각성을 자세히 다룬다. 다가온 지구 공멸의 재앙을 멈추어야 하기에 말이다. 그의 시나리오는 6℃까지 상승하게 되면 끝이 온다는 것이다. 지구는 다시 백악기가 되고, 지구 위의 생명체의 대멸종을 예고한다.[49] 이 인류의 위기 앞에 우리들의 깊은 성찰과 회개가 필요하다. 창조주의 지엄한 창조명령을 망각한 결과이기 때문이다. 우리는 회복된 인간본연의 사명을 수행해야 한다. 이것이 우리들의 선교적 삶이다.

우리는 하나님께서 만드신 온 세상을 다스리기 위해 창조되었다. 우리가 받은 창조명령은 피조세계를 정복하고 통치하는 것이었다(창1:26~28). 하나님은 우리를 피조세계의 통치자로 세우셨고, 그 일은 구체적으로 에덴을 경작하고 지키는 일로 설명된다(창2:15). 휴 스페너는 "우리는 폭군이 아니라 왕이 되어야 한다. 폭군이 되면 우리는 우리 안에 있는 하나님의 형상을 부인하고 파괴하기까지 한다"[50]라고 했다. 우리는 왕이 아니라 폭군이 되었고 하나님의 형상을 파괴하는 자리에까지 이른 것이다. 이제는 우리 본연의 사명을 회복하자. 우리에게 명령된 피조세계에 대한 구체적인 사명은 당신의 성품을 투영하고 반영하며 돌보는 일이다. 크리스토퍼 라이트는 "인간은 창조세계의 종이며, 종됨은 인간이 창조세계를 다스리는 왕권을 행사하는 방식이다"[51]라고 말했다. 하나님은 우리를 피조세계의 통치자로 세우셨지만 또한 피조세계를 돌보는 종이 되어 사랑하기를 원하신 것이다. 이것은 이 땅에 오시고 우리를 섬기시던 그리스도의 모습, 섬기는 왕(Servant King)의 모습이다. 우리는 하나님의 창조명령을 따라 그리스도께서 우리를 사랑하신 것처럼 우리도 이웃을 사랑하며 또한 우리에게 맡기신 피조세계를 사랑해야 한다. 이는 하나님을 사랑하듯 하나님이 만드신 세상을 사랑하고, 당신을 존중하듯 당신의 소유에 대한 애정과 돌봄을 의미한다. "땅과 거기에 충만한 것과 세계와 그 가운데에 사는 자들은 다 여호와의 것이로다"(시24:1).

나우미션을 시작하며 '산들강 생태연구소'를 세웠다. 피조세계의 돌봄을 위한 기초를 세우는 일이 필요했기 때문이었다. 피조세계에 대한 사랑으로 시작되지 않는 환경운동은 타인에 대한 정죄와 분노, 극단적 투쟁으로 치닫게 되기 때문이다. 인류멸망이 목전에 있다는 사실을 안다면 어찌 분노하지 않을 수 있겠는가. 하지만 다만 분노하는 것은 하나님의 방법이 아니며 지혜롭지 않은 일이다. 옳은 일을 행하는 방법은 다만 분노로만 해결되지 않는다. 우리 각 개인이 자신에게 주어진 본연의 사명을 회복하는 것에서 시작해야 한다. 먼저 자연을 공부하고 알게 되면 자연스럽게 피조세계를 사랑하게 된다. 먼저 우리 동네, 집, 사무실, 학교 등에서 지나치던 꽃과 나무를 다시 만나는 것이다. 봄-여름-가을-겨울 야외로 나가 산과 들과 강과 자연, 생태의 변화들을 살피는 것이다. 아는 만큼 더 보살피게 되고, 이해하는 만큼 더 사랑하게 될 것이다. 자연의 유익을 향유하는 것만 아니라 그들의 신음과 고통을 듣게 될 것이다. 얼마 지나지 않아서 적극적인 환경 지킴이로서 나서게 될 것이다. 거창한 모토보다 일상에서의 작은 실천이 중요하다. 그러나 한 개인의 역할을 넘어 공동체적 움직임으로 나아가야 한다. 가정과 교회에서 그리고 일터에서 이 일들이 실행되도록 적극적인 우리의 역할이 필요하다.

나아가 국가적 차원에서 입법을 통해 제도화하는 일과 더불어 우리들의 일상에서 캠페인 등과 함께 문화화 하는 일이 병행되어야 한다. 피조세계를 돌보는 일은 상황이 절박한 만큼, 모두의 지혜와 공동체적 실천이 절실하다. 모두 하나님을 사랑하는 마음으로 시작하고, 사람을 사랑하는 마음으로 함께하며, 피조세계를 사랑하는 일로 열매 맺어야 할 것이다.

선교적 삶의 적용

선교적 삶은 자신의 일과 직업을 창조주께서 주신 소명으로 여기며 자신의 일터에서 하나님의 영광을 위한 예배의 삶을 통해 하나님과 그의 나라와 그의 복음을 드러내는 삶이다. 이 일을 적용하고 성취하기 위하여 우리의 삶과 일터에서 3가지 분명한 의도와 지향이 필요하다. 일터의 1)전문성을 가져야 하며 그리고 그 영역에서 꾸준히 지속적으로 성장해 가야 한다. 그렇게 할때 자신의 일터에서 영향력을 가지게 될 것이다. 그리고 하나님 나라의 백성으로서 그리스도의 제자도를 살며 2)선한 영향력을 드러내야 한다. 그 과정에 제자들이 일어나게 될 것이다. 마지막으로 3)낮은 곳 임하기이다. 일터에서 모두가 상향성의 삶을 지향하고 있을 때 우리는 그곳에서 하향성의 삶을 살아가야 한다. 이로 인하여 복음은 힘을 얻고, 전도의 기회도 함께 얻게 될 것이다.

우리는 더 이상 선교지와 비선교지를 구분하지 않는다. 삶의 전영역에서 내가 선 땅 모든 곳이 선교현장임을 고백한다. 우리의 신앙생활은 이제 1일 중심의 주일성도(Sunday Christian)가 아니라 7일 중심으로 일상성도로 전환되어야 한다. 우리는 더 이상 가는 사람 보내는 사람으로 구분하지 않을 것이다. 우리는 모두가 자신의 부름을 따라 일하는 삶을 살 것이다. 우리는 사는 것과 전하는 것이 결코 다르지 않은 삶이어야 한다. 우리는 단 한번의 신앙고백으로 그치는 것이 아니라 매일 일상과 일터에서 삶의 증인으로 복음을 증거할 것이다. 로잔 GWF(Global Workplace Forum)에서 밥돌(Bob Doll)이 한 말을 기억한다. "우리는 교회에서 전임사역자 몇 명이나 되냐고 손 들어 보라고 하면 소수의 사람들만 손을 든다. 이제는 우리 모두가 손을 들어야 한다."

1. 예수께서 "아버지께서 당신을 세상에 보내심과 같이 그리스도께서 우리를 세상으로 보내셨다"는 말은 어떤 의미인가?

2. 오늘 변화하는 선교현장, 비즈니스 세계 속에서 일하고 살아가는 우리들에게 선교적 삶이란 무엇인가?

3. 일터에서 선교적 삶을 실천하며 제자 삼는 일은 가능한 일일까? 혹시 일터에서 복음을 나눈 적이 있다거나, 그 이후에 성경공부 등 제자 삼는 일을 해 본 경험이 있다면 나누어 보자.

◇ 참고도서

크리스토퍼 라이트, 2010. 하나님의 선교. 서울: IVP.

크리스토퍼 라이트, 2012. 하나님 백성의 선교. 서울: IVP.

존 스토트 외, 2018. 선교란 무엇인가?. 서울: IVP.

존 스토트, 2010. 제자도. 서울: IVP.

존 파이퍼, 2013. 하나님의 선교를 열망하라. 좋은씨앗.

세계관 　소명　문화　영성　돈　리더십　공동체　비전　선교적삶　BAM

10

—

일터와
BAM

—

B A M
BASIC

비즈니스 세상 속에서
우리 그리스도인들의
고백과 삶이
통합된 복음은
하나님의 굵직한 메시지가 되고
세상의 큰 울림이 될 것이다
복음의 가시성을 요구하는 시대 속에서
우리의 응전은
복음이 필요한 모든 일터와
영역과 지역, 민족과 열방 가운데
기꺼이 그들 가운데로 들어가는 것이다

10

일터와
BAM

우리는 복음이 없는 땅과 민족들, 문화권을 넘어가는(Cross Culture) 타문화 또 우리가 함께 살아가는 나라와 공동체와 이웃들 속에서 하나님 나라의 복음이 필요한 모든 이들을 함께 바라본다. 복음이 없는 땅과 민족일수록 더욱 가난과 불평등, 사회적 어둠들이 드리워져 있다. 우리는 우리가 돌보아야 할 피조세계의 황폐함과 그 고통도 헤아린다. 이 세계가 아픔이 깊고 만연하여 수많은 이들이 고통하며 신음하고 있음을 함께 주목하며 그들을 가슴 깊이 품는다. 우리는 어떻게 이 세상을 치유하며 모든 이들의 울음을 거두고 진실로 웃게 할 수 있을까? 우리는 어떻게 그들에게 사랑과 정의와 평화의 나라, 우리의 왕 되신 예수와 그의 복음을 전할 것인가? 아니, 우리는 어떻게 저들에게 복음이 될 것인가?

"온 교회가 온전한 복음을 온 세상에!(The whole church taking the whole gospel to the whole world)"라는 로잔의 모토처럼, 참으로 온 교회는 온전한 복음을 온 세상에 전해야 한다. 창의적 접근지역의 선교전략으로 시작된 BAM은 오늘날 온전한 복음을 필요로 하는 세계에 우리가 가진 질문들에 응답하기 위한 시대적 선교방법으로 주목받고 있다.

선교의 자리: 가난과 복음

선교의 자리는 가난한 자들이 사는 세상이다. 복음은 가난한 자들에게 필요하다. "주 여호와의 영이 내게 내리셨으니 이는 여호와께서 내게 기름을 부으사 가난한 자에게 아름다운 소식을 전하게 하려 하심이라"(사61:1). 여호와의 종은 여호와의 영이 임하고, 여호와의 기름 부음받은 종이다. 예수께서 스스로 증거하심처럼, 그는 메시아 곧 그리스도시다(눅4:18~21). 이사야가 소개하는 그리스도는 가난한 자에게 아름다운 소식을 전하기 위해 세움을 입었다.

'가난한 자(עֲנִיִּים 아나빔)'는 이사야 선지자가 사역하던 시대의 멸망한 유다와 파괴된 예루살렘의 백성들이며, 바벨론에 포로잡힌 절망하는 이스라엘이며, 가난한 마음으로 그들을 구원할 메시아를 고대하는 당신의 백성들이다. 또한 그리스도께서 이 땅에 오시던 때, 그 땅의 백성들이며, 예수님의 산상수훈의 '팔복'에 언급된 바로 "심령이 가난한 자"(마5:3)이며, 실제로 "가난한 자"(눅6:20)이다. 팔복에서는 '프토코스(πτωχός)'라는 말이 쓰였는데, 이 말은 '굽신거리다', '움추리다'라는 의미로 절대적인 극빈상태, 무릎을 꿇지 않으면 안되는 빈궁, 가난의 상태와 내용을 말한다. 히브리어로는 '아니(עָנִי)'라고 번역되었는데, 그 뜻은 비천하고 무력하여 아무것도 가진 것이 없어 전적으로 하나님께 의존해 있는 사람의 상태를 뜻한다. 이들이 바로 '우는 자',

'주리고 목마른 자'이다. 이들이 바로 예수께서 구원하실 자들이다(마1:21). "가난한 자에게 아름다운 소식을 전하게 하려 하심이라"(사61:1). 하나님의 선교, 그 복음은 가난한 자, 가난에 처한 자를 향한다.

'가난'은 그리스도가 필요한 자리다. "빛이 어둠에 비치되 어둠이 깨닫지 못하더라"(요1:5), "돋는 해가 위로부터 우리에게 임하여 어둠과 죽음의 그늘에 앉은 자에게 비치고"(눅1:78~79, 마4:16). 성경은 그리스도께서 오신 자리를 '어둠'과 '절망', '죽음'이라 한다. 빛이 필요하고, 희망이 필요하고 생명이 필요하다. 복음은 언제나 이와 같은 결핍을 가진 '사람'을 향하며, 그 사람과 그가 처한 상황에 임한다. 그러므로 '가난'은 그 필요를 가진 그 사람과 그가 머문 자리를 모두 의미한다. 가난은 경제적 소유의 결핍만 아니라 사회경제적 지위와 위계의 낮음을 포함하는 모든 결핍을 가진 사람들의 삶과 '낮은 자리'다. '자리'로서의 '낮은 곳'은 그들이 처한 상황(Situation)이며 상태(Condition)다. '가난'은 복음의 영향력이 낮은 나라와 민족과 족속이며, 지역과 영역이며, 바로 그곳의 사람들이며 그 사람들이 자리한 상황이다. 경제적 사회적 결핍과 불의와 불법과 불평등이 만연한 사회 속에서 힘없고 무시되고 소외되고, 억울하게 빼앗기고, 사로잡힌 고아, 과부, 세리, 창기와 죄인들이며, 아이들과 여인들을 비롯한 사회적 약자들이다(사40:3~5, 눅3:4~6). 12억의 절대빈곤층과 6천만의 난민들이며 또한 그들의 삶이 처한 상황과 상태다.

'가난'은 그리스도께서 임하신 자리다. 그리스도는 하나님의 영광의 본체시나 당신의 영광의 보좌를 버리시고 낮고 천한 이 땅에 오셨다. 교회는 그리스도의 비하를 기억해야 한다(빌2:6~8). 신적위엄을 포기하시고 종의 형체를 입으시고 사람이 되시고, 그는 우리 가운데 오셨다. 그분의 낮아지심과 우리의 대속제물로 당신의 생명까지 내어주신 섬김을 인하여 우리는 구원을 얻었고, 그의 영광을 함께 누리게 되었다. 그러나 다만 우리만을 위하여 오신 것이 아니다. 그리스도는 오늘 우리 모두의 삶의 모범으로 오신 것이다(요.13:12~15). 그러므로 교회는 그리스도의 낮아지심과 성육신의 삶을 본 삼는다. 그러므로 가난은 그리스도께서 바로 세상의 구원을 위하여 기꺼이 임하신 곳이며 또한 그리스도를 필요로 하는 죄인들, 병든 자들, 갇힌 자들, 빼앗긴 자들, 소외 당한 자들, 소수자와 고아와 과부들과 모든 사회적 약자들을 섬기기 위해 그리스도께서 계신 곳이다(눅22:27).

'가난'은 우리가 보냄을 받은 자리다. 그리스도는 우리를 세상 가운데로 보내셨다. "아버지께서 나를 보내신 것 같이 나도 그들을 세상에 보내었고"(요.17:18). 하나님의 보내심을 받은 자리, 그곳이 바로 낮은 곳이다. 교회는 그곳으로 임하여야 하고, 교회는 보내신 세상의 메시지가 되어야 한다. 또한 보내심을 받은 그곳에서 세상을 사랑하며 섬겨야 한다. 지금 우리는 어디에 위치해 있는가? 주께서 우리를 보내신 자리, 바로 '낮은 곳'이어야 한다. 선교적 삶이란, 이런 필요를 가진 '낮은 곳', 보내심 받은 그곳을 거룩한 땅으로 여기며, 세상 한가운데서 그 세상의 필요를 채우며 섬기는 삶이다. 바로 성육신적 삶(Incarnational Living)이다. 오늘날 복음이 없는 땅과 민족들 가운데 가난과 불의와 불평등이 만연하다. 우리는 이 땅 가운데로 보내심을 받았다. 우리는 그곳에서 일하며 사랑하며 또 하나님과 사람을 섬긴다. 우리는 그곳에서 하나님의 뜻이 하늘에서 이룬 것처럼 땅에서 이루어지기를 구하며, 그곳에 하나님의 나라가 임하기를 구하며, 그곳에 하늘 아버지의 이름만 높임을 받으시기를 열망해야 한다.

로잔은 "온 교회가 온전한 복음을 온 세계에"라는 모토와 함께 총체적 변혁을 위한 선교전략으로서 BAM을 세계교회에 제안하였다. 오늘 우리가 서 있는 세계선교 현장은 경제적인 부의 증대가 유사 이래 최고에 달하였지만, 심각한 양극화 현상으로 더욱 사회경제적인 가난과 결핍의 문제는 더욱 깊어졌다. 21세기 들어서 이런 선교현장과 삶의 문제들을 해결하고 총체적인 변혁의 실행을 위한 국제회의들이 거듭되고 있다.

2004년 로잔 BAM 분과 Global Think Tank가 주관하는 1차 회의가 열렸고, 이때 「Business As Mission」을 주제로 모였고, 우리가 다음에 함께 살피게 될 BAM Menifesto가 나왔다. 2009년에는 미국 휘튼에서 글로벌 컨설테이션이 모였고 그때 주제는 「본질적 소명으로서의 비즈니스」였다. 이때 나온 Menifesto는 다음과 같은 애가(哀歌)로 시작된다. "우리는 교회와 비즈니스 세계가 그리스도의 소명을 살아내기 위한 수단으로서 비즈니스를 저평가하고, 의존과 낭비, 불필요한 인간 존엄의 상실로 이어지는 비영리적 접근방식에 지나치게 의존했음을 애통한다." 고통받는 세계에 대한 아픔과 필요들을 함께 헤아리며, 그동안 우리들이 지향하였던 선교에 대한 반성, 여전히 세계교회를 설득하지 못하고 있는 한계와 그 해결을 위한 제안들을 나누는 시간이 되었다. 그리고 5년 뒤 BAM Menifesto가 나온 지 10년이 되는 때 태국 치앙마이에서 로잔과 WEA(세계복음주의연맹)과 공동주관하는 Global Think Tank 2차 회의가 열렸다. 그때 41개국에서 온 550명의 리더들이 모여서 지난 10년 동안 글로벌 선교운동의 모습을 살피며, 전세계에서 보고되는 BAM사역의 많은 열매들을 확인하는 시간이 되었다.

2014년에는 브라질 아티바이아에서 「번영신학, 가난과 복음」이라는 주제로 글로벌 컨설테이션이 열렸는데, "우리는 세계 시장경제에서 빈곤퇴치를 위한 가장 효율적인 도구의 하나가 경제발전이라고 인식하지만, 아직도 복음주의자들은 빈곤문제에 대한 가치가 이끄는 비즈니스를 통한 해결책에 대해 이해와 협력을 이끌어내는 일에 실패하고 있다"고 반성했다. 2017년에는 태국 치앙마이에서 「총체적선교를 위한 부의 창출」이라는 주제로 글로벌 컨설테이션이 열렸고, 세계선교 현장의 총체적 결핍과 필요들을 향한 세계교회들의 사회적, 지적, 육체적, 영적인 부를 포함한 다양한 '부(Wealth)'를 창출하기 위한 선교적 노력을 독려했다. 이어 2019년 6월, 마닐라에서 열린 GWF(Global Workplace Forum)에서 전세계가 비즈니스로 연결되고 있고, 우리의 선교가 일터현장에서 일어나고 있음을 주목했다. 여전히 빈익빈 부익부와 사회문제의 해결의 대안과 방향으로 BAM의 중요성이 논의되었다.

Business As Mission의 이해

Business As Mission은 그야말로 '선교로써의 비즈니스'다. 이렇게 말은 간단 명료하게 할 수 있지만, 실제로는 그리 단순하지 않다. 우리 주변에서 BAM에 대한 다양한 이해들을 만나게 된다. 그것은 BAM을 구성하는 '비즈니스(Business)', '선교(Mission)' 그리고 그 둘을 연결하는 'As', 각 3단어에 대한 이해가 다르기 때문이다. IBA는 2007년부터 오랫동안 다양한 이견들을 수렴하는 과정과 논의를 해왔다. 그 내용은 다음과 같이 정리해 볼 수 있다.

BAM에서 '비즈니스(Business)'는 기업의 활동일 뿐만 아니라 비즈니스 세계 속에서 살아가는 우리들의 모든 일과 노동과 직업 활동들을 의미한다.

비즈니스는 '물물교환', 물건과 가치, 제품과 가격 혹은 서비스 등을 교환하는 '거래(Transaction)' 행위에서 왔다. 비즈니스는 단순히 물건을 팔고 돈벌이 하는 일이라기 보다 소비, 투자, 생산, 유통, 판매, 서비스 등의 전 과정을 일컫는 말이다. 또한 우리의 모든 직업과 심지어 교육, 예술, 문화도 이제 비즈니스 안에서 설명된다. 우리가 살고 있는 세상은 요람에서 무덤까지 삶의 전 과정이 비즈니스 구조 안에 들어 있어서 우리의 일상과 결코 분리될 수 없다. 이제 비즈니스는 우리 사회의 모든 영역과 직업과 활동을 설명하는 말이며, 심지어 시장경제와 소비문화 속에 자리 잡은 우리들의 세계관과 문화와 라이프 스타일이 되었다.

BAM에서 '선교(Mission)'는 복음전도와 교회개척 사역 뿐만 아니라 본질적인 '하나님의 일로써의 선교'를 의미한다. 우리는 그동안 타문화 속에서 복음전도, 제자사역, 교회개척 중심의 선교활동을 '선교'라고 이해해 왔다. 그러나 BAM이 말하는 선교는 인간이 타락하는 그 순간부터 인간과 피조세계의 구속과 회복을 위한 하나님의 역사를 의미한다. 선교의 하나님(Missio Dei)은 당신의 선교를 위하여 세상에 예수 그리스도를 보내셨다. 또 예수님은 세상 속에 교회를 세우시고, 아버지께서 당신을 보내심처럼 우리를 세상으로 보내셨다(요20:21). 선교는 본질적으로 낮은 곳, 복음이 없는 땅과 민족과 영역을 향한다(사61장). 우리는 보내신 곳에서 우리의 일과 직업의 수행, 선교적 의도를 가진 '비즈니스'를 통해 하나님과 이웃을 사랑하며, 하나님과 그의 나라와 복음을 선포한다. 그러므로 우리의 'Mission'을 통해 세상은 하나님과 그의 나라와 복음을 발견하며, 그 결과로 세상이 하나님과 그의 영광을 보게 되며 하나님을 예배하게 될 것이다.

BAM에서 'As'는 'Business'와 'Mission'을 연결하는 전치사다. 그러나 'As'는 단순한 영어의 '전치사'가 아니다. 'Business'가 'Mission'이 되게 하는 결정타이기 때문이다. 'As'는 어떤 목적과 비전과 영성으로 그 일을 수행하는가이다. As는 그리스도의 대계명인 하나님 사랑과 이웃사랑의 실천이다. 비즈니스의 과정에서 드러나는 우리의 주되신 그리스도를 향한 우리들의 삶과 고백이다. 이를 통해 하나님과 하나님의 나라와 복음을 증거하게 되는 것이다. 우리는 그동안 성속(聖俗)이원론의 영향에 의하여 신앙과 삶을 통합적으로 이해하고 적용하는 일에 실패하였다. BAM에서 As는 거룩한 세계와 세속세계로 분리하였던 우리의 세계관을 통합하고, 우리의 전인적인 삶을 통하여 선교하도록 하는 역동적 에너지다. 일상과 일터에서 행하는 우리의 'Business'가 세상의 구속과 회복을 위한 'Mission'이 되도록 우리는 그 과정인 'As의 삶'을 순교적 각오로 살아내야 할 것이다.

BAM 선언문과 정의

BAM에 대한 이해를 위해서 2004년 발표된 로잔의 'BAM 선언문(Manifesto)'[52]을 함께 살펴보려고 한다.

다음은 선언문의 선언(Affirmations) 1~3항의 내용이다. 그 내용은 일과 비즈니스에 대한 성경적 관점이며, 총론적인 언급들이다.

"1) 우리는 하나님께서 당신의 형상대로 남자와 여자를 창조하셨으며 그들에게 자신과 타인을 위하여 창의적으로 좋은 것들을 만들어 낼 수 있는 능력을 주셨음을 믿는다. 그리고 그 능력 중에는 비즈니스도 포함된다. 2) 우리는 예수께서 만나는 사람들의 필요를 항상 일관되게 채워 주셨던 본을 따라야 한다는 것과 이를 통하여 하나님의 사랑과 그분 나라의 법칙을 전파해야 함을 믿는다. 3) 우리는 성령께서 그리스도의 몸된 교회의 모든 지체들에게 섬길 수 있는 능력을 주셨음을 믿는다. 이 능력은 다른 사람들의 영적 필요와 물적 필요를 채워줄 수 있는 능력이며 이를 행할 때 하나님의 나라는 명확히 증거될 것이다."

1~3항은 삼위 하나님의 하신 일을 언급한다. 1항은 성부 하나님께서 하신 일이다. 창조주 하나님은 당신의 형상으로 사람을 지으시고, 우리로 일하는 존재가 되게 하셨다. 우리는 하나님께서 주신 자신과 이웃을 위하여 모든 좋은 것들을 만들 수 있는 창의와 능력을 잘 사용해야 한다. 2항은 예수님의 모범이다. 우리는 예수께서 제자들에게 보여주신 모범을 따라 주의 제자로서 이웃을 사랑하며 하나님 나라의 복음을 전파해야 한다. 3항은 성령님께서 하시는 일이다. 성령께서 우리에게 다른 사람을 섬기도록 온갖 은사와 능력을 주셨다. 우리는 주신 은사와 능력으로 몸 된 교회를 섬기고 우리가 만나는 이웃들의 영적, 물질적 필요를 채우며 하나님 나라를 증거해야 한다.
로잔 BAM선언문, 4~9항에서는 총체적 선교전략으로서의 BAM을 다음과 같이 설명한다.

"4) 우리는 하나님께서 기업인들을 부르셔서 그들이 영위하는 기업에서 하나님 나라의 방식대로 비즈니스를 수행할 수 있도록 준비시키심을 믿는다. 5) 우리는 복음이 개인과 사회와 공동체를 변혁시킬 능력이 있음을 믿는다. 비즈니스를 하는 성도들은 기업을 통하여 이러한 총체적 변혁의 일부를 담당해야 한다. 6) 우리는 종종 그리스도의 이름이 전파되지 않은 곳일수록 가난과 실업이 만연함을 인정한다. 7) 우리는 비즈니스의 발전이 중요하며 절실히 요구됨은 인정한다. 여기서 더욱 간절히 요구되는 것은 단순한 비즈니스가 아니라 하나님 나라의 관점과 목적과 영향력을 갖는 BUSINESS AS MISSION이다. 8) 우리는 영적·경제적·사회적·환경적 변혁이라는 4대 목적을 이루기 위하여 일자리 창출과 사업체의 증가가 범세계적으로 필요함을 인정한다. 9) 우리는 사업체 내부와 외부에서 세계 각 곳의 다양한 필요를 채워줄 수 있는 그리고 이를 통하여 사업계와 그 너머에까지 하나님의 영광을 드러낼 수 있는, 믿음의 기업을 영위하기 원하는 많은 사람들이 교회 안에 존재함을 인정한다."

4항은 기업인들의 역할이다. 하나님은 기업인들로 자신이 경영하는 기업에서 하나님 나라의 비즈니스를 수행하도록 기업인들을 부르시고 준비시키신다. 5항은 복음의 능력이다. 또한 개인과 사회와 공동체를 변혁시킬 수 있는 능력의 복음을 가진 성도들의 역할과 소명을 강조한다. 비즈니스에 종사하는 사람들의 소명이다. 6항은 세상의 필요다. 우리로 복음이 없는 땅과 민족 가운데 가난과 실업이 만연함을 주목하게 한다.

7항은 일반적인 비즈니스(Business As Normal)가 아니라, 참된 하나님 나라의 비즈니스(Kingdom Business)로써 그 관점과 목적과 영향력을 가진 BAM의 절실함을 강조한다. 8항은 BAM의 목적인 4가지 변혁이다. 이 목적을 성취하기 위한 다양한 기업들의 등장이 전세계적으로 절실함을 언급한다. 9항은 교회의 잠재력이다. 이러한 전 세계적인 필요를 채우며, 그 영향력을 드러내어 하나님의 영광을 위하여 일할 자원들이 모두 교회 안에 있다는 사실을 언급한다.

선언문에는 이후에 두 가지 권면이 따라오는데, 하나는 그 많은 자원들을 교회가 가지고 있다는 사실을 전제하며 교회들의 역할을 주문한다. 비즈니스에 종사하는 사람들이 자신들의 은사와 역할을 발견하도록 도와서 격려하고 기도하며 모든 민족들에게로 파송하라고 호소한다. 그리고 다른 하나는 비즈니스에 종사하는 사람들은 위의 선언문을 적극 수용하고, 영육 간의 필요 가운데서 고통받는 이웃들을 위해 자신의 은사와 경험을 어떻게 사용할 것인지를 숙고하도록 요청한다. 권면을 정리하면 비즈니스와 비즈니스에 종사하는 사람들 그리고 무한한 잠재력을 가진 이들의 중요성을 깨우치고 격려하는 교회 공동체의 역할 요청과 권면이다

선언문에 의하여 BAM을 정의해 보면[53] 다음과 같다. BAM은 상대적으로 복음의 영향력이 낮은 곳에서 복음을 전하려는 의도를 가진 리더십에 의하여 운영되는 재정적으로 유지가능한 비즈니스로써 하나님 나라의 가치에 근거하여 개인과 지역사회에서 영적, 경제적, 사회적, 환경적인 총체적 변혁을 가져오는데 그 목적이 있다.

BAM의 3가지 핵심

Business As Mission을 수행하기 원하는 모든 기업들은 다음과 같은 세 가지 방향을 가져야 한다.[54] 처음부터 온전하지 않더라도 지속적으로 노력하며 성장해 가야 한다.

선교적 의도
Missional Intention
하나님 나라 영향력이
가장 약한 문화그룹

BAM

유지 가능성
Sustainability
재정적 유지와 확장
리더의 라이프 스타일

선한 영향력
Kingdom Influence
경제적, 사회적, 환경적,
영적 영향력

유지 가능성 Sustainability

기업의 유지 가능성은 기업의 생존과 성장에 관한 이야기다. 한 생명이 세상에 태어나면 가장 기본적인 것은 생명을 유지하고, 건강하고 튼튼하게 자라는 일이다. 기업도 세상에 나왔으면, 생존을 넘어 성장하며 유지가능해야 한다. 그러기 위해서는 몇 가지 중요한 조건이 필요하다. 모든 기업에 있어서 이윤추구는 가장 중요한 요소 중의 하나다. 그 이유는 기업의 지속조건이기 때문이다. 그러므로 BAM 기업도 마찬가지로 수익창출을 통해 재무적 성과를 일으켜야 한다. 기업의 정당한 이윤추구는 결코 부정한 것이 아니다. 그래야 지속 가능하며, 성과를 내야 결과인 소득을 분배할 수도 있을 것이다.

BAM 기업이 이상과 목적만 거창할 뿐 시장에서 살아남을 수 없다면 무슨 의미인가? 그러므로 BAM에서 '유지가능한 진짜 기업'을 만드는 것은 모든 일의 시작이며 기본이다. 아이는 자란 만큼 힘을 가지고, 역할을 한다. 유소년 시절에도 가진 힘만큼 할일이 있지만 그러나 청년이 되고, 장년이 되면 전혀 다른 차원의 일을 할 수 있을 것이다. 그러므로 유년시절에는 자라는 일에 집중해야 한다. 기업의 시작 초기에는 오직 유지가능한 기업을 만드는 일에 집중해야 한다. 기업의 선한 영향력은 성장하고 힘을 가진 후 그 다음의 일이다.

BAM 기업은 '이윤만 추구하는 기업(Profit Making Business)'이라기 보다 '유익을 추구하는 기업(Benefit Making Business)'이다. 단지 돈을 벌기 위해 비즈니스를 하는 것이 아니라 비즈니스를 유지 가능하게 하여 지속적으로 지역사회에 유익을 더하고, 그 땅을 축복하기 위해서다. 한 기업이 수익창출을 통하여 지속성을 가진 기업으로 세워질 때 현장에는 일자리가 창출되고, 가난과 궁핍함으로 고통 받던 개인과 가정이 회복되고, 경제적으로, 사회적으로 그 나라와 민족이 회복되는 것이다. 그리고 유지 가능성은 경제적인 문제를 넘어서는 것이다. 실제로 기업은 사회적이어야 하며, 윤리적이고 도덕적이어야 한다. 사회적 경제적 환경적 변혁을 주도할 수 있는 역량을 소유해야 한다. 이를 위해 CEO, 리더십의 신뢰할 만한 역량과 라이프 스타일은 중요하다. 그러므로 BAM 기업은 반드시 실제적인 기업활동을 통해 '괄목할 만한 지속적인 비즈니스'로 성장해야 한다.

선한 영향력 Kingdom Influence

기업과 비즈니스가 가진 하나님 나라의 영향력이다. 그 기업이 비즈니스를 수행하는 과정에서 하나님의 의를 드러내는 행동과 결정, 윤리 도덕성을 의미하는 말이다. 이것은 가장 중요한 원칙의 하나로 요구된다. '하나님 나라의 영향력(Kingdom Influence)'을 '선한 영향력'이라고 읽지만, 단순한 '선함(Good)'이 아니다. 그 '선함'은 하나님의 본성인 '토브(טוב)'에서 비롯되는 것이다. 실제로 BAM은 반드시 '하나님 나라의 가치와 목적과 관점과 영향력을 가진' 비즈니스여야 한다. 그래야만 하나님께서 축복하실만하며 또한 선한 영향력을 가져야 선교적 목적을 성취할 수 있다. 그리고 BAM이 추구하는 네 가지 경제적, 사회적, 환경적, 영적인 변혁을 이루게 될 것이다.

기업활동에서 가장 우선시 되는 것은 직장에서 함께 일하는 동료들과의 관계다. 서로 건강한 관계를 맺으며 함께 추구하는 목적과 가치를 세워야 한다. 비즈니스가 성장하면서 거래들이 일어나고 다양한 새로운 사람들과의 관계도 형성이 된다. 투자자들도 일어나고, 거래처도 다양하게 생겨난다. 어떻게 함께 자라가며, 하나님의 복을 나눌 것인지 끊임없이 고민하면서 나아가야 한다. 이 때 이 관계 속에서 선한 영향력이 드러나고, 더불어 예수님의 사랑을 증거할 기회들이 생겨난다. 그리고 이후에 이 영향력은 지역사회로 이어지고 점점 더 다양한 필요를 따라 확장되어 갈 것이다.

지역사회 속에서 성육신적 원리를 적용해야 한다. 그들과 삶을 함께하는 것이다. 웃는 자들과 함께 웃고, 우는 자들과 함께 우는 것이다. 지역사회의 소외된 자들과 사회적 약자들을 돌아 보아야 한다. 그러나 이때 교회가 할 수 있는 일이 있고, 기업이 할 수 있는 일이 따로 있다는 사실을 잊지 말아야 한다. 기업이 교회를 대신 하려고 해서는 안된다. 그러므로 지역교회와의 파트너십이 중요하다. 기업과 비즈니스가 가진 시스템은 교회가 가지고 있는 사랑과 봉사와 희생과는 전혀 다르다. 기업과 비즈니스는 공의와 계약이 기본이 되어 움직인다. 기업은 지역사회 속에서 하나님 나라의 목적과 가치를 가지고 오랜 인내와 동행이 필요하다.

모든 비즈니스 현장은 각기 다른 상황과 늘 다양한 한계를 직면한다. 비즈니스를 할 수 있는 국가 경제와 법률적, 사회적 인프라가 전혀 준비되어 있지 않을 수도 있고 또한 사회적, 문화적 한계를 가지고 있기도 하다. 이는 나라마다 다르고, 지역마다 다르며, 매일 상황이 다를 수도 있다. 이미 그 나라와 지역사회 속에 오래 묵은 관행들이 존재한다. 그 사회의 불법, 탈법, 편법들은 깊은 관계에 의하여 오랜 문화 속에서 서로 묵인하고 진행되어 온 불문율과 같은 것들도 있다. 이는 국가의 법적 혹은 행정적 규정에 의해 구체적인 규범을 가지고 있는 사회에서도 부패한 관행이 때로는 정상적 행동으로 광범위하게 받아들여지기도 한다.

우리는 비즈니스가 놓인 나라와 민족이 가진 독특한 문화적 상황에 민감해야 한다. 사회적 변혁을 목적하고 성경적 원칙을 세워야 한다. 묵은 관행과 뇌물 등을 분별없이 수용하는 것은 금해야 하고, 강압적인 상황에서도 가능한 삼가 해야 한다. 그러나 쉽게 남을 잣대하고 정죄하지 않아야 하며, 적극적인 관계를 맺으며 허용되는 범위 내에서 지혜롭게 해결해야 한다. BAM 비즈니스는 세상적 기업과 차별화된 윤리와 도덕성이 확실해야 한다. 그때 사회의 부정과 불의에 맞설 수 있으며, 하나님의 공의가 회복된 사회의 구현에 기여하게 될 것이다.

세상의 비즈니스는 모든 방법을 강구하며, 무한경쟁과 효율과 이윤 극대화를 추구한다. 그러나 BAM은 어려움이 닥쳐도 먼저 하나님 나라의 통치를 구하며 비즈니스를 해야 한다. 어떤 상황에도 하나님의 법을 따르며,

정의로우며, 정직하고, 약속을 지키며 신실해야 한다. 하나님 나라의 기업문화를 만들어 가며 바른 노동과 안식의 삶을 보여주어야 한다. 낙심할 만한 일을 만나도 하나님 나라의 상상력과 소망을 잃어버리지 않아야 한다. 결과적으로 지역사회 속에서 신뢰를 얻게 될 것이며 기업이 가진 하나님 나라의 가치가 영향력을 가지게 될 것이다.

선교적 의도 Missional Intention

복음과 하나님 나라의 영향력이 낮은 지역과 영역과 문화권으로 의도적으로 나아가야 한다. 그 결과는 하나님 나라의 회복이다. BAM 기업을 통하여 총체적으로 사회적, 경제적, 환경적, 영적으로 회복과 변화가 일어나야 한다. 무엇보다 BAM 기업에는 신앙과 행함이 통합된 기업가 한 사람이 참 중요하다. 그 비즈니스 현장의 비그리스도인들이 비즈니스의 과정에서 삶과 신앙이 통합된 영향력 있는 한 사람의 삶을 통하여 그리스도를 발견하고 복음을 알게 되고, 주님께로 돌아오게 될 것이다. 그리고 현지 토착교회가 세워지고 영적부흥이 일어나게 되고 하나님께 영광을 돌리며 예배하는 일이 있게 될 것이다. 선교는 성경적이며, 전인적이고 총체적이어야 한다. 단순히 영적구원에 있지 않다. 선교는 하나님의 창조세계의 회복과 사회적, 경제적, 영적 회복과 변화를 목적하는 것이다. BAM 비즈니스는 분명한 선교적인 목적과 비전을 가지고 있어야 한다.

우리가 살고 있는 세상은 비즈니스 세계다. 세상 속에 존재하는 교회와 공동체와 개인은 세상 속으로 보내심을 받은 선교적 소명을 감당해야 한다. 그동안 우리는 자신의 일터에서 삶의 예배를 드리며 복음을 전하며 살던 사역

WORLD EVANGELIZATION
세계복음화

BAM
MOVEMENT

다문화 Multi-Culture

땅끝

세계화 Globalization

Mission
교회ㅣ공동체
BAMer

직장선교   내가 선 곳 – 삶의 예배   일터사역
선교적 삶 Missional Life

비즈니스 세계 속의 제자도
Discipleship in Business World

을 일터사역 혹은 직장선교라 했다. 그러나 이제 비즈니스가 만들어가는 세상의 세계화와 다문화의 결과는 이제 우리 집 대문 앞에서 땅끝 백성을 만나는 상황을 만들고 있다.

이제 비즈니스 세계의 상황 안에서 모든 신자들은 각자 자신의 부르심과 보내심을 따라 자신의 삶의 현장에서 선교적 삶을 살아야 하는 시대가 되었다. 그러므로 이제 한 사람, 비즈니스 세계 속에서 선교적 삶을 살아가는 BAMer(배머)들도 세 가지 기본적 조건을 갖추어야 한다. 곧, 선한 영향력, 지속 가능성 그리고 선교적 의도성이다. 선한 영향력은 하나님의 나라의 백성으로서 그의 삶이 그분의 주재권을 인정하는 삶을 살며, 그리스도의 제자로서의 그 길을 살아가는 삶을 말한다. 지속 가능성은 지속적으로 영향력을 미칠 수 있는 조건으로써 반드시 개인의 전문성과 공헌 그리고 실력과 지속적인 성장이 뒤따라야 한다. 선교적 의도성은 복음이 없는 민족과 지역과 영역으로 기꺼이 자신을 드리는 삶이다. 자신이 가진 현재의 기득권을 버리고 그리스도의 성육신적 삶을 본받아 낮은 곳, 더 낮은 곳으로 적극적 하향성의 삶을 추구하는 것을 의미한다. 그 결과 우리는 한 사람 BAMer의 삶을 통하여 그가 선 곳에서, 기업가로서 또는 비즈니스 세계 속에 살아가는 그리스도의 제자로서 그의 삶의 자리에 하나님의 나라가 임하는 것을 보게 될 것이다.

우리는 BAM을 실현하는 주체로서 기업중심의 정의 뿐만 아니라 이제 그 일을 실행하는 그리스도의 제자로서 모든 민족을 위한 하나님의 비전에 자신을 헌신한 BAMer, 사람중심으로 관점을 전환하고 재정의해 볼 수 있다.

이제 타문화권에서, 특별히 소위 '닫힌 지역'이라 불리는 10/40 창, 창의적 접근 민족들(Creative Access Nations)을 여는 최고의 대안으로 여겨지는 BAM 선교전략을 목회에 적용해 보자. 오스 힐먼은 그의 책에서 "그동안 기독교인들은 이른바 '10/40 창'이라 불리는 지역에 살고 있는 불신자들을 복음화 하는 일에만 전념해 왔다... 하지만 사람들을 그리스도께 인도할 수 있는 또 하나의 창문, 즉 '9/5 창'은 '10/40 창'에 못지않은 기회의 창이다" 라고 말했다. 오스 힐먼이 이야기하는 '9/5 창'은 바로 9시에 출근하여 5시에 퇴근하는 일터의 중요성을 이야기하는 것이다. 그러므로 일터도 창의적 접근을 필요로 하는 보다 전략적인 현장인 것이다.

창조명령과 선교명령의 통합과 BAM

Business As Mission은 창조명령과 선교명령의 통합이다. 창조명령(Creation Mandate)은 창조주의 지엄한 명령이다. 이는 창조언약에 담긴 명령이며

축복이다(창1:26~28). 우리는 이것을 노동명령 혹은 문화명령(Cultural Mandate)
이라고 한다(창2:15). 남녀노소 빈부귀천 유무식을 떠나 그 누구든지 이 창조
명령에서 제외된 사람은 단 한 사람도 없다. 하나님이 인간을 지으신 목적
이 그러하며, 우리가 세상에 존재하는 이유가 그러하기 때문이다. 이 땅을 살
아가는 우리 모두는 호흡이 있는 동안 우리의 창조주를 기뻐하고 즐거워하
며, 그의 영광을 위하여 창조된 목적을 따라 그분의 명령을 수행하는 사람
들이 되어야 한다.

모든 신자는 하나님의 지상대명인 선교명령(Mission Mandate)을 수행하는
일에 예외가 없다(행1:8, 마28:18~20). 죄인된 우리를 위해 대속제물로 보내신 예
수님의 십자가의 죽음으로 우리를 구속하시고 자유케 하신 그 놀라운 사랑
에 힘입어 구원받은 우리는 하나님의 구속계획을 이해하고, 하나님의 세상
구속역사에 참여하도록 부르신 일에 즐거이 응답해야 한다. 또한 하늘과 땅
의 모든 권세를 가지신 하나님과 우리의 구속주이신 그리스도께서 우리를
세상 모든 족속에게로 우리를 보내셨다. 우리는 그리스도의 대위임령에 순
종하여, 그리스도 재림의 날까지 때를 얻든지 못 얻든지 이 사명을 신실하게
수행해야 한다(딤후4:2).

우리는 이 두 명령을 수행하는 자들이다. 어떻게 이 두 명령을 모두 수행
할 수 있을까? 우리는 그동안 마치 하나를 하면 다른 하나를 할 수 없는 것
처럼 여겼다. 사실 선교명령에 헌신하고 전임하여 사역하는 목사와 선교사
들을 보면서 우리는 결코 저들처럼 할 수 없다고 무의식 중에 내 머리에 각
인된 결과다. 그러나 곰곰이 따져 생각해 보면, 그동안 모든 그리스도인들은
이미 동시에 두 명령을 수행해 왔다. 자신의 일터에서 열심히 일하며 선한 영

향력을 끼치고 살고 있고 또 만나는 많은 사람들과 함께 그리스도의 사랑을 나누며 복음을 전하며 살아간다. 창조명령을 수행하면서 선교명령을 수행해 온 것이다. BAM은 결코 새로운 유행이거나 색다른 이야기가 아니다. 이미 오래된 옛길이다. BAM은 자신의 하는 일을 통해 세상을 섬기고 사랑하며, 그리스도의 사랑과 하나님의 아름다우심을 드러내는 선교적 삶을 수행하는 것이다.

선교는 삶과 분리되어 있지 않다. 선교는 삶과 분리된 말에 있지 않다. 많은 오해는 선교는 외치는 말에 있다고 생각하는 것이다. 더 이상 말과 행위가 일치되지 않는 삶으로는 그 누구도 감동시킬 수 없다. 전도가 일상과 분리된 종교적 선포로만 나타날 때 당장은 큰 역사를 이루는 듯 보이지만 실상은 하나님의 선교에 거침돌과 방해가 된다.

선교적 삶은 고상한 헌신의 종교적 행위에 있는 것이 아니다. 선교적 삶이란 내 일상에서 이루어져야 하는 믿는 자의 삶이다. 선교적 삶이란 "나는 누구인가"라는 자기 정체성에 대한 바른 이해이며, 일상에서 구현되어야 하는 우리 모든 그리스도인들의 존재론적 삶의 구체적인 신앙의 행위인 것이다. 하나님은 우리의 일상, 일과 일터에서 우리의 삶, 먹든지 마시든지 무엇을 하든지 하나님의 영광을 위해 살아가는 삶을 통해 영광을 받으신다. 이러한 그리스도인의 삶은 하나님의 이름을 드러내고 전하는 삶인 것이다.

"십자가를 전하는 교회는 스스로 십자가의 흔적을 지녀야 한다(A church which preaches the cross must itself be marked by the cross.)."[55] 다만, 복음을 살라, 복음을 삶으로 외치라. 바로 그 삶이 하나님을 드러내고, 하나님의 나라를 선포하며 확장하는 선교다.

총체적 선교와 BAM
총체적 선교

2018년 제7차 세계선교전략회의(NCOWE VII)의 선언문[56]에서는 "우리는 BAM이 선교적 총체성을 구현하는 하나의 시대적 전략임을 확인한다"라고 했다. 여기서 말하는 선교의 총체성이란 무슨 말인가? 모두에게 결코 낯선 단어는 아니지만, 그렇다고 모두에게 그리 쉬운 개념은 아니다. 잡힐듯 그러나 쉽게 잡히지 않는 어휘일 듯하다.

오늘날 선교현장에서부터 시작된 BAM은 창의적 접근 전략으로 또 총체적 선교의 구현을 위한 전략으로 크게 주목받고 있다. 그뿐만 아니라 BAM 운동은 비즈니스 세계 속에서 각 사람이 서 있는 삶의 자리에서 선교적 삶을 추구하는 새로운 선교운동으로써 전개되고 있다. 이런 선교적 흐름들 안에서 우리는 '총체적(Holistic)'이라는 말을 자주 사용하고 있다. '총체적 선교'라는 말과 어울려서 '총체적 복음', 그 주체인 '총체적 증인', 그 과정과 결과로써 '총체적 구원', '총체적 변혁' 심지어 그 열매로써 '총체적 열매'라는 말까지 사용하고 있다.

'총체적 선교'는 새로운 이야기가 아니다.[57] 근대 기독교역사에서는 보수와 진보, 혹은 복음주의와 에큐메니칼은 그동안 영혼구원과 사회구원, 복음전도와 사회참여, 이 둘의 우선성의 문제를 두고 치열하게 오랜 논쟁을 벌여왔다. 한편에서는 '이 땅과 사회는 장차 멸망할 것이기에 우리가 사회구조의 변화에 관심을 두는 것은 희망이 없는 일이고, 임박한 멸망에 직면한 세상을 구원하는 길은 오직 복음을 전하는 일이다. 그러므로 선교는 복음전도다'라고 여겼다. 보수 진영의 이런 주장은 실제로 창조주 하나님께서 창조 때 당신의 피조물인 인간에게 창조언약을 주시며 명하신 문화명령을 충분히 이해하지 못하고 있는 것이다. 지금도 우리 하나님은 당신이 창조하신 세상에서 왕의 일꾼들을 세우시고 일하시는 하나님이시며, 지금도 인간들의 모든 고통에 함께 우시며, 그 땅에 하나님의 정의와 샬롬의 실현을 얼마나 간절히 원하는 분이신지를 인정하지 않는 듯한 부분적 모순을 가졌으나 그러나 또한 나름의 충분한 논리적 근거를 가졌다.

그리고 다른 편에서는 '하나님은 역사 속에서 일하시며, 하나님의 선교(Missio Dei)는 공의와 샬롬을 열망한다. 그러므로 우리는 이 땅 위에 모든 인류가 겪는 결핍과 고통에 동참하며 그 필요를 섬기고, 정치·경제·사회적 문제들과 싸우며 하나님과 함께 그의 의와 샬롬의 나라를 건설해야 한다'는 것이다. 진보진영의 이런 주장 역시, 역사의 주인이신 그분이 역사의 주관자요 심판자이심을 온전히 신뢰하지 못하고 또 이 땅의 갱신이 결코 하나님의 나라와 전적으로 동일시 될 수 없다는 약점에도 불구하고 나름의 충분한 논리적 근거를 가졌다.

도무지 좁혀질 것 같지 않던 두 극단의 오랜 긴장과 갈등에도 불구하고 그 정점이 되었던 1968년의 WCC 웁살라 총회에서 아이러니 하게도 비세르트 호프트(W.A. Visser't Hooft)의 개회설교에서 화해와 조화를 위한 해법이 제시되었다. "우리는 한 극단과 다른 극단을 오가는 원색적인 진동운동에서 빠져나와야 한다. 이는 복음진리를 온전히 끌어안은 운동이라 할 수 없는 특성이다. 수직적 측면을 잃어버린 기독교는 기독교의 소금을 잃은 것으로, 그 자체로는 맛이 없을 뿐 아니라 세상에 쓸모도 없다. 반면 수직적 열심을 수단으로 삼아 일상에 대한 기독교의 책임을 회피하는 기독교는 성육신을 부인하는 것이요, 그리스도 안에 드러난 바 세상을 향한 하나님의 사랑을 부인하는 것이다."⁵⁸ 이러한 논쟁의 과정 속에 합의된 결과물이 바로 1974년 '로잔언약'이라고 볼 수 있다. 그러나 최근 BAM 운동이 확산되고 우리의 선교적 기초를 다시 확인하는 과정에서 위의 개념들에 대한 충분한 이해가 재요청 되고 있다.

우리는 그동안 총체적 선교를 복음전도와 사회책임을 통합하는 선교로서 이해해 왔다. 이는 실제로 총체적 선교의 사역적 측면만 주목하게 만드는 이해라고 할 수 있다. 그러나 총체적 선교(Holistic Mission)는 실제로 '총제적(Holistic)'이란 단어가 가진 의미처럼 선교, 복음, 전도, 교회, 세상에 대한 온전한 이해와 실천적 행동이 담긴 총체적이고 통합적인(Integral) 개념이다. 개인적으로는 이런 의미에서 로잔운동의 "온 교회는 온 세상에 온전한 복음을"이란 모토는 총체적 선교를 설명하고 이해하는 가장 중요한 핵심어라고 생각한다.

"세계복음화는 온 교회가 온전한 복음을 온 세계에 전파할 것을 요구한다(World evangelization requires the whole Church to take the whole gospel to the whole world)"⁵⁹ 여기서 언급된 세 가지 개념, "온 교회(the Whole Church)", "온전한 복음(the Whole Gospel)" 그리고 "온 세계(the Whole World)"는 바로 Wholistic/Holistic Mission(총체적 선교)과 직접적으로 연결된 세 가지 표현들이다. 'Whole'이라는 단어는 '온', '전부', '모든'이란 의미다. 그런데 우리가 'W/Holistic'을 '총체적'이란 말로 번역하면서 그 연관성을 쉽게 알아차리지 못하게 되었다. 그러나 영어로 보면 이 세 가지 핵심어가 총체적 선교와 깊은 연관성을 가지고 있음을 누구든지 짐작할 수 있다.

총체적 선교는 세 가지 키워드를 이해하는 것이 필수적이다. '온 교회'를 이해하고, '온전한 복음'을 이해하고, '온 세계'를 이해할 때 가장 정확하게 이해할 수 있다.[60] 먼저 '온전한 복음'에 대한 이해가 필수적이다. '온전한 복음'은 그리스도 예수의 십자가 복음이다. 십자가의 복음은 인간의 죽음 이후만 아니라 오늘 지금 이곳의 복음이어야 한다. 십자가의 복음은 하나님과 만유를 화목케 하는 복음으로 인간을 넘어 모든 피조세계를 향한 하나님의 복음이다. 이 복음에 대한 온전한 이해가 없다면, 우리의 선교가 결코 온전할 수 없다. 복음의 왜곡을 가져오고 우리의 전하는 것이 인위적이고 자의적이 될 수도 있다. 결과적으로 '온전한 복음'에 대한 이해의 결핍은 유사복음 혹은 거짓복음이 될 수 있다. 물론 총체적 선교에 대한 이해도 어렵고, 그것을 실행하는 일은 더욱 불가능할 것이다. 그 다음은 '온 교회'에 대한 이해다. '온 교회'는 오고 오는 세상의 모든 그리스도의 교회다. 이는 모든 시대와 세대와 민족과 족속과 백성과 방언에서 일어난 모든 교회이며, 모든 성도들을 의미한다. 이는 모든 성도들의 선교적 소명과 책임을 말하는 것이다. 마지막으로, '온 세상'에 대한 이해가 필요하다. '온 세상'은 선교의 대상과 영역이며, 선교의 지평과 무대를 정의한다. '온 세상'은 나라와 민족의 경계를 넘어 정치, 경제, 사회, 교육, 환경, 종교, 문화, 예술, 방송, 체육 등 우리의 일과 삶의 전영역을 포함한다. 그리고 '온 세상'은 인간과 일터와 영역을 넘어서 하나님이 지으신 자연과 피조세계를 포괄하는 개념이다. 예수 그리스도와 그의 복음을 알지 못하는 모든 이들과 모든 세상이 선교의 대상인 것이다. 이는 지리적일 뿐 아니라, 생태적이며 경제적이고, 사회적이며 정치적이다. 그리고 공간과 시간을 모두 포괄하는 개념이다.[61] 로잔의 케이프타운 서약에서는 "총체적 선교란, 복음이 예수 그리스도의 십자가와 부활을 통해 성취된 하나님의 구원의 좋은 소식이며, 그 구원은 개인과 사회와 창조세계를 위한 것이라는 성경적 진리를 분별하고 선포하고 살아내는 것이다. 개인과 사회와 창조세계는 모두 죄로 인해 깨어지고 고통당하고 있으며 또한 하나님의 구속적 사랑과 선교에 포함되므로, 이 셋은 모두 하나님 백성의 포괄적인 선교의 대상이 되어야만 한다"[62]라고 설명하고 있다.

오늘날 비즈니스 세계의 다양한 일터에서 일하고 살아가는 모든 이들이 자신의 삶의 자리 한가운데서 그리스도의 제자로 살며, 그의 변혁적 삶을 통하여 그리스도와 그분의 나라와 그의 복음의 증인들이 되어야 한다. 선교는 결코 말로 하는 선포, 복음 전도만으로는 부족하다. 선교는 삶으로 하는 증거가 필요하다. 총체적 증인은 이웃들의 삶 깊숙이 스며 들어가 그리스도께서 보여주신 성육신적 삶을 살아가는 자들이다.

우리는 비즈니스 세계 안에서 선교적 삶을 살아가는 이들을 BAMer(배머)라 부른다. BAMer는 자신의 일과 직업을 창조주께서 주신 사명과 소명으로 여기며, 자신의 모든 일들 속에서 하나님의 영광을 목적하는 예배의 삶을 통해 일터에 하나님의 나라를 세우는 선교적 삶을 사는 자들이다. 이들이 온전하고 통전적인 바로 총체적 증인들이다. 이런 증인들에 의하여 증거되는 온전한 복음은 모든 이들의 삶과 모든 세계에 총체적 기쁜소식이 되고 그 열매는 총체적 변혁일 것이다.

반기독교 정서가 팽배한 이 시대에는 더욱 십자가의 흔적을 가진 그 증인 공동체, 자신의 삶 속에 십자가의 흔적을 가진 증인들이 절실하다. 이 참된 증인들에 의하여 온 세상은 그 '십자가의 흔적을 통한 증거'에 의하여 세상의 주와 구주이신 그리스도를 주목하게 될 것이며, 그분이 통치하시는 나라를 보게 될 것이다. 이는 이미 하나님의 선교역사에서 오래된 그러나 다시 새롭게 주목하는 '오래된 새 길(New Path in Old Ways)'이다. 총체적 선교라는 말은 다만 선교현장의 사역적 적용만을 일컫는 말이 아니다. 그것은 온전한 복음에 대한 것이며, 온 세상에 대한 것이며, 온 교회에 대한 것이다. 이 말은 단지 말로 해석되는 말이 아니라 삶으로 해석되어야 하는 말이다.

총체적 선교로서의 BAM

선교현장에서 창의적 접근지역의 선교전략으로 시작된 BAM은 오늘날 온전한 복음을 요구하고 필요로 하는 세계를 위한 총체적 선교방법으로 주목받고 있다. 그렇다. BAM은 총체적 선교전략이다. 'BAM', 비즈니스 선교는 '가난한 자들이 가난에서 벗어날 수 있도록 돈을 벌 수 있도록 도와주자', '그들에게 일자리를 만들어 주자'는 정도의 이야기가 아니다. 그런 일은 일본의 야쿠자도, 러시아의 마피아도 하지 않는가. 그동안 '영리추구만을 목적하던 회사'를 '사회적 공익을 추구하는 회사'로 바꾸자는 정도의 이야기가 아니다. 공유경제와 사회적 공유를 강조하며 사회운동을 하자는 이야기가 아니다. 그건 이미 오래전부터 일반 기업들도 인류의 보편적인 가치추구를 중요한 기업의 미션으로 내걸고 있는 일이다. 전 세계적으로 기업지도와 기업문화가 바뀌고 있다. 사회적 기업운동도 이미 오래전부터 그런 가치를 추구해왔다. 우리는 그런 정도의 기업문화를 바꾸자는 이야기가 아니다.

그렇다면 BAM은 '기업을 통해 일자리를 창출해 주고, 삶의 질을 높이자'는 이야기 아닌가? 그 이야기가 맞다. 기업과 기업가들을 향해 '영리추구만 목적하지 말고 환경을 보호하며, 사회적 약자들을 돌보며, 공익을 위해 사회적 가치를 함께 추구하자'는 기업문화의 변화를 요청하는 이야기 아닌가? 그 이야기도 맞다. 가난과 결핍으로 인간답게 살지 못하는 이들의 아픔을 헤아리며 더불어 사는 방법, 공유경제와 사회운동이 말하는 '함께 사는 세상, 분배정의를 실천하는 세상을 만들자'는 그 이야기도 맞다. 그러나 이 모든 이야기들을 포괄하고도 중요한 한 가지가 더 있다. 이를 통해 하나님 나라의 복음을 전하자는 이야기다. 아직도 복음을 듣지 못한 사람과 영역과 지역, 나라와 민족을 돕고 하나님 나라를 세우자는 이야기다.

총체적 선교(Holistic Mission)를 말하는 것이다. 로잔 BAM 선언문에서도 말했듯이, 총체적 선교를 위한 네 가지 변혁을 목적하는 것이다. 비즈니스를 통한 경제적 변혁, 사회적 변혁, 환경적 변혁 그리고 영적 변혁을 추구하여 하나님의 나라를 확장하고 더 큰 하나님의 영광을 구하는 것이다. 우리는 그동안 성속이원론의 가치로 인하여 우리의 삶을 거룩한 영역과 세속적 영역으로 분리하여 우리의 일상과 신앙, 직업과 사역, 비즈니스와 선교가 통합되지 못하였다. 선교의 영역에서도 사회구원과 영혼구원은 분리되어 이해되고 있었다. 이제 우리 삶의 전영역에서 일상과 신앙이 통합되고, 직업과 사역, 비즈니스와 선교가 통합되어야 한다. 그리하여 모든 그리스도인들이 삶의 전영역에서 그렇게 하나님 나라의 가치를 살아 내고, 우리가 하나님 나라의 복음이 되고 영향력이 되어서 그 나라의 비전을 열방에 성취하는 것이다.

Globalization, 세계화는 비즈니스로 인한 것이다. 비즈니스로 인한 세계화의 결과로 온 세상은 이동하고 있다. 'Target is moving!' 선교 대위임령(the Great Mandate)의 World Vision과 갖은 수고와 노력에도 불구하고 우리가 넘어가지 못하던 나라와 민족과 영역 안으로 비즈니스는 쉽게 담장을 넘고 깊이 들어가고 있다. 코카콜라와 맥도날드가 그렇고, 스타벅스, 구글, 애플, 삼성 등의 글로벌 기업들이 그러하다. 그들이 들어간 땅과 나라와 민족과 지역에서 새로운 문화를 주도하고 있다. 의식주와 라이프 스타일을 바꾸고 있다.

Evangelization, 복음화는 비즈니스를 통한 것이다. Business As Mission이 바라보는 선교다. 비즈니스 세계 속에서 비즈니스를 정확하게 이해하고 전략을 세워야 한다. 비즈니스는 바로 우리 옆에서 그리고 땅끝에서, 세계 곳곳에서 새로운 일들을 시작하고 열매 맺고 있다. 우리는 바로 그 비즈니스 현장에서 일하고 있다. 하나님 나라의 복음을 필요로 하는 현장에서 우리는 살며, 일하고 있다. 우리가 그곳에서 하나님 나라의 가치, 목적과 비전이 이끌고 하나님 나라의 의를 실현하는 비즈니스를 펼치고 있다면 그곳에 총체적 변혁(Holistic Transformation)이 일어나게 될 것이다. 더불어 이루어지는 것은 하나님의 나라이며, 높임을 받으시는 것은 하나님의 이름일 것이다. Business As Mission이 바라보는 총체적 관점의 복음화다.

Business As Mission은 비즈니스 세계 속에서 하나님 나라의 비전과 가치와 원리를 따라 우리 일상의 일과 직업을 수행하는 그 과정 속에서 하나님 나라를 세워가는 총체적 복음의 실현이다.

역사적 사례: 모라비안 이야기

16세기 종교개혁과 함께 시작된 유럽의 개신교회는 중세의 로마 가톨릭

패러다임과 결별한다. 그 과정에서 교회의 속성 중에 세상과의 구별됨을 의미하는 거룩성은 강조하였으나, 로마 가톨릭의 교황주의에 대한 반작용 때문에 교회의 사도성이 강조되지 못한 측면이 있었다. 또한 개신교회의 교리와 제도의 확립, 구교와 벌인 100년간의 무력 충돌 등으로 교회의 선교는 약화되었다. 마치 교회가 선교를 잊은 것처럼 보이는 시대 속에 횃불처럼 불타오른 선교 공동체가 있었다. 그들이 바로 독일의 모라비안 공동체였다. 모라비안들은 근대 선교의 아버지라 부르는 윌리엄 캐리보다 100여 년 전 세계 선교의 문을 열었다. 오히려 윌리엄 캐리는 모라비안의 영향을 받은 사람이었다. 심지어 영국의 감리교를 시작한 존 웨슬리(John Wesley, 1703~1791)와 감리교의 시작에도 지대한 영향을 미친 이들이 바로 모라비안들이다.

때는 18세기, 당시 보헤미아에는 합스부르크(Habsburg)왕가의 칼(Karl) 6세가 내린 칙령에 의하여 개신교회에 대한 극심한 박해가 다시 시작되자 보헤미아와 모라비아 지역에서 종교개혁자 존 후스(John Hus, 1373~1415)를 따르는 개신교인들이 박해를 피해 피난길에 올랐다. 이들은 갈 곳이 없어 방황하다 진젠도르프(Zinzendorf, 1700~1760) 백작의 영지인 독일 작센의 베르텔스도르프(Bertelsdorf)에 이르렀다. 이때 진젠도르프는 루터교인이었지만 존 후스를 진심으로 존경하고 있었기에 그의 후예들을 자기 영토 안에 거주하도록 허락한다. 당시 체코의 보헤미아-모라비아 지역의 박해로부터 피난 온 형제들이 백작의 영지에 머물게 되면서, 이들이 후에 '모라비안 형제단', '모라비안 공동체', '모라비안 교회' 등으로 불리게 되었다. 독일의 작센지역에서 모라비아 난민들에 의하여 이렇게 시작된 공동체는 어두워져 가는 유럽교회에 새로운 생명과 빛을 불어넣기 시작했다. 후에 그곳은 '주님의 망대

(Lord's Watch)'라는 의미의 헤른후트(Herrnhut)라고 불리운다.

모라비안 공동체는 자발적인 해외선교의 모범이며 효시가 되었다. 모라비안의 선교운동은 경건주의와 부흥운동과 깊은 연관을 가진다. 모라비안들의 영성의 핵심은 예수 그리스도의 십자가였다. 그들은 진젠도르프처럼 모두 십자가 예수의 복음을 경험하는 삶을 가장 중요하게 여겼고 그들의 삶에는 구원의 기쁨이 살아 있었다. 그 구원의 기쁨은 구령의 열정으로 이어졌다. 모라비안 선교활동의 근본을 이루는 핵심 정신은 '주님을 향한 사랑 그리고 잃은 자를 위한 사랑(Love to the Lord, Love for the Lost)'이었다. 형제들은 성령의 역사와 깊은 구원의 은혜를 체험하자 전도와 선교에 눈을 뜨고 전 세계로 흩어져 갔다.

모라비안들은 뜨거운 형제애를 기초로 한 공동체였다. 이들은 이름부터 자신들을 '모라비안 형제단' 혹은 '형제연합(Unitas Fratrum)'이라 불렀다. 이들은 서로의 발을 씻겨주는 세족식과 모두가 함께 떡을 나누는 애찬식도 하고, 사랑과 평화의 입맞춤도 행했다. 구성원 각 사람의 은사와 재능을 따라 직분과 사역들이 주어졌다. 이들은 공동예배를 드렸으며, 이들 예배에서 특징적인 것은 깊은 영감의 찬양이었다.

모라비안 공동체는 철저한 경건의 삶을 실천했다. 삶의 전영역 속에서 주님과의 인격적인 교제를 생명처럼 여겼다. 공동체 경건훈련은 말씀묵상, 암송 등을 실행하며, 말씀에 대한 깊은 연구와 묵상과 실천을 노력하며 매일 이를 점검하고 훈련했다. 특히 기도의 훈련으로 24시간 365일 연속기도를 드렸는데 자원하는 자들에 의해 24시간, 기도 파수꾼이 되어서 열방을 품고 세계선교를 위한 기도에 헌신하였다. 이들의 기도는 무려 120년이나 지속되었다. 실천의 지속성은 훈련에서 온다. 지속성은 능력이다. 이러한 모라비안 공동체의 삶은 이들을 세상에 그 어떤 공동체와도 구별된 삶과 영향력을 가지게 하는 힘이었다. 이는 모두 모라비안의 선교영성과 선교전략에 고스란히 녹아있다.

모라비안들은 직업을 가진 선교사로 살기를 원했다. 모라비안의 선교표어는 "직업의 도구를 어깨에 메고 세계의 선교지로 어린 양을 따라가자(The Moravians were called to shoulder their artisan's tools and follow the Lamb in a mission to the world)"였다.[63] 모라비안 공동체는 자비량 전문인 선교, BAM의 효시였다. 근대선교의 문을 연 선교는 바로 직업을 가진 선교사들이었다. 윌리엄 댕커(William J. Danker)는 모라비안들의 선교원리는 "자비량선교: 주님을 위한 이윤 창출"이었다고 말한다. 진젠도르프 백작 자신도 지치지 않는 노동자였으며, 선교사들 스스로가 생계를 해결하기 위해 일을 함으로 현지인들에게 노동의 존엄성을 가르치길 원했던 것이다. "모라비안들은 자비량 선교를 규정으로 삼아 당연시했다. 이것은 또 다른 사역의 시작이라기보다 이제까지 국내에서 해오던 사역의 연장일 뿐이었다"라고 말한다.[64] 오늘날 한국교회 선교에는 목사, 선교사가 주된 선교세력이지만 앞으로는 달라질 것이다. 모라비안들처럼 국내에서 일하며 또 타문화권 어디로 보냄을 받든지 국내에서 하던 삶의 연장으로 복음을 위해 일터 현장에서 동일하게 살아가는 이들이 절실하게 요청되는 시대가 되었다.

댕커는 "모라비안들의 선교에 있어서 가장 중요한 기여는 모든 크리스천은 선교사이며, 사업가도 설교자, 교사, 의사와 나란히 세계선교를 확장시켜 나갈 수 있다는 사실을 깨우친 것이었다"라고 말했다.[65] 이어 그는 "모라비안 선교사들의 사역의 목적은 기독교인 개개인의 삶의 모든 영역에서 거룩하게 살도록 인도하는 것이었다. 그러므로 그들에게 있어 사업가이면서 동시에 선교사인 것은 너무도 당연한 일이었다"고 했다.[66] 오늘날 모든 성도의 변혁적인 삶은 중요해졌다. 총체적 선교의 관점에서 비즈니스 세계의 모든 일터와 영역에서 선교적 변혁이 필요하다. "아버지께서 나를 보내신 것 같이 나도 너희를 보내노라"(요20:21) 하신 말씀을 기억하며, 모든 성도가 자신을 부르신 자리에서 선교사로서의 삶을 살도록 준비시키며 축복하며 또 부르시는 곳 어디든지 파송해야 할 것이다.

이들은 사회개혁운동의 동력을 가졌다. 모라비안 공동체는 사도행전적 교회의 표징을 모두 가지고 있었다. 성경적 가르침을 실천하는 것이 강조되었다. 복음은 그들이 경험한 실제였고 또 실행해야 하는 능력이었다. 이론과 원리보다는 실천과 경험이 중요시되었다. 복음에 대한 개인의 깊은 각성이 사회개혁운동을 태동시키는 동력이 되었다.

1900년 뉴욕에서 열린 선교대회에서 존 모트(John R.Mott)는 "모라비안들은 해외 선교사역 가운데 선교지 현장에서 가장 놀라운 성취를 이룬 예이다. 그들은 지닌 능력에 비례해서 다른 어떤 기독교 단체들 보다 더 많은 일을 했다"라고 말했다.[67]

1732년 8월 서인도제도에 최초의 선교사로 도공 도버(Leonhard Dober) 와 목수 니츠만(David Nitschmann)을 파송하고, 그 이듬해 크리스티안 다비드(Christian David)를 이어 파송한다. 1733년에 그린란드(Greenland), 1734년에는 버진 아일랜드(Virgin Islands), 1735년에는 수리남(Suriname), 1737년에는 남아프리카공화국, 1739년에는 기아나(Guiana), 1740년에는 아메리카 인디언과 실론, 1742년에는 중국, 1747년에는 페르시아에 파송했다. 1752년에는 에스키모인들에게 선교사를 보냈는데 그곳에서 6명의 선교사가 순교하는 사건이 발생했다. 그러나 그들은 결코 위축되지 않았고 선교는 계속된다. 1754년에는 자메이카, 1756년에는 안티구아(Antigua)에까지 선교사를 파송했다. 헤른후트의 오순절을 통해 그리스도의 사랑에 붙들린 그들은 복음을 들고 세계로 흩어졌다. 1732년부터 1760년 진젠도르프가 죽기까지 28년간 모라비안 교회는 226명의 선교사를 파송했는데, 이는 모든 개신교가 종교개혁 이후부터 그때까지 파송했던 수보다 많은 수였다.

　　진젠도르프 사후에도 모라비안 공동체는 서인도제도에서 2백 년에 걸쳐 3천 명의 선교사를 지원하는 경이적인 기록을 세웠고, 해외 선교지의 신자 수가 내지 교회 신자의 3배나 되는 놀라운 성과를 보여줬다. 모라비안 형제들은 1768년에는 수리남에 '그리스도를 전파하는 그리스도인과 회사'라는 이름 뜻을 가진 Christoph Kersten & Co라는 회사를 설립했다. 이 회사는 수 세대 동안 모라비안 교회의 수리남 선교의 재정적인 기둥이 되었다. 1926년까지 그 교회는 일곱 개의 교회 건물에서 만 삼천 명이 예배하는 세계에서 가장 큰 모라비안 교회가 되었다.[68] 모라비안은 교회의 선교사명을 개신교회 안에 정착시킨 주인공들이다. 모라비안 대학의 학장을 지냈던 데이빗 샤츠슈나이더의 말을 빌리면, 모라비안 교회는 '선교하는 전체교회(the whole church as mission)'라는 개념을 개신교회에 정착시켰다.[69]

글을 맺으며

누가 BAMer인가? 자신의 삶에 예수와 십자가의 복음을 경험한 뚜렷한 예수의 흔적을 가진 사람이다. 자신이 가진 모든 것은 주의 것이며(Lordship), 자신을 다만 그분의 청지기로 고백하는 사람이다(Stewardship). 하나님이 곁에 주신 이들을 존중하며, 사랑하며, 더불어 일하며 살아갈 줄 아는 사람이다(Partnership). 자신의 재능과 은사, 일과 직업을 하나님 나라를 위해 사용하여 세계선교에 동참하려고 하는 사람이다. 하나님의 소명을 확인하고, 그분을 위한 삶을 훈련하며 자신의 은사를 비즈니스라는 상황에 적용하는 사람들이다. 자신의 일과 직업을 걸림돌로 여기지 않고 오히려 말과 행동으로 복음을 전파하는 중요한 사역으로, 사역의 수단으로 이해하는 사람이다. 복음의 영향력이 낮은 나라와 민족과 영역에서 경제적, 사회적, 환경적, 영적 상황을 개선하고, 자신의 삶을 통하여 하나님의 영광이 그곳에 충만히 회복되어지기를 사모하며 나아가는 사람들이다.

우리는 자신의 구체적인 삶의 영역에서 진실로 이웃과 민족과 열방의 복이 되도록 살아내야 한다. 그것은 반기독교적인 정서가 팽배하여 복음의 절대성을 부정하는 이 시대 속에서 하나님의 사랑을 사는 것이다. 신자유주의 경제와 시장경제 논리 안에서 정당화된 그 돈의 힘에 굴복하며 살아가는 사람들 속에서 하나님 나라의 백성답게 사는 것이다. 비즈니스 세상 속에서 우리 그리스도인들의 고백과 삶이 통합된 복음은 하나님의 굵직한 메시지가 되고 세상의 큰 울림이 될 것이다. 복음 가시성을 요구하는 시대 속에서 우리의 응전은 다름 아닌 비즈니스 세상 속으로 들어간 성도들이 그들 속에서 함께 살며, 일하며, 사랑하며 그 일과 과정을 통해 드러내는 하나님 나라의 가치와 영향력을 가진 삶이다. 이제 우리가 복음이 필요한 지역과 민족과 열방의 모든 일터와 삶의 모든 영역 속으로, '적극적인 하향성의 삶'을 추구하며 기꺼이 그들 가운데로 들어가자.

1722년 6월 17일, 헤른후트가 시작되었고, 올해로 모라비안 공동체 300주년을 맞는다. 그 모라비안의 역사적 옛길이 오늘 우리에게 선교의 새 길이 되기를. 이미 성경 속에서 시작된 하나님이 열어 놓으신 그 '오래된 새 길(New Path in Old Ways)'을 통해 이제 우리의 삶과 일터에서 새로운 선교를 시작하자.

진젠도르프가 어릴적 복음을 만난 이후에 그의 일기장에 적어둔 한 마디를 다시 되새긴다.

"I have only one passion, and that is Christ"

"내게는 오직 한 가지 열정뿐입니다. 그것은 그리스도입니다."

◇ 토의질문

1. 비즈니스 세계에서 살아가는 BAMer로서 얻은 도전, 나의 삶과 비전에 대해서
함께 나누자.

2. 우리가 살고 있는 세계의 경제적, 사회적, 환경적, 영적 결핍의 문제들을 생각하며
우리의 선교가 나아갈 방향에 대해 나누자.

3. 총체적 선교의 대안으로 BAM이 가진 가치들을 함께 나누고, 선교현장의 총체적
변혁을 위한 가능성들을 생각해 보자.

◇ 참고도서

기독경영연구원 & IBA, 2021. BAM: 비즈니스 세계에서 복음을 살다. 서울: 샘앤북스.

데쓰나오 야마모리 외, 2008. 킹덤 비즈니스. 서울: 죠이선교회.

매츠 튜네헥 외, 2010. Business As Mission. 서울: 예영 커뮤니케이션.

신갈렙, 2010. 하늘기업가 비즈너리. 서울: 규장.

윌리엄 J. 댕커, 1999. 역사 속에서 본 비즈니스와 선교, 서울: 창조.

이종찬, 2019. 4차산업시대의 크리스천 일터와 BAM. 서울: 북랩.

켄 엘드레드, 2006. 비즈니스 미션 : 창의적 접근 지역을 여는 마지막 대안. 서울: 예수전도단.

폴 스티븐스, 2009. 하나님의 사업을 꿈꾸는 CEO. 서울: IVP.

주

1 제임스 사이어, 2007. 기독교 세계관과 현대사상. 서울: IVP.

2 티모씨 워너, 1993. 영적전투. 서울: 죠이선교회.

3 아브라함 죠슈아 허셸, 2007. 안식. 서울: 복있는 사람.

4 스탠리 엘리슨, 2010. 퍼스펙티브스 1. 서울: 예수전도단. pp.72-73.

5 고후5:15~17

6 행20:34~35, 딤전6:18

7 마5:16, 고전10:31, 골3:17, 벧전4:11

8 신10:14, 대상29:11~12, 느9:6

9 오스 기니스, 2006. 소명. 서울: IVP.

10 폴 스티븐스, 2001. 21C를 위한 평신도 신학. 서울: IVP.

11 딤전1:12, 딤후1:11

12 창12:1~3, 행7:4

13 오스 기니스, 2006. 소명. 서울: IVP. p.75.

14 김춘수, 1999. 꽃: 김춘수대표시집. 서울: 찾을모. p.20.

15 오스 기니스, 2006. 소명. 서울: IVP. p.20.

16 https://www.joongang.co.kr/article/23570900#home 대한민국 직장인 행복 지수(BIE: Blind Index of Employee Happiness) 조사

17 https://opengov.seoul.go.kr/mediahub/13171880 잠깐! 퇴사 전 이것부터~

18 https://www.nocutnews.co.kr/news/5563661 기업 절반 "MZ세대 조기퇴사율 높아"...10명 중 3명 1년내 퇴사

19 https://www.khan.co.kr/national/national-general/article/201606052309005 환경·주거·공동체 'OECD 최악'...2016 '더 나은 삶의 질 지수'

20 https://data.oecd.org/emp/hours-worked.htm

21 https://www.hankookilbo.com/News/Read/A2022030815130000028 이코노미스트 "한국 유리천장지수 OECD 29개국 중 꼴찌"

22 존파이퍼, 2010. 삶을 허비하지 말라. 서울: 생명의 말씀사. p.173.

23 정한신, 2014. 일과 기도. 부산: IVF 일상사역연구소. p.31.

24 박상천, 2001. 쓸쓸하고 쓸쓸하여 사랑을하고. 서울: 좋은생각. p.61.

25 안셀름 그륀, 2006. 삶의 기술. 서울: 분도출판사. p.126.

26 폴스티븐스 외, 2011. 일삶구원. 서울: IVP. p.15.

27 성 패트릭(st. Patrick),2019. IBA 자료집-5세기 아일랜드의 선교사 기도문 . p.68.

28 앙드레 비엘레, 2003. 칼빈의 사회적 휴머니즘. 서울: 대한기독교서회. p.54.

29 딤전6:10, 전5:10, 히13:5.

30 잠22:7, 신28:43-45.

31 잠11:24, 요12:8, 딤전6:18-19.

32 앙드레 비엘레, 앞의 책. p.58.

33 한홍, 2004. 거인들의 발자국. 서울: 비전과 리더십. 1장.

34 막1:35, 6:46, 눅5:16.

35 김장환, 2021 . 힘을 다하여 주님께 기도하라. 서울: 나침반사.

36 고든 맥도날드, 2000. 내면세계의 질서와 영적성장. 서울: IVP. p.23.

37 삿1:1, 21:25, 렘5:1, 겔22:30

38 송인규, 2006. 성경은 공동체에 대해 무엇을 말하는가?.서울: IVP. p.18.

39 David Jin, 2018. BAM, 세상을 향한 선한영향력-"내적 건강함을 갖춘 BAM 기업". 서울: IBA. p.45~55.

40 길버트 빌지키언, 1998. 공동체101. 서울: 두란노.

41 리차드 미들턴 외, 1987. 그리스도인의 비전. 서울: IVP. p.87.

42 계19:7~8, 21:24~27.

43 팀 켈러, 2013. 일과 영성. 서울: 두란노. pp. 29~33.

44 러디어드 키플링, 2015. 만약에. 서울: 살림어린이.

45 마1:1, 갈4:4~5.

46 존 캔버너, 2011. 소비사회를 사는 그리스도인. 서울: IVP. p.90.

47 로잔운동, 2017. 케이프타운 서약. 서울: IVP. pp.244~246.

48 존 스토트, 2010. 제자도. 서울: IVP.

49 마크 라이너스, 6도의 악몽 Six Degrees, 2008, 서울: 세종서적.

50 크리스토퍼 라이트, 2012. 하나님의 백성의 선교. 서울: IVP. p.61.

51 앞의 책, p 61.

52 2004년, 로잔의 BAM 이슈 그룹은 1년간 일과 비즈니스에 대한 하나님의 목적과 교회와 선교사역에서 비즈니스 하는 사람들의 역할, 세계의 필요들과 이에 대한 비즈니스의 대응의 가능성에 대해 논의했다. 약 70여명의 리더들이 참여하여 온, 오프라인에서 함께 논의를 하며 60개의 논문, 25개의 사례연구, 여러번의 다양한 지역에서의 컨설테이션의 결과로 작성된 선언문(Menifesto)이다. 선언문은 확인된 9개의 선언과 2개의 권면으로 구성되어 있다. 아래의 인용문은 한글로 번역된 9가지의 선언 내용이다.

53 YWAM에서는 다음과 같이 BAM을 정의한다. "BAM은 하나님 나라 가치와 목적과 관점과 영향력을 가진, 괄목할 만한 지속적인 한 비즈니스를 통하여 한 민족 또는 공동체를 하나님의 영광을 위하여 영적으로, 경제적으로 또 사회적으로 변화시키기 위한 특별한 목적을 위한 선교전략이다."

54 조 샘, 제7회 IBA서울포럼 자료집-BAM, 모든 이들의 선교. 서울: IBA. pp.72~90.

55 로잔운동, 2017. 케이프타운 서약. 서울: IVP. p.221.

56 한국세계선교협의회, 2018. KWMA, 함께 그날까지, 4차산업혁명시대의 주예수 그리스도 1권 NCOWE VII 자료집. 서울: KWMA.

57 존 스토트, 2018. 선교란 무엇인가. IVP. p.17~67. 의 '존 스토트의 선교에 대한 이해와 그에 따른 크리스토퍼 라이트의 선교고찰'을 참고하라.

58 존 스토트, 2018. 선교란 무엇인가. 서울: IVP. p.23.

59 로잔운동, 2017. 케이프타운 서약. 서울: IVP. p.220.

60 로잔운동, 2017. 앞의 책. pp.230-261의 온전한 복음, 온 교회, 온 세상에 대해 정리된 마닐라 선언을 참고하라.

61 크리스토퍼 라이트, 앞의 책. pp.22~25.

62 로잔운동, 2017. 앞의 책. pp.44~45.

63 폴 피어슨, 2009. 기독교선교운동사. 서울: 기독교문서선교회. p.403.

64 윌리암 J. 댕커, 1999. 역사속에서 본 비즈니스와 선교. 서울: 창조. pp.42~50.

65 앞의 책, 95.

66 앞의 책, 96~97.

67 윌리암 J. 댕커, 1999. 역사속에서 본 비즈니스와 선교. 서울: 창조. p.22.

68 김성욱, 2020. 21세기 한국교회의 효율적인 전문인선교의 모델로서 모라비안선교회 연구. 신학지남. 통권 344호. pp.79-82.

69 David A. Schattschneider April, 1984. "Pioneers in mission: Zinzendorf and Moravians", International Bulletin of Missionary Research, p. 64. 양현표, 2018. 모라비안 교회의 선교와 전략. 신학지남. 통권336호 p.160에서 재인용.

BAM 선언문
Business As Mission Manifesto

로잔 2004 포럼 Business As Mission 이슈 그룹은 1년간 일과 비즈니스에 대한 하나님의 목적, 교회와 선교사역에서 비즈니스하는 사람들의 역할, 세계의 필요들과 이에 대한 비즈니스의 대응의 가능성에 대해서 논의했다. 이 그룹은 다양한 대륙으로 부터 온 70여 명의 사람들이 참여했는데, 이들 대부분은 비즈니스 배경을 가진 사람들이었고, 교회와 선교계의 리더들, 교육자, 신학자, 법률가, 연구원들도 일부 있었다. 이 회의의 협력과정은 60개의 논문, 25개의 사례연구, 다양한 국가와 지역의 컨설테이션들과 이메일로 논의가 진행되었고, 한주간 모두 모여 얼굴과 얼굴을 마주하고 의논과 작업을 마무리 하면서, 우리가 주목하는 바는 다음과 같다.

선언 Affirmations

1. 우리는 하나님께서 당신의 형상으로 모든 남자와 여자를 창조하시되, 자신과 다른 사람들을 위해 비즈니스를 포함하여 좋은 것들을 창조할 수 있는 능력을 주셨음을 믿는다.

2. 우리는 예수께서 사람들을 만나실 때 그들의 필요를 꾸준하고 일관되게 충족시켜 주심으로 하나님의 사랑과 하나님 나라의 통치를 드러내

셨던 그 발자취를 우리 역시 따라가야함을 믿는다.

3. 우리는 성령께서 그리스도의 몸된 모든 지체들에게 섬길 수 있는 능력을 주셨고, 우리가 다른 사람의 실제적, 영적, 육적 필요를 채움으로써 하나님의 나라를 보여줄 수 있음을 믿는다.

4. 우리는 하나님께서 비즈니스를 통해서 하나님 나라의 차이를 드러내시기 위해 기업인들을 부르시고 준비시키시고 계심을 믿는다.

5. 우리는 복음이 개인과 공동체와 사회를 변화시킬수 있는 힘을 갖고 있음을 믿는다. 그러므로 비즈니스에 종사하는 크리스천들은 비즈니스를 통해 총체적 변혁의 한 부분을 담당하여야 한다.

6. 우리는 예수의 이름을 듣지 못하고 알지 못하는 지역에서 빈곤과 실업이 종종 만연하다는 사실에 주목한다.

7. 우리는 비즈니스 발전의 중요성과 그 절실한 필요를 인정한다. 특별히 단순한 비즈니스 이상의 것이 필요하다. Business As Mission은 하나님 나라의 관점과 목적과 영향력을 가진 비즈니스를 의미한다.

8. 우리는 영적, 경제적, 사회적 및 환경적 변혁이라는 네 가지 기본적 목표를 위해 일자리를 창출하는 비즈니스의 증가가 전세계적으로 필요함을 인정한다.

9. 우리는 교회가 비즈니스 자체와 결과를 통해서 전세계의 필요들을 채워주고 시장 경제 가운데 하나님의 영광을 가져올 크리스천 사업가 커뮤니티라는 거대하고 그동안 충분히 활용되지 못했던 자원을 갖고 있다는 사실에 주목한다.

권면 Recommendation

1. 우리는 전 세계의 교회들에게 비즈니스하는 사람들과 창업가들이 자신의 은사를 활용하고 세상 속에서 사업가로서의 소명을 실현할 수 있도록 발굴하고, 격려하며, 중보하고, 모든 민족들과 땅끝까지 나아가도록 임명하고 파송하길 호소한다.

2. 우리는 전 세계의 비즈니스하는 사람들에게 위의 선언을 수용하고, Business As Mission을 통해 영적, 육체적 필요 가운데 세계에서 가장 어려움을 겪는 이들을 돕기 위해 어떻게 자신들의 은사와 경험들을 사용할 것인지를 숙고해 주기를 요청한다.

결론 Conclusion

Business As Mission의 진정한 최종목적(Bottom Line)은
AMDG -Ad Maiorem Dei Gloriam- 더 큰 하나님의 영광을 위함이다.

Business As Mission Issue Group
2004
Mats Tunehag   Wayne McGee   Josie Plummer

* 이 선언문은 IBA 공식 번역입니다.

부의 창출 선언문
Wealth Creation Manifesto

배경 Background

  로잔운동과 BAM Global은 2017년 3월 태국 치앙마이에서 "총체적 선교를 위한 부의 창출이 가진 역할"(The Role of Wealth Creation for Holistic Transformation)이란 주제를 논의하기 위해 국제회의를 조직했다. 20개국에서 모인 약 30명의 비즈니스 세계와 그리고 교회와 선교계의 리더십, 학자들이 참여하였다. 논의된 결과들은 다양한 자료들과 책뿐만아니라 교육용 비디오로도 제작될 것이다. 이 선언문은 회의 전과 회의 동안 논의한 내용의 핵심적인 요약이다.

선언 Affirmations

  1. 부의 창출은 충만함과 다양함으로 풍요로운 세상을 창조하신 창조주 하나님께 근거한다.

  2. 우리는 공익을 위한 봉사와 결과물들을 창출하는 일에, 하나님을 위하여 하나님과 함께 협력하도록, 하나님의 형상으로 창조되었다.

  3. 부의 창출은 성경이 권면하는 것으로서 거룩한 부르심이며, 또한 하나님이 주신 은사다.

4. 부의 창출자들은 교회에서 인정되어야 하고, 모든 민족과 족속들의 시장에서 봉사하기 위하여 준비되고 배치되어야 한다.

5. 부의 축적은 옳지 않지만, 부의 공유는 장려되어야 한다. 부가 창출되지 않는다면, 공유할 부도 없기 때문이다.

6. 부를 나눔은 인류보편적 소명이며, 자족은 미덕이다. 물질적 청빈은 개인의 선택이지만, 비자발적인 빈곤은 개선되어야 한다.

7. 베푸는 삶은 장려되어야 하지만, 비즈니스를 통한 부의 창출은 부의 분배이상의 목적을 갖고 있으며 그것을 넘어선다. 선한 비즈니스는 물질 공급의 수단이라는 본질적 가치를 지니며, 한 사회의 긍정적 변혁의 통로가 될 수 있다.

8. 비즈니스는 재정적 부를 창출하는 특별한 능력을 가지고 있을 뿐만 아니라 비즈니스의 다양한 이해 관계자들을 위한 사회적, 지적, 육체적, 영적인 부 등의 여러가지 부를 창출할 수 있는 잠재력이 있다.

9. 비즈니스를 통한 부의 창출은 사람과 나라들을 가난으로부터 구해내는 힘을 갖고 있음을 증명하였다.

10. 부의 창출은 항상 공의와 가난한 자들을 위한 관심과 함께 추구되어야 되며, 비즈니스가 놓인 독특한 문화적 상황에 민감해야 한다.

11. 피조세계의 돌봄은 선택사항이 아니다. 창조 세계에 대한 청지기적 정신과 자연 환경 보호를 위한 비즈니스 해법들은 비즈니스를 통한 부의 창출의 필수적 내용이 되어야 한다.

호소 Appeal

우리는 전세계의 교회에, 특별히 비즈니스, 교회, 정부, 학계의 리더들에게 다음과 같은 확인들을 공표한다.

-우리는 교회가 사회와 사람들의 총체적 변혁을 위한 부의 창출을 사명의 근간으로 수용하기를 요청한다.
-우리는 부의 창출자들을 이 목적을 위해 준비하고 파송하는 일에 새롭고 지속적인 노력을 계속할 것을 요청한다.
-우리는 부의 창출자들에게 하나님과 사람들을 섬기기 위해 하나님이 주신 자신의 은사들을 부지런히 사용하며 인내하기를 요청한다.

Ad Maiorem Dei Gloriam
- For the Greater glory of God 더 큰 하나님의 영광을 위하여

* 이 선언문은 IBA 공식 번역입니다.

BAM과 일터사역 관련 도서목록

고든 맥도날드, 2000. 내면세계의 질서와 영적성장. 서울: IVP.

김광주, 2019. 여리고에서 배우는 성경적 재정관리. 서울: 솔로몬 박스.

김기영, 2011. 일터@영성. 서울: 예영 커뮤니케이션.

김남순, 2019. 죽기엔 너무 젊고 살기엔 너무 가난하다. 경기: 북스 코리아.

김상봉, 2012. 기업은 누구의 것인가. 서울: 꾸리에.

김성오, 2012. 몬드라곤에서 배우자. 서울: 역사비평사.

김성오, 2012. 몬드라곤의 기적. 서울: 역사비평사.

김영남, 2000. 도대체 뭘 하지? 선교하는 교회를 위한 지침서. 서울: 죠이선교회출판부.

김영봉, 2006. 바늘귀를 통과한 부자. 서울: IVP.

데니스 바케, 2007. 일의 즐거움. 서울: 상상북스.

데이비드 보쉬, 2000. 세계를 향한 증거. 서울: 두란노.

데이비드 보쉬, 2000. 변화하고 있는 선교. 서울: 기독교문서선교회.

데이비드 프레이저, 1995. 신앙의 눈으로 본 SOCIOLOGY-사회학. 서울: IVP.

데이비드 반드루넨, 2012. 하나님의 두 나라 국민으로 살아가기. 서울: 부흥과 개혁사.

데츄나오 야마모리 외, 1991. 직업선교. 서울: IVP.

데쓰나오 야마모리 외, 2008. 킹덤 비즈니스. 서울: 죠이선교회.

돈 스티븐, 1997. 하나님의 구제명령. 서울: 예수전도단.

레리 크렙, 2013. 영혼을 세우는 관계의 공동체. 서울: IVP.

래리 피바디, 1991. 직업과 하나님. 서울: 두란노.

레너드 스윗, 2005. 세상을 호흡하며 춤추는 영성. 서울: 좋은씨앗.

로널드 사이더, 1998. 가난한 시대를 사는 부유한 그리스도인, 서울: IVP.

로버트 뱅크스, 1994. 일상생활 속의 그리스도인. 서울: IVP.

로버트 뱅크스 외, 2002. 하나님이 일하러 가실 때. 서울: IVP.

로버트 슬로컴, 2004. 평신도 목회의 극대화. 서울: 평신도목회자연구소.

로버트 프레이저, 2007. 마켓플레이스 크리스천. 서울: 순전한나드.

로잔운동, 2017. 케이프타운 서약. 서울: IVP.

리처드 니버, 2007. 그리스도와 문화. 서울: IVP.

리차드 미들턴 외, 1987. 그리스도인의 비전. 서울: IVP.

리처드 포스터, 1989. 돈 섹스 권력. 서울: 두란노.

리처드 츄닝, 2003. 기업 경영과 성경적 원리. 서울: IVP.

리처드 츄닝 외, 1996. 신앙의 눈으로 본 BUSINESS-경영. 서울: IVP.

리치 마샬, 2005. 왕의 사역: GOD@WORK. 서울: 서로사랑.

마이클 프로스트, 2008. 일상, 하나님의 신비. 서울: IVP.

마이클 프로스트 외, 2011. 새로운 교회가 온다. 서울: IVP.

마이런 러쉬, 1990. 훌륭한 그리스도인이면서 훌륭한 사업가가 되는 방법. 서울: 나침반.

마에하라 토시오, 2008. 삼색성공: 비즈니스 영성 그리고 크리스천. 서울: 노바.

마창선, 2014. 하나님의 셰프. 서울: 생명의 말씀사.

마크 라이너스, 2008. Six Degrees 6도의 악몽. 서울: 세종서적.

매츠 튜네헥 외, 2010. Business As Mission. 서울: 예영 커뮤니케이션.

메리 화이트 외, 2008. 당신의 직업 생존이냐 만족이냐. 서울: 네비게이토.

메리 애쉬크로프트, 1999. 가정과 직장사이. 서울: IVP.

미로슬라브 볼프, 2019. 일과 성령. 서울: IVP.

박혜경, 1984. 경영경제학자 하나님. 서울: 서울서적.

방선기, 2007. 크리스천 직장백서. 서울: 두란노.

방선기, 2009. 그리스도인의 일상다반사. 서울: 포이에마.

방선오, 2018. 일터행전. 서울: 아르카.

배종석 외, 2006. 기업이란 무엇인가. 서울: 예영 커뮤니케이션.

백바울, 2013. 위대함을 선택하라. 서울: 샘솟는 기쁨.

벤 패터슨, 1997. 일과 예배. 서울: IVP.

송인규, 2006. 성경은 공동체에 대해 무엇을 말하는가?. 서울: IVP.

송인규, 2009. 예배당중심의 기독교를 탈피하라. 서울: IVP.

송인규, 2013. 급변하는 직업세계와 직장속의 그리스도인. 서울: IVP.

신갈렙, 2010. 하늘기업가 비즈너리. 서울: 규장.

신국원, 2011. 니고데모의 안경. 서울: IVP.

신동열, 2021. TNTQ: 크리스천의 비전과 소명을 묻는 네 가지 질문. 서울: 꿈을 이루는 사람들.

신현수, 2011. 선교적 교회론. 서울: 기독교문서선교회.

스캇 솔즈, 2020. 선에 갇힌 인간 선밖의 예수. 서울: 두란노.

아브라함 죠슈아 허셸, 2007. 안식. 서울: 복있는 사람.

안셀름 그륀, 2006. 삶의 기술. 분도출판사.

안셀름 그륀, 2009. 직업과 소명. 서울: 21세기북스.

안건상, 2021. 일상과 일터의 영성. 서울: CLC.

앙드레 비엘레, 2003. 칼빈의 사회적 휴머니즘. 서울: 대한기독교서회.

양낙홍, 2012. 깨끗한 부자 가난한 성자. 서울: IVP.

앤디 크라우치, 2016. 컬처 메이킹. 서울: IVP.

오스 기니스, 2006. 소명. 서울: IVP.

오스 힐먼, 2007. 일터사역. 서울: 생명의말씀사.

외르크 크놉라우흐 외, 2009. 하나님 나라에 속한 기업. 고양: 스텝스톤.

올리버 바클리, 2001. 세상속의 그리스도인. 서울: IVP.

요하네스 베르카일, 1996. 현대선교신학개론. 서울: 기독교문서선교회.

요하네스 블라우, 1988. 교회의 선교적 본질. 서울: 대한예수교장로회 총회출판국.

원용일, 2002. 느헤미야의 직업영성. 서울: 한세.

원용일, 2011. 신입사원 다윗 다윗 CEO 되자. 서울: 브니엘.

원용일, 2020. 직장인을 위한 콜링스토리. 서울: 브니엘.

원용일, 2021. 일터에서 만난 예수님. 서울: 브니엘.

윌리엄 J. 댕커, 1999. 역사 속에서 본 비즈니스와 선교. 서울: 창조.

윌리엄 딜, 1999. 월요일을 기다리는 사람들. 서울: IVP.

웨인 그루뎀, 2004. 하나님이 기뻐하시는 사업가로 사는 법. 서울: 규장.

유기성, 2008. 나는 죽고 예수로 사는 사람. 서울: 규장.

유기성, 2014. 예수를 바라보자. 서울: 규장.

이동주, 1998. 현대선교신학. 서울: 기독교문서선교회.

이 사무엘, 1999. 평신도를 부른다 (제1권: 평신도 자비량 선교와 지역교회). 서울: 성광문화사.

이승구, 2011. 기독교 세계관이란 무엇인가?. 서울: SFC.

이안 코피, 2011. 하나님은 월요일에 무슨 일을 하실까?. 서울: 새물결플러스.

이장로, 2020. 일터에서 그리스도인으로 사는 길. 서울: 두란노.

이종찬, 2019. 4차산업시대의 크리스천 일터와 BAM. 서울: 북랩.

이태웅, 1998. 한국교회의 해외선교: 그 이론과 실제. 서울: 죠이선교회출판부.

이효재, 2018. 일터신앙. 서울: 토비아.

전호진, 1993. 한국교회 선교: 과거의 유산, 미래의 방향. 서울: 성광문화사.

정한신, 2014. 일과 기도. 부산: IVF 일상사역연구소.

조성범, 1992. 기능인 세계선교. 서울: 기픈산.

존 맥스웰, 2008. 크리스천이 직장에서 성공하는 법. 서울: 국제제자훈련원.

존 스토트, 2000. 현대를 사는 그리스도인. 서울: IVP.

존 스토트, 2010. 제자도. 서울: IVP.

존 스토트, 2014. 온전한 그리스도인. 서울: IVP.

존 스토트, 2016. 리더가 리더에게. 서울: IVP.

존 스토트 외, 2018. 선교란 무엇인가. 서울: IVP.

존 F. 캐버너, 2011. 소비사회를 사는 그리스도인. 서울: IVP.

제리 화이트 외, 2008. 당신의 직업, 생존이냐 만족이냐. 서울: 네비게이토.

제리 플레밍, 2006. 정직한 경영이 돈을 번다. 서울: 생명의말씀사.

제람 바즈, 1996. 현대 문화속의 전도. 서울: 예영 커뮤니케이션.

제프 고인스, 2016. 일의 기술. 서울: CUP.

최복이, 2019. 본죽의 비즈니스미션 성경적 가치경영. 서울: 도서출판 본월드.

척 밴틀리, 2014. 부의 뿌리. 서울: 생명의 말씀사.

천상만, 2010. 일터에서도 당신은 그리스도인입니까?. 서울: 예영커뮤니케이션.

최영수, 2014. 월요일의 그리스도인. 서울: 생명의 말씀사.

케빈 브렌플렉 외, 2006. 소명찾기. 서울: IVP.

켄 엘드레드, 2006. 비즈니스 미션 : 창의적 접근 지역을 여는 마지막 대안. 서울: 예수전도단.

크리스토퍼 라이트, 2006. 하나님의 선교. 서울: IVP.

크리스토퍼 라이트, 2012. 하나님 백성의 선교. 서울: IVP.

크리스토퍼 크레인 외, 2007. 왕 같은 제사장 경영자의 영향력. 서울: 국제제자훈련원.

톰 넬슨, 2015. 주일 신앙이 평일로 이어질 때. 서울: 아바서원.

팀 켈러, 2013. 팀 켈러의 일과 영성. 서울: 두란노.

파커 J. 파머, 2013. 일과 창조의 영성. 서울: 아바서원.

폴 마샬, 2000. 천국만이 내 집은 아닙니다. 서울: IVP.

폴 스티븐스, 2001. 21C를 위한 평신도 신학. 서울: IVP.

폴 스티븐스, 2009. 하나님의 사업을 꿈꾸는 CEO. 서울: IVP.

폴 스티븐스 외, 2011. 일삶구원. 서울: IVP.

폴 스티븐스, 2014. 일의 신학. 도서출판 CUP.

폴 스티븐스, 2018. 일터신학. 서울: IVP.

폴 피어슨, 2009. 기독교선교운동사. 서울: 기독교문서선교회.

피터 와그너, 2007. 일터교회가 오고 있다. 서울: WLI.

피터 추카하라, 2002. 하나님의 관심 두시는 사업. 서울: 창조.

필립 굿차일드, 2013. 돈의 신학. 서울: 대장간.

하워드 데이톤, 2004. 돈키호테, 재정관리의 달인이 되다. 서울: 두란노.

하워드 데이톤, 2014. 성경적 재정원칙. 서울: 크라운 코리아 출판부.

한정화 외, 2018. 비즈니스 미션. 서울: 기독경영연구원.

한 홍, 2004. 거인들의 발자국. 서울: 비전과 리더십.

황성주, 2010. 킹덤드림. 서울: 규장.

황호찬, 2006. 돈, 그 끝없는 유혹. 서울: IVP.

헨리 나우웬, 2003. 세상의 길 그리스도의 길. 서울: IVP.

헨리 블랙커비, 2004. 시달리고 지친 직장인의 황금률. 서울: 두란노.

IBA 발간 책자

SKBF 조직위원회, 2009. 21세기 선교비전: BAM으로 가는 길. 상하이: SKBF.

IBA-SKBF조직위원회, 2011. 내가 선 곳 거룩한 땅: BAM으로 가는 길. 상하이: IBA-SKBF.

IBA, 2012. (IBA 컨설테이션 자료집) 나팔소리를 듣거든 그리로 모여서. 상하이: IBA.

IBA, 2013. (IBA서울포럼자료집)   거룩한 땅. 서울: IBA.

IBA, 2014. (IBA자료집) 복음을 위해 비즈니스현장에 서라. 서울: IBA.

송동호, 2015. 예수 공동체, 비즈니스 세계속으로. 서울: IBA.

Mission Insight 8, 2016. 한국BAM 운동 10년 그리고 미래의 전망. 인천: 주안대학원대학교출판부.

Mission Insight 9, 2017. 낮은 곳을 향하는 Business As Mission. 인천: 주안대학원대학교출판부.

송동호, 2018. BAM으로 가는 길(특별판). 서울: IBA.

송동호, 2018. BAM, 세상을 향한 영향력. 서울: IBA.

송동호, 2019. BAM, 변혁을 이끄는 힘. 서울: IBA.

이다니엘 외, 2020. 지금 여기, 선교의 시대. 서울: 비비투.

기독경영연구원 & IBA, 2021. BAM: 비즈니스 세계에서 복음을 살다. 서울: 샘앤북스.

BAM 영문책자

Doug Seebeck & Timothy Stoner, 2009. My Business My Mission. Faith Alive Christian Resources.

Gea Gort & Mats Tunehag, 2018. BAM Global Movement. Hendrickson Publishers.

Hwa Yung, 2010. Bribery and Corruption. Truth for Life.

Mark L. Russel, 2010. The Missional Entrepreneur. New Hope Publishers.

Neal Johnson, 2009. Business as Mission. IVP.

Steve Rundle & Tom Steffen, 2003. Great Commission Companies. IVP.

Tom Steffen & Mike Barnett, 2006. Business As Mission: From Impoverished to Empowered. William Carey Library.

BAM BASIC

일터, 하나님의 디자인

송동호

종이책
초판 1쇄 발행 2022년 6월 27일
    4쇄 발행 2024년 6월 21일

펴낸곳   나우책장 / 나우미션
편집   윤지원
디자인   송시은 / 우기쁨

출판등록 2021년 9월 29일 제 2021-000117호
ISBN   979-11-976064-1-0 (03230)
주소   서울시 마포구 와우산로 135, 202호
대표전화 02-2135-6765 / fax 02-2135-6765
E-mail   nowpeople@gmail.com

03230

printed in korea

9 791197 606410

ISBN 979-11-976064-1-0

값 17,000원